国家出版基金项目
NATIONAL PUBLICATION FOUNDATION

馬寅初演講集

（第一集）

馬寅初◎著

山西人民出版社
山西出版傳媒集團

圖書在版編目(CIP)數據

馬寅初演講集·第一集 / 馬寅初著. -太原: 山西人民出版社, 2014.12
(近代名家散佚學術著作叢刊 / 許嘉璐主編)
ISBN 978-7-203-08775-5

Ⅰ. ①馬… Ⅱ. ①馬… Ⅲ. ①經濟學-文集
Ⅳ. ①F0-53

中國版本圖書館CIP數據核字(2014)第234715號

馬寅初演講集·第一集

主　　編　許嘉璐
著　　者　馬寅初
責任編輯　張文穎

出 版 者　山西出版傳媒集團·山西人民出版社
地　　址　太原市建設南路21號
郵　　編　030012
發行營銷　0351-4922220　4955996　4956039
　　　　　0351-4922127(傳真)　4956038(郵購)
E-mail　sxskcb@163.com　發行部
　　　　　sxskcb@126.com　總編室
網　　址　www.sxskcb.com

經 銷 者　山西出版傳媒集團·山西人民出版社
承 印 廠　山西出版傳媒集團·山西人民印刷有限責任公司

開　　本　700mm×970mm　1/16
印　　張　21
字　　數　221千字
印　　數　1—3000冊
版　　次　2014年12月　第1版
印　　次　2014年12月　第1次印刷
書　　號　ISBN 978-7-203-08775-5
定　　價　46.00圓

《近代名家散佚學術著作叢刊》編委會

出版説明 /

近代名家散佚學術著作叢刊選取一九四九年以後未再刊行之近代名家學術著作共一百二十册，編例如次：

一、本叢書遴選之著作在相關學術領域具有一定的代表性，在學術研究方向、方法上獨具特色。

二、爲避免重新排印時出錯，本叢書原本原貌影印出版。影印之底本皆經專家組審定，原書字體大小、排版格式均未做大的改變，原書之序言、附注皆予保留。

三、本叢書分爲八大類，以作者生卒年編次。

四、爲使叢書體例一致，本叢書前言後記均采用繁體字排版。

五、個别頁碼較少的版本，爲方便裝幀和閲讀，進行了合訂。

六、少數學術著作原書内容有個别破損之處，編者以不改變版本内容爲前提，部分進行修補，難以修復之處保留缺損原狀。

七、原版書中個别錯訛之處，皆照原樣影印，未做修改。

八、所選版本之抽印本頁碼標注，起始至所終頁碼均照原樣影印，未重新編排標注新頁碼。

由於叢書規模較大，不足之處，殷切期待方家指正。

總序／

披沙瀝金，以爲鏡鑒

◇許嘉璐

多年來有一個問題始終在我腦中盤桓：爲什麽在十九世紀末到二十世紀初，在短短的幾十年裏，中國的各個學術領域竟涌現了那麽多大師級的人物？這是中國近代史上一個極爲重要的現象，我認爲，如果不能給出令人滿意的答案，我們撰寫的近代學術史將是不完整的，甚至是缺乏靈魂的。後來我知道，著名人類學家克羅伯曾提出過一個問題：爲什麽天才成群地來？看來這種現象的出現並非中國所獨有，思考其所以然的也大有人在。而在那一次世紀之交中國的情况，似乎應驗了「天才成群地來」這個令克氏久久不解的疑問。錢學森先生曾從相反的方向提出了相同的疑問：爲什麽我們這個時代出現不了杰出人才？後來人們稱這個問題爲「錢學森之謎」。

要回答這些疑問不是件容易的事。與其迅速地囫圇地探尋，不如先多了解那些讓中國近代學術（應該包括人文科學和自然科學）史上閃耀着光輝的大師們的作品和自述，從而在腦海里盡量「復原」他們所處的環境和在那種環境下的心理路徑，從中或許可以得到一些啓示。

有一點是顯然的，這就是他們雖然都已遠離塵世而去，但是他們獨立思考的品性、求知治學的真誠、困厄窮愁中對節操的堅守，恐怕是他們共同的主觀因素，一直影響到現在，而且將會永遠留存下去。

就思想界、學術界而言，二十世紀上半葉是一個新説和舊説碰撞，中學和西學融匯的大時代。那時的學人極爲重視言行操守，同時具備現代知識分子的理想信念；他們的學術研究十分純凈，絶少功利因素；他們的視界開闊，以包容的心態和嚴謹的風格造就了成果的大氣與厚重。至於在客觀因素一面，他們實際是在用工業化時代的事實解説着太史公所説的名山之作「大抵聖賢發憤之所爲作」，困厄苦難使得他們「皆意有所鬱結」。這種鬱結，幾乎和個人的名利毫無牽涉，他們永遠不能釋懷的，是民族的存亡、國運的興衰、民衆的福禍和文脈的續斷。

那個時代也是近代歷史上最大規模的中西古今學術調適、創新的時期，學術方法上的交互滲透和融合、創新亦可謂「於斯爲盛」。斯時之學人是要在封閉的屋墻上鑿出窗子的勇士，是使人能够看看外部世界的第一批導夫先路者；或者可以説，他們是在「意有所鬱結」時「彷徨」和「吶喊」的「狂人」。

相對於那時的哲人們，後來者是幸運兒。現在的形勢是，近三十年來學界空前繁榮，衆多學科有了長足之進，其中很重要的一點是學界有了更新穎、更廣闊的國際視野，似乎接續上了百年前的學壇盛事。但細想想，「古」與「今」還是有差别的。其异，主要不在於世界情勢、學術進展、工具改善這些客觀存在，而在於在廣泛吸收各國優長的同時，自身文化的主體性越來越受到重視，换言之，「拿來主義」已經延長了「拿來」的程序，加上了試用、甄别、篩選、吸收、融合、成長。就我孤陋所見，在當今地球上，面向所有異質文明，努力汲取我之所缺，其範圍之大和心態之切，似乎無出中國之右者。從這個角度説，我們已經超越了前輩。但是事情還有另外一面，學術，特别是人文學科，其職業化、「沙龍化」和功利性，以及隨之而來的浮躁病却嚴重了。從這個角度説，是不是我們已經後退得够可以的了？而這是不是我們這個時代出不了大師的原因之一呢？

民國學術界的特點之一是極爲注重對傳統的反省、批判與繼承。他們對傳統文化盡最大的努力進行整理和研究。一方面，由於戰亂頻仍，民不聊生，學者們擔起了讓中華文化薪火相傳的歷史責任；另一方面，他們要通過對中國傳統文化的整理，挖掘來重振民族自信心。這一時期對傳統文化進行整理的全面而深入是前所未有的，舉凡文字學、語言學、經濟學、法學、哲學、政治制度、書法繪畫、金石學……規模之宏大，研究之精微，令人嘆爲觀止。

民國學術推動了現代學科體系的建立。在對傳統文化整理和研究的基礎上，吸收西方的文化思想和理念，推動和建立了中國現代學科體系。例如，在對語言文字和音韵學成果進行整理、研究的基礎上開始着手規範之，建立了國語學；深入研究書法、國畫，將其融入了現代美術學科；在廢除舊有學制後逐步建立起小、中、大學較完整的科目和學科體系。

民國學術也改變了傳統學術方式，建立了新的研究範式。以現代科學考古爲發端，科研的實踐和成果使中國知識界真正認識到在實驗、比較基礎上的邏輯分析對學術研究的重要，推進了中國學術的一大演變。至於我們常說的打破士大夫傳統、走出書齋到田野鄉村和市民中進行調查研究、結束了經學時代、以歷史眼光檢視儒學和諸子等等，都是確立新學術範式的努力。這一轉變，也標誌着中國學術界脱胎換骨，全面進入了現代，爲此後的學術發展奠定了堅實的基礎。當然，西方啓蒙運動以來，在「現代性」和「現代化」裏潛伏着的缺陷和謬誤也傳到了中國，這些不能不在前哲的著作裏留下痕迹。這並不奇怪。類似的情況，古往今來孰能免之？猶如今天的我們，誰敢自稱我之所見就是永恒的真理？在這個問題上兩個時代所異者，或許就在昔時大家創立新説或譯註西學著作，往往是懷着對學術和前哲的敬畏而爲之，故而常常誤不在我；當今則往往出於對學問和他人的輕蔑，或以所研究的對象爲謀己的工具，因而難辭主觀之咎吧。翻閱他們的心血之作，這些復雜的狀況可以顯見，可以視之爲我們的一面鏡子。

滄海桑田，世事變幻，歷史的動盪和時代的遮蔽，使當年許多大師的一些極有價值的學術著作被棄於故紙堆中，不能不令人有遺珠之憾。爲此，山西人民出版社不惜以數年之艱辛，披沙瀝金，編輯出版這套近代名家散佚學術著作叢刊，凡一百二十册，計文學、史學、政治與法律、美學與文藝理論、民族風俗、宗教與哲學、經濟、語言文獻共八大類別。所選皆爲作者之純學術著作，無論是其見解、精神，抑或是其時代烙印，都是後輩學人可資借鑒的寶貴財富。他們出版這套叢書，意在讓世人不忘來程，知篳路藍縷之不易，爲民族文化的傳承再增薪木。

出版社的初衷，與我近年來所思所慮近似，故願略述淺見於書端，以與策劃者、編輯者和讀者共勉。

二〇一四年七月六日

改定於自安東回京途中

前言／精神、历史与事实

◇樊綱

中國古代不乏有趣和重要的經濟思想，但是就形成知識體係的理論或「學説」而言，中國現代經濟學的發展是從嚴復一九〇一年引進翻譯出版英國人亞當·斯密的國富論（一七七六）（當時譯爲原富）開始的。就是説，是從學習西方開始的。也屬於一個落後國家學習與追趕發達國家過程的一個組成部分。

從原富出版（以至更早時期天演論的翻譯和出版），到辛亥革命前後至五四運動時期，中國應該説是發生了第一次思想解放的進程，也就是中國的啓蒙運動，學習研究西方發達國家的科學技術、政治社會理論和人文思想，進入了一個新的時期。在大約半個世紀的時間裏，「大師」成批地出現，進入了一個學術研究的繁榮時期。除了大量翻譯西方的著作，中國人自己的經濟學研究力量也逐步形成，並逐步運用現代的理論和方法，來研究中國的社會、中國的經濟，用現代方法進行的實地調查研究，也多有發生。雖然有連續不斷的内戰和抗日戰爭，學術研究却仍在繼續，陸續出版了許多專著和論文。我們這些在「文化大革命」後才進入學術領域的後人經常會好奇：那麼一個戰亂的時代，那些前輩怎麼還在做研究？怎麼還能做研究？每當看到一本那個時代出版的泛黄的「故紙」，一定是仰慕之情油然而生。

也許正是因爲戰亂，因爲當時的落後與貧窮，許多著作出版了，又散落了。有的没有得到應有的傳播，有的研究被打斷，無法産生大的影響。現在山西人民出版社將一些不大爲人所知和没有再印的散佚經濟學著作收集出版，既是拯救，也是發揚。用現在的眼光看，有的著作也許「淺顯」，但這些著作的價值和從中我們可以學到的，其實首先在於以下的一些東西：第一是精神，那種不求世俗功利，出自好奇心在亂世中探索真理的風骨；第二是歷史，我們中國人的思想史，我們現在學的這些東西是如何從外面舶來而在中國的土壤上生根和發展的；第三是事實，是那一輩學者在艱苦的環境下記録下來的當時和以往的事件與史料，這些已經不可復得，但却是我們在研究近現代中國經濟發展的整個進程時不可或缺的。

一代人有一代人的使命，也有一代人的局限。翻閱古籍，令我們思考我們能爲這個國家、這個民族、這個世界留下哪些遺産，我們的後輩將如何評價我們？

二〇一四年八月二十一日寫於深圳

作者簡介

馬寅初（一八八二年—一九八二年），浙江紹興嵊縣（今嵊州市）人，中國當代經濟學家、教育學家、人口學家，曾擔任南京政府立法委員，新中國建立後曾歷任中央財經委員會副主任、華東軍政委員會副主任、重慶大學商學院院長兼教授、南京大學教授、北京大學校長等職。他一生專著頗豐，特別對中國的經濟、教育、人口等方面有很大的貢獻，有當代「中國人口學第一人」之譽。

馬寅初演講集目錄

馬寅初演講集

銀行之根本問題 九年十月十九日在吳淞中國公學演講

孫錫麒 朱樸 筆記

第一次

經濟界之恐慌與恐慌之結果——預防之法——關於信用之學說；（一）英人梅克里奧特（Macleod）之說；（二）德人克尼司（Knies）之說——兩派之學說互異以其觀察點不同——兩說之評論——兩說之調和——營銀行業者之預防法。

今天講的是銀行之根本問題。銀行的根本問題，爲數甚多，不能一一指摘出來，今天不過擇其最普通而最重大的來講。

就中國現今的情形而論，銀行是很要緊，保險業亦是很要緊，但現在中國的保險業，大半都是外人所辦。鐵路亦是很要緊，但現在中國的鐵路，大半都是國有的，而且這些國有的鐵路，大半都在北方，在南方幾省，仍舊是絕少；自東至西的鐵路如川漢鐵路，到現在還沒有完全造成。其中銀行業在中國倒很發達；除了新式的銀行以外，還有無數舊式的錢莊，所以我們來研究銀行。

銀行所最恐怖的是亂七八糟，濫發紙幣等因之而發生恐慌。但現在中國的經濟界所發生的恐慌，大半却是政治上的恐慌而非經濟上的恐慌；如袁世凱想做皇帝咧，張勳復辟咧，直皖戰爭咧，最近的李純去世咧；這些政治上的變化，在在都要影響到銀行。然無論是政治上的恐慌，經濟上的恐慌，總是恐慌，我們對於這種恐慌，不可不想出一個防備的方法來預防。預防的方法怎麼樣呢？就是謹慎從事。銀行是各種營業的中心機關，近銀行四週的各種正當營業，缺款的時候，都可以向銀行借款，但一有恐慌，紙幣兌現，存款取出，銀行就很危險，所以銀行最應當謹慎。現在我們要研究的就是怎麼能使銀行不發生恐慌，不倒閉。

這個問題是很要緊的，無論是去學商學法，將來有志於商業，想做官當議員，都應該要知道的。市面是要靠銀行來維持的，怎麼維持呢？那麼，不能不先研究「信用」(Credit)，信用就是銀行的根本。研究信用的學說最著者有兩種：一個是英人梅克里奧特 (Macleod)，一個是德人克尼司 (Knies)。梅克里奧特的學說，就是「信用可以製造資本」，「信用就是資本」。

他的學說的理由，我來做個淺近的例子來申說，譬如上海有一個棉商某甲，跑到無錫某處去收買棉花，甲一時手中無錢，他就到銀行裏去借款，銀行給了他兌換券，他拿了這幾張兌換券就可以到某處去取棉花，兌換券的本身，不過是一張紙，紙又不值甚麼錢，怎麼可以去交換棉花呢？這就是信用。這樣信用豈不是可以製造資本嗎？信用豈不就是資本嗎？

梅克里奧特是英人，怎麼會有這種學說呢？那時蘇格蘭有種借款，叫做 Cash credit，譬如有一個農夫某甲要向銀行借款一萬元，乙丙二人做保人，因這種借款並無什麼抵押品，乙丙二人平素曉得某甲是個靠得住的人，所以肯替他做保人，但銀行借給某甲的，並不是一萬塊現洋錢，不過是信用，甲得了這種信用，就可以當錢用，譬如向丁買物，就給他一紙支票，丁就可以到銀行去取錢，但仍舊是沒有現錢，可見，不過在賬上，將某甲的錢轉到某丁的賬上而已。這樣來往，無現錢可見，要是沒有信用，怎麼可以呢？有了這種信用，無論做什麼事都可以，譬如某某用了這種信用，去開墾一片荒地，就能生產了，那麼，信用不是能夠製造資本嗎？信用豈不就是資本嗎？這樣看來，梅克里奧特的「信用可以製造資本」那句話的理由很充足。

克尼司的學說，恰巧與梅克里奧特的學說相反，他說信用決不能造資本的，他說兩個人在同時決不能用一物的，譬如一匹馬你騎了去，同時我就不能騎了。

譬如上海的綢緞莊，大綸寫信到杭州去買綢緞，照中國的習慣是不當場付錢的，等貨到了，大家記在賬上，如杭州的賬上是付給大綸多少綢緞，大綸的賬上是收到杭州的綢緞多少，要等到月底，纔付清一部份，其餘的還要等到節上付，直到年底，纔完全付清。

這樣杭州何以肯先交貨而後收錢呢？無非是信用。但這不過是時間的問題，叫做「時間信用」（Time credit），譬如杭州在三月交貨，大綸到五月付錢，在這兩個月當中，是信用，所以他說有信用就有時間，無時間就不成信用。

他說信用決不能造資本，譬如杭州已將綢緞交給上海的大綸，綢緞是資本，那時資本當然從杭州到上海，倘信用也是資本，信用在杭州，豈不是同時在杭州亦有了資本嗎？杭州上海都有了資本，豈不是一物同時能二用嗎？譬如杭州的一匹馬已經借與上海人騎了，上海人有馬可騎，杭州人決不能同時騎馬了。若信用亦是資本，杭州人與上海人可以同時騎同一匹馬了，天下決無此事。

這樣看來，二人的學說似乎完全衝突了。

我們再來研究一下，我們曉得藥店的藥材，是到各處去收買的，所以中國藥店總說是「道地藥材」。現在譬如寧波是一爿大藥材店，派人到溫州去收買藥材，溫州某甲賣藥材給收者，但某甲付貨給收者，收者並不當時付現錢，不過給某甲一張期票，寫明何時何日寧波的錢莊付某甲錢若干，到期某甲就可以去取錢。倘某甲不相信藥店，或錢莊，這種期票他就不要了。所以某甲須相信藥店或錢莊，這就是信用。但藥材是資本，藥材到了寧波，就是資本在寧波，某甲沒有了藥材，當然也沒有資本。信用不過是一個時間的問題。時間問題，就是先交貨而後取錢，怎麼可以說是製造資本呢？這樣看來，克尼司的學說的理由也很充足。

但是我們不能說兩個人的學說是錯的，或者那一個是錯，那一個是對的，不過他們的觀察各有不同。梅克里奧特是研究銀行的，所以他在平日銀行上所見的着想。譬如本校向中國銀行取了鈔票來發薪水給教職員，教職員拿了這種鈔票，就可以當錢用。倘若本校自己寫了些紙頭發給教職員，他們當然不要。同是一張紙頭，何以一種他們要的，一種他們不要呢？這就是銀行有信用，他們相信銀行，曉得這種紙頭拿出去可以當錢用。這樣，銀行因為有了信用，就可以發紙票當錢用，豈不是信用可以造資本嗎？有信用就有資本，豈不是信用就是資本嗎？梅克里奧特是研究銀行的，所以他從這點上着想。

克尼司則從商業買賣上着想，像我上面所說的寧波藥店派人到溫州某處去收買藥材，藥收到了，僅允許兩個月後付款，兩個月到了，某甲就可以去取錢，這是時間的問題。所以信用有時間以爲要素，但不能製造資本。但是無論如何，二人的學說看起來似乎不同，其實是相同的，不過他們二人的觀察，各有不同。

現在我們且將這二人的學說來批評一下。

克氏說「有信用就有時間。」但有時却不必定要有時間，如兌換券就沒有時間，要求卽付，無論什麽時候到銀行去取錢都可以的，這樣豈不是就沒有時間了嗎？

他又說「一物同時不能兩用。」照我上面所講的收買藥材的例子上看起來，固然很對，藥材旣到了寧波，溫州人決不能再用了；但我們細細的研究下去，有的時候，一物同時亦可以兩用的。譬如某甲存錢在興業銀行裏，他要用錢的時候，就寫一張支票到各處去用，不必向銀行去取現錢，他的現洋，仍舊放在興業銀行裏不動，某甲拿了支票，在外頭可買物買貨，到處發生效力，同時他的現洋放在興業銀行裏當作銀行的準備金用，這樣一物豈不是同時二用嗎？由此看來，克氏的學說，就不對了。

現在上海的銀行借款給同業，叫做拆票，是沒有抵押品的借款，銀行要用錢的時候，在兩天以外就可以將這種拆票收回，所以銀行又拿這種拆票當作第二準備金，這樣一方面錢莊拿了拆票去用，一方面銀行又拿來當作第二準備金，一物豈不是同時二用嗎？這樣就中國的情形看來，克氏的學說又不對了。

又如同業存款，上海的浙江銀行須預先存款在北京的某銀行，備匯兌的用，倘使某甲要匯款到北京去，就可以向浙江銀行買一張匯票送到北京的銀行去取，但是這同業存款，亦可當做第二準備金，旣充匯兌又當第二準備金，一物豈不是同時又二用嗎？由此看來，克氏的學說在中國又像錯了——但是研究下去，實在是不錯的。

梅氏的學說錯不錯呢？亦有錯的地方。

譬如某甲是無錫的米商，上海某乙要向甲買米，向銀行借款——銀行給鈔票——一萬與乙，乙交與甲，甲就將米交與乙，乙將米再轉運至外國，外國就付現洋給乙，乙將現款拿去還給銀行，取消以前的借款，銀行就將現錢去贖回他以前發出去的一萬元鈔票。銀行借款給某乙，是相信某乙，乙給鈔票與甲，甲要的是相信銀行，但是無論如何，究竟先有米，——資本——而後有信用，倘使沒有米，乙亦不會向銀行借款，銀行也不會給鈔票與乙，乙也不會給鈔票與甲，信用亦無從成立，故必先有資本（米）而後始有信用；若說信用可以造資本，那麼，豈不是先要有了信用而後才有資本——（米）——嗎？這是根本顛倒，豈不是大錯嗎？我們應該說資本製造信用才對咧。

這樣看來，二氏的學說都有長短。

克氏是個學者，研究商業的，所以從商業上的觀察而下斷語，梅氏是一個銀行大家，從銀行上觀察，倒底二人的學說都是一樣。

我們現在要把二人的學說，合在一起，成爲中國的學說——就中國的情形而論，二人的學說，儘管可以合在一起。譬如先施公司到江西去買磁器，先施自己可以出一種期票給磁器店，磁器店就可以賣與江西的錢莊，變成現洋，錢莊要錢用的時候，又可以將票送交上海代理店托其代收。——現在中國還沒有眞正中央銀行，但無論如何，將來總會有的，如中國銀行，將來必定能夠成一中央銀行，江西磁器店就可以在江西銀行貼現變成現洋，江西銀行如需款甚急，又可以在中央銀行重貼現變成現洋，這樣磁器店貼現可以用現金銀行到中央銀行貼現，又可以用現金，這樣看來，對於梅氏的學說「信用就是資本」似乎不錯。因信用票據能夠變爲現金。但信用能造現金，決不能造資本，（詳後）對於克氏的學說「時間信用」亦不錯，因先施公司所出的是期票，不是現洋，一物同時不能二用，磁器當然同時不能二用，這樣二氏的學說就可以合起來了。但是其中最重要的是磁器，沒有磁器就沒有期票，沒有期票就沒有貼現，也沒有時間信用了。我們研究銀行，須注意在這一點，銀行若借款給人家，須預先考查有沒有實在的貨物（Goods），倘沒有實在的貨物，而濫做放款，那就非常危險，倘眞正有貨的，就可以放心大膽借款，不要緊的——意料之外的災禍，如貨物被燒，另外又是一個問題，否則濫借款給人家，將來必定要起恐慌。

又如某工廠，其內容是不堪設想的，但外人皆不知道，所以其股票時價不跌，主持工廠者又百方造謠，使股票時價漸高，遂以股票向銀行抵借款項；因票價提高可以多借，一面借出，一面又將所借數目作存款，可以憑支票提取。支票可以當現金用，是信用可以造成現金。以後工廠的內容，逐漸洩漏，外人都知其股票不值錢。股票的時價一落千丈，銀行急來索債，他的支票不能流通，卽不能當錢用，是信用可以成現金，沒有信用就沒有現金了。但信用何從而來？就此一例看來，可知其從資本而來，工廠內容空虛，因其資本缺乏；資本缺乏，股票當然跌價，借款當然收回支要當然不能當錢用；是信用可以造現金，而資本可以造信用，沒有資本就沒有信用，沒有信用就沒有現金了。如工廠開支甚大，出貨不能暢銷，是完全一蝕本的事業，其已有之財產不甚值錢，是其資本已甚缺乏，內容十分空虛，外人一知其眞相信用頓失，不能當錢用；是信用不能造現金的原因在資本缺乏可知。資本可以造信用，信用可以造現金。悔氏謂信用可以造資本，實大錯而特錯。但悔氏之意資本二字與現金二字互用，現金視同資本，故云信用可以造資本。

借款的可靠與否，在簿記上是看不出來的，要使銀行不危險，簿記統計是沒有用的，簿記不過是一種手續，要曉得將來的變測，非從全體上打算不可。

總之，要防止將來的恐慌，必須要謹愼從事，先要考察實在是否有貨物，是否能够暢銷，然後再借款。若有貨而不能暢銷，等於無貨，無貨即等於無資本。

有時有貨物亦會有恐慌，譬如一塊好田，平日無水無旱，田主向銀行借款，銀行付款給他，當然安然無事。但是倘若有人要到蒙古去造鐵路，向銀行借款，倘若這條鐵路造好後，生意不好，款子收不回來，銀行豈不是要起恐慌嗎？

又譬如有人要到某處去開礦，向銀行借款，倘若礦開出來不好，款子又收不回來，銀行豈不是又要起恐慌嗎？所以貨物亦要細細的考察。究竟靠得住靠不住。

以上所說的四種事業，第一種磁器業，當然在商業銀行範圍之內；第二種耕種業，在德國日本爲農工銀行應做之事，但在美國商業銀行亦可以做；但無論如何第三種之鐵路建築，與第四種之開採礦產，均非商業銀行應有之事；因這種事業究竟可靠不可靠，實一疑問。但欲使國家發達，其人民必須有冒險性；否則築路開礦等大事業無人去做，尚復成何國家，西人謂社會的進步，根於進取性，良非虛語。此由看來，社會必先有冒險性與進取性，而後方有進步；而商業銀行不能做冒險的事，豈不是成了一種難解決的事情了嗎？今日時候已遲，如何解決，請待下次演講時指出。

第二次

前次所講的結果是：

先有貨物然後纔有信用，信用能够造成現錢，所以銀行放款一定要有貨物。

譬如：

甲賣貨物給乙；甲寫一張匯票(Bill of exchange)給乙，乙就簽字承諾，一月後付錢；如果甲一時要錢，而期限還沒有到，於是甲就拿這張定期匯票到銀行裏去貼現(Discount)，換現銀；銀行裏看見了票上有確實的貨物，就付款，倘沒有貨物，所出滙票成爲空票，銀行斷不肯冒險貼現。

但是照這個樣子看起來，商業銀行都要有靠得住的事方纔肯做，靠不住的就不敢做，那麽世界怎麽進步呢？

譬如：

我們到蒙古去開礦，是一件最靠不住的事，因爲資本家必定先要拿本錢去買機器，雇礦工，然後纔能够動手，成功與否尙不可必；如果要是照銀行先有貨物然後放款的規程去做，豈不是蒙古的礦永遠不會發現了麼？世界永遠沒有進步了麼？所以這次的學說，是和前次的衝突的，因爲商業銀行爲謹愼起見，必須先見貨物，而後始敢放款，若到蒙古去開礦，必須先帮資本而後始能見貨物，豈不相反嗎？我們怎麼樣去調和呢？現在大略說說：世界上有錢的大資本家，眼光都很遠，像美國的鋼鐵大王，煤油大王等，都有計算未來的能力；但是我們亦斷不會次次成功，總有幾次失敗的。像這次歐洲大戰前一二年，他們開礦，不料到開戰後，礦工都當兵去了，於是礦也開不成，油也不能够運到外國去，大蝕其本！但是事前他們怎麼能够料到呢？這是不過冒險罷了，冒險是能够進步的。就像新文化運動，若是沒有陳獨秀，胡適之等冒險，怎麼會有今天的成功呢？所以如果都要像銀行這樣的小心，那麼世界上也永遠不會有新發明了。

從前澳洲 (New Zealand Australia) 某地方，有一塊金礦，叫 Thomas Gold Field，起初礦學專家都去看過，說沒有金礦，但是後來有幾個資本家偏要去冒險，竟開到許多的金子。現在歐美各國的金子，差不多都是從那裏來的。所以從前歐美各國用「金本位制」(Gold Standard) 的很少，現在已經很多的了。要是從前沒有這幾個資本家去冒險，那麼就現在金子一定要不够用，「金本位制」的國永遠不會增多。所以我們中國若是要想改「金本位制」，非有幾個冒險家不可！

關於危險 (Risk) 這個問題，我去年在北京大學曾經講過。我說：世界上無論什麼都有危險，有了危險纔能够有進步，但是實在危險在天然一方面是並沒有的，危險不過是一種心理(Minds)作用罷了。

像銀行對於無貨放款，在天然上並沒有什麼危險，不過他們的心理上以爲危險罷了。

又像有兩個人騎馬，一個會騎的，奔走得很快，并沒有什麼危險，而一個不會騎的，連上去都不敢，他以爲很危險了。

又像造一座高房子，匠人立在屋頂上造，并沒有什麼危險，而在我們不會造房子的人看起來就覺得很危險了。

又像我們開礦，因爲未開以前不曉得究竟有沒有礦，所以覺得危險，而在上帝，他曉得的，就覺得沒有危險的。

又譬如像哥侖布(Christopher Columbus)從前尋覓新大陸，當時他在海裏，又不曉得方向，路徑，晴陰，風雨，當然很危險；現在我們出洋，有指南針——可以看方向；有天文台——可以曉得風雨；有無線電報——可以通消息；便利如是，當然沒有危險了。

所以危險在天然上是完全沒有的，都是在人的心理作用上；世界上要有學識(Knowledge)，有經驗(Experience)就沒有危險，反是就有危險。

像銀行裏請一個經理，如果他是有學識，有經驗的，銀行裏就不會有危險，反是，就要有危險。但是有了學識，經驗，只能夠減少危險，決不能消滅危險，因爲未來的事是料不到的。

社會上的事變遷得很快很多。克拉克氏(Clark)所著的經濟思想之要素(Essentials of Economic Thought)一書中說社會有兩種變遷一種是靜的(Static)這種變遷是社會上所看不見的；一種是動的(Dynamic)這種變遷是社會上所看得見的平靜的變遷，就像平浪的海，我們永遠看不見的；學的變遷就像有浪的海，浪上浪下，我們常常可以看得見的；不過平浪的海我們則看不見，然而一看見有浪的海，就理想中常常要想到平浪的海了。社會的變遷亦如是，靜的社會我們看不見的，因爲社會常常有變動，以下幾種是其最大的：

(一)人口(Population)的變遷　這種變遷，是看不見的；譬如今天世界上有幾億兆人，明天生了幾個，死了幾個。

(二)資本(Capital)的變遷　譬如今天有多少，明天有戰爭了，損失多少，都是不能够曉得的。

(三)方法(Method)的變遷　像報紙，現在的上海報紙，一切形式內容，都和從前的老報不同了，這是方法的變遷，我們預先不能够曉得的。

(四)組織(Organization)的變遷　像從前上海彙司公司的生意很好，到現在先施，永安一開，彙司就大遜於前，這是他的組織沒有先施，永安好的緣故。組織的變遷是不能够曉得的，要是能够曉得，那麼彙司應當改良於先了。

(五)消費人慾望(Consumers Wants)的變遷　消慾望的變遷，是天天變的。就像我從前年少的時候，我想將來能夠到上海去讀三五年書，懂一點英文，做一點小生意就夠了；那曉得到了上海以後，就想到北洋大學去讀書了，到後來又出洋。現在出洋回來後，只要想到書店裏去看看新書，最好每天出一本。又像窮人，他的慾望在衣，食，住；如果有人去供給他受教育，不去供給他衣，食，住，他當然不願。又譬如一個受過五六年教育的女子，她的父母仍舊照老法去叫她靜坐深閨，她一定不肯的，她要到外面去謀職業，辦學堂了。所以慾望的變遷，是不能夠曉得的。

從以上的看起來，我們就可以曉得社會一定要有改變（Change），有改變就有危險，所以舊式報章不能與新式報章相競爭；㯋司不能與先施相競爭，有改變與危險，社會方纔能夠進步。學識，經驗，只能夠減少危險，不能夠消滅危險。

但是這個學說，完全與從前的衝突了，要調和，究竟怎樣解決呢？於是就有以下三種銀行：

（一）商業銀行（Commercial Bank）

商業銀行是專門做穩固營業的，他們必定先要有了貨物，然後肯放款，並且是短期放款，大都在三個月以內，至多不能過一年；冒險事業是他們所不敢做的。

（二）土地信用銀行（Land Credit Banks）

土地信用銀行，就是像農工銀行，實業銀行等類，到各地去開礦的。他們至少要五年期限，而結果如何，還不能夠知道。所以他們要是照商業銀行的短期存款制度，是不行的，他們是公債制度，不收存款的。他們的制度是叫做長期社債，這種社債利息很高，期限很長，大約要一二十年後可以還款，因爲他們可以安心的去開礦，不用掛慮金錢問題了。

(三)財政銀行 (Financial Banks)

財政銀行是造鐵道一類的土地信用銀行，十年後，二十年後，或者一定可以賺錢，至於鐵道，是不能一定的了。像滬杭甬鐵路，年年蝕本的，幸虧交通部還有別條鐵道可以平均平均，否則是一定不能支持這種營業，只有大資本家可以做得，他們如果有一千萬家產，蝕了一二十萬不以爲奇；像李純死後有二百幾十萬家產，他自然可以拿五十萬捐南開大學，五十萬助賑；要是換了我們，辦得到麼？

現在我們可以解決這個問題了，就是世界上一定要有危險，危險是社會進步的要素。我們存款如果要怕危險，想避危險，於是就到商業銀行裏去；如果不怕危險，要想冒險，那麼就看資本的多少，酌量存到財政銀行裏去。

吾國惡幣之影響

九年十一月在吳淞中國公學演講

朱樸　孫錫麒　筆記

(一)破壞易而改造難，故須謹愼從事——(一)學者與辦事者應該互相研究。(二)金琦 (Jenks) 的失敗——印度與中國的情形不同。(三)亞當士 (Adams) 之成功——統一賬目。

(二)改造的時候，必須分先後——(一)有可立時改革者。(二)有須等到將來方可改革者。

(三)吾國經濟上的改革之重要，莫幣制若；但要改革，必須先知其利害而後始可分別先後，力事改革。

(四)北京中交鈔票的投機事業——(一)借款與政府。(甲)北京商務之不發達，以利甚高。(乙)利高而還本之條件酷。(丙)獲利之巧計。(二)財政交通兩部之投機。

今天所要講的，是隨便什麼書上都沒有的，是我們中國自己的問題。現在我們在學堂裏所讀的都是外國書，什麼算學咧，商業咧，科學咧，沒有一本不是外國書。外國書當然是極要緊，因爲研究這些學說的中國書很少，不得不用外國書來運輸這些學說；但外國書講的都是外國的問題，中國的問題，外國人是不清楚的；要是中國人自己不去研究，那麼就沒有人去研究了。我今天講的是吾國經濟上的改革。這是一個極大的題目。

講到改革兩個字的意思，是和改造一樣的。改造就是改革，所謂舊去新來；但必定先要有破壞而後才能改造。我國現在的經濟上要改革的地方很多，如銀行，貨幣，保險，公債等都應該改革。但這許多題目，我們亦不能都講，只好分開來講；所謂不求其博，只求其精；無論什麼要是博而不精，是沒有用的，所以我們分開來細細的講。

我要講的是吾國幣制之改革。因爲幣制要是改革好了，銀行問題也可以解決了，匯兌也容易做了。

我不是說過先要有破壞而後有改造；但破壞是容易的，改造却很難；倘若不能改造，就不要破壞。倘沒有預備，就去破壞，那麼就要糟了。譬如屋子，破壞他是很容易，要造他却很難，所以改造要謹愼從事。不好改造的不改，等到將來可以改造的時候再改。譬如說宗教；像內地的老太婆一天到晚念經，這是他們的一種信仰心，或者以前他們做過壞事，等到年紀老了，就想修修後世。倘若你對他們說這些都是假的，把他們這種信仰心打破了；他們什麼都不懂的學問也沒有的，他們就要無惡不爲了。故他們在沒有受教育之先，只有迷信 (Superstition)

可以制服他們。所以要改革無論什麼，都須謹愼從事；先要研究，分別先後，然後再下手。

第一，改革學者和辦事人須互相研究。學者懂得學理，而沒有經驗；辦事人有經驗，而無學理的研究。所以，要改革，學者無辦事人是不成功的，辦事人無學者亦不中用的；學者和辦事人在一起互相研究，這改革的事業，就可以事半功倍了。我們看了金琦(Jenks)與亞當士(Adams)的成功與失敗，就可以曉得了。

在一九〇三年的時候，中國政府因銀價大跌，金價日漲的不好的現象，就請外國人到中國來幫助整理。那時墨西哥亦有與中國同一的現象，亦請外國人去幫忙。於是美國政府派了三個人出來。兩個人到墨西哥去了，還有一個——就是金琦——到了中國來。金琦本是一個經濟博士，他到了中國，就上了一個條陳，主張用虛金本位——什麼是虛金本位，今天亦不能詳細的講。大概就是對外用金，對內用銀；金銀要有一定的相當的比例。譬如現在的金銀就無一定的比例。例如今天一百兩(Taels)可以買美金九十五元，明天却變成九十四元，後天九十三元，大後天九十六元。這樣時高時低，漲落不定，做生意的人很危險的。假使金銀有了一定的相當的比例，規定一百兩爲九十五元美金，就不會有危險了。這是虛金本位的大概。金琦主張用這個法子，他的毛病是在不熟悉中國的情形，他要改革中國的幣制，應該先跑到內地或上海等處去和各處的商人商量；他到了中國，與官場接洽後，就主張用虛金本位，那有不失敗的呢？他以爲印度用了虛金本位，結果很好，所以又用到中國來。他不曉得印度是用盧布的；十六盧布等於一磅英金，這是很容易的。中國却各處都有銀兩與洋元——多極了，不如印度只有盧布。兩國的情形不同，他却沒有想到。必定先要統一中國的幣制，然後可以實行虛金本位，這一層他也沒有想到。單獨進行，所以失敗；弄到後來，張之洞就大大的反對，這就是學者未與辦事人互相研究的結果。

第二個人亞當士（Adams），他就好了。他是交通部請來改革鐵路會計的。那時中國的鐵路會計制壞極了。譬如津浦鐵路，北段是德國制，無論什麼，如工程師及其他一切，用的都是德國制度，所以會計也用德國制；南段是英國制，無論是工程師，會計及其他一切用的都是英國制度；一條鐵路同時用了兩個管理。又如京漢鐵路的會計用比國制。正太鐵路用法國制，滬寧鐵路，滬杭甬鐵路用的是英國制。所以那時中國鐵路的會計制，亂七八糟，不好極了。於是交通部特請他來改革。他到了中國，就把各路的會計員請去實行那學者和辦事人互相研究的法子，果然一年後就把中國的會計法統一了。所以現在全國有了統一的會計制（Uniform accounting）。我說中國什麼東西都不能夠統一，獨有這會計制倒很統一。倘亞當士不去和各路的會計員商量，就不會成功的；會計員沒有亞當士的幫助，自己去改良，亦是勞而無功的。所以有些地方應該細細的研究，謹慎從事，和辦事員互相研究後，再下手改革。

有種事現在就可以改革的；但有種事却須預先預備起來，等到將來才能下手。例如現在上海的商家大公司，大銀行，有許多應該快快動手改革的地方。像他們星期日的不休業，如先施公司，永安公司等及其他大公司大銀行等，到了星期日還是開着門做事——但有幾家銀行在星期休業半天的。這樣太不應該。做工的人永遠沒有休息的日子，未免太苦了。這種事情却用不着預備的，亦用不着等到將來的，要改革立刻就可以改革的。

現在講到吾國經濟上的改革了。改革吾國的經濟，沒有再比改革幣制要緊的了。改革幣制是一個根本問題；幣制不改良商務就永遠沒有發達的希望。舉一個例來證明譬如說一個美國人到中國來做生意，從美國買了十萬美金的貨物到中國來銷賣。譬如說十萬美金等於二十五萬元中金。他若在中國將貨物賣完了，共得到二十七萬洋元，那麽他共賺得二萬洋元。倘他將貨物剛剛賣完的時候，恰巧美金大漲，銀子大跌；假使說那時二十七萬洋元，只值九萬元美金；那麽，他非但賺不着這二萬元洋元倒反蝕去了一萬元美金。你想這樣那個人再敢冒這個險去做生意？倘若金銀沒有漲落；一元美金假如規定了等於洋元二元二角五分，那麽，做生意人亦膽大放心了。所以我說，要中國強，非中國的實業發達不可；要中國的實業發達，非改良幣制不可。換言之，中國的幣制不改良，中國的實業決不會發達；中國的實業不發達，中國可也就沒有發達的希望了。

但是中國的幣制，什麽地方不好，我們必先要曉得他不好的地方，然後纔可以對症下藥。譬如醫生治病，不曉得病的原因，亂開藥方，非但不能把病治好，並且有時還要危及生命呢。

現在北京中交鈔票的投機事業，最是利害。自洪憲時五月十二日，國務院命令，中交鈔票停止兌換，因之一時中交鈔票大跌，那時各省有很多不贊成的，上海亦極不贊成，京鈔漲跌無常，今天五四，明天六三，後天四三，大後天四八，四九，時漲時落。如前次某軍閥帶兵進京，忽由六幾跌至四二。這樣漲落不定，一等到有事的時候，就有投機的人出現了。譬如說中交鈔票跌至四二的時候——就是一百元中交鈔票只值四十二塊現洋錢。那些投機的人就將票子拼命買進，等到票價漲的時候，再將以前買進的票子賣出。這樣賤買貴賣，從中得利。

這種投機的事業，是容易曉得的，恐怕普通一班人都知道的；現在我們來講些普通一班人所不知道的投機事業。

有種投機，叫做買期貨。譬如在一號，中交鈔票是五二——就是中交鈔票每元值現洋五角二分，甲預料十天以後必定要跌至四二——就是中交鈔票每元值現洋四角二分；於是以中交鈔票一千元照五二賣給乙，約定十天後交貨——鈔票。倘十天後果跌至四二，甲就向丙處照四二買鈔票一千元來還給乙。這樣甲在乙處賣得五百二十元，在丙處只付四百二十元，可以賺得一百元。倘十天後忽漲至六二，那麼，甲就要倒出一百元了。

有時他們這樣的；譬如在一號，中交鈔票是五二，甲預料到月底必定要跌至四二，乙預料到月底却必定要漲至六二；於是甲以鈔票一千照五二賣給乙，約定月底交鈔票。倘月底果跌至四二，甲付鈔票給乙時，乙不要鈔票，照四二轉賣給甲，只要找洋一百元給甲就可以了。倘到月底漲至六二，那麼，乙交運了；甲須找洋一百元給乙。這樣找出找進，亦用不着什麼現貨，只要到期照票價的高下找錢好了，即俗語所謂賣空買空。

還有一種三個人的投機；譬如甲以中交鈔票一千元照五二賣給乙，約定月底交貨。其時鈔票漲至五四。乙就以五四賣給丙，亦約定月底交貨。倘到月底跌至四二；照理甲應該付鈔票一千元給乙，收洋五百二十元；乙付鈔票一千元給丙，收洋五百四十元；乙從中賺得二十元。但是他們的手續却不是這樣繁雜的；甲直接將鈔票付給丙，收洋五百二十元，乙向丙取洋二十元，這筆賬就算勾消了。

這種投機現在很多。如現在上海的交易所，什麼交易所的股票，今天你賣給我，明天我賣給他，這樣買來賣去，都記在賬上。等到一個月告終的時候，就總結一結。這種在英國是十四天一結。美國是一天一結；這是因爲他們的交易多，所以一天一結。這些還都是普通的投機；倘有一種無形的投機，這是人家所不曉得的了。

現在北京的銀行，其做這種投機事業的，沒有不發財的。這種投機怎麽樣的呢？就是財政部借款。中國的財政部是很窮的，所以一等到要錢用，就是向各處借款。譬如說財政部向某銀行借款一百萬，銀行付他的是鈔票；他們就預先訂好合同，還款的時候，倘鈔票在六五以上，那麼仍舊還鈔票，倘還款時鈔票在六五以下，就要還現洋。這種法子兇極了，財政部要錢用，無法，只好服從。但這一方面也有很充足的理由：譬如說鈔票在六五時借出，還的時候跌至四五了，放款的人豈不是太吃虧嗎？又如上次好幾個人向我借錢，那時鈔票是八五，等到還我的時候，鈔票已經跌至六五了；利錢非但沒有，反吃虧了二十塊錢。所以這種合同訂得也很有理由。財政部既與銀行訂好了合同，等到還款的時候，譬如說票價恰巧跌至六四；銀行向財政部討債，財政部無法——只好拿鈔票去買現洋，還給銀行。這樣那銀行的錢就賺足了。他借給財政部只六十五萬——因那時鈔票六五，一百萬元鈔票只值六十五萬。還款的時候倒得到一百萬元現洋，這上面已經賺了三十五萬：外加利息，少說一點，算他是二分錢，又是二十萬元；這樣一算，他賺得的錢數，眞是駭人聽聞的了。那時市上的鈔票必定大跌，因爲財政部用鈔票買現洋來還債的時候，鈔票都流到市上來了。於是那銀行就拚命把市上的鈔票再收買進去，等到市上的鈔票被他收完了，鈔票又漲起來了。財政部再要用錢的時候，再向他借，他再將那鈔票借給財政部；這上頭他又可以賺不少的錢。譬如他收買進來的時候，票價很低，作他是五四；現在借給財政部的時候，票價已經漲了，算是六四，這樣一進一出，每一百萬元又可以賺數十萬元。

但是我們應該曉得，這種投機是極可惡極不好的事業，間接影響到商務上去，商務因之不會發達。因爲這機你借給我，我借給你，很可得利，商業上之放款就沒有人肯做了。商務上要借款時候，利息就很高；所以現在北京商務借款的利子極高，因之商務大受影響，（北京利高原因甚多，此其中之一）而最壞的是財政部與交通部的投機。

交通部因安福部要用現錢，就向某某去借現洋，譬如說一百萬，拿各路收入的中交鈔票爲抵押品。譬如說財政部亦要錢用，也向某某去借款，他就把交通部作抵押品的中交鈔票借給財政部。近來命令下來，中交鈔票到明年作廢了；至明年一月完全要收回去，或作存款，或買九年公債。交通部於是急起來了，就向某某索還抵押品；但是抵押品已經借給財政部了。所以交通部無法，只有希望中交票價跌，價跌他們可以買回去；財政部却希望中交鈔票價漲，價漲至六五以上，他們可以用中交鈔來還借款。你想同是一個政府，已經互相衝突了，一望他高，一望他低。故現在吾國的幣制壞極了，非改革不可。但這些事情，我們在書上是看不見的，亦不是幾個外國的哲學家所能改造的，非經濟學者與辦事的人細細的互相研究不可。

今天時間到了，等到下次再繼續講下去。

第二次 九年十一月二十日

上次我們講到北京中交票投機的事情，最近一期的銀行週報（第一百七十二號）也有的，但是他所說的與我前次所說的稍有不同；關於財政部，交通部借款的事情他有的，六五以上以下的事他沒有的，這是外人所不知道的。

譬如此次政府發六千萬九年公債，在外面祇有三千六百萬京鈔，其中交通部有二千一百萬，其餘各銀行，錢莊，投機富商，和個人零星存入銀行的一共有多少；這交通部的鈔票，是不流通的，抵押與人家的，是從鐵路上收進的。安福系要求交通部籌款，於是交通部就抵押給銀行，銀行再借給財政部，財政部用出去，流到市面上，所以這二千一百萬也在三千六百萬以內。但是爲什麼要發六千萬公債呢？因爲財政部向各銀行借來的款，應該付還，所以多發二千四百萬，銀行如果不要公債錢而要鈔票，財政部沒有鈔票只有公債，於是財政就叫交通部要求各銀行交還鈔票。銀行拿不出來，只好收公債做抵押，其結果以圓通辦法，兩面取消。

三千六百萬鈔票收回去之後，市面上的票子少了，漲到五六以上，於是就還鈔票。

以上所述係京鈔的投機。今天我要講京鈔在簿記上也有很不好的地方，很大的影響。譬如一個姓王的存十萬京鈔，到銀行裏來？我的往來存款賬上是：

往來存款賬

日期	姓名	利息	數目	付數	存結
十一月一日	王記	6000	100,000		100,000

我們的貸借對照表 (Balance Sheet) 上是：

貸借對照表

現金 100,000　往存 100,000

譬如又有一個姓李的同時存十萬元現金進來，若照原樣寫上賬去，那麼我們的往來存款賬，和貸借對照表就要以下的樣子：

往來存款賬

日期	姓名	利息	數目	付數	存結
十一月一日	王記	6000	100,000		100,000
十一月一日	李記	6000	100,000		100,000

貸借對照表

現金 200,000　往存 200,000

這個樣子，困難問題發生了，因爲姓王的十萬元並不是實數，是京鈔，京鈔的價錢，時漲時落的，不滿十萬，現在簿子上王李二人加起來共二十萬，那麼這個數目不是眞的，當然是假的了。并且我們銀行給姓王的收條上，一定寫十萬元，斷不會照鈔票的行市而寫的。若收條上只寫鈔票的行市，那麼，今日的行市是五四，收條上須寫四五，明日的行市跌至五二，應該將原收條收回，換一新收條改五四爲五二；至第三日，行市忽漲至五六，又須改換收條改五二爲五六；如是改換，殊覺不便，且不勝其煩；故收條不能寫行市，只能寫票面數目十萬元，收條上既寫十萬元，則賬上亦須寫十萬元，此十萬元與現洋合併，作爲二十萬元，且不能不合併，因不合併必須分現洋與京鈔爲兩欄，必須重印新賬簿，不但不經濟，亦且不合宜。但現洋與京鈔合併，總數就是不確實了。

鈔票講完了，現在講銀子：銀子普通分兩種：洋釐和銀拆，銀拆我現在暫且不講，先講洋釐。譬如銀元一塊，等於規元七錢二分——就是一個銀元，等於規元銀一兩百分之七十二。洋釐時高時低的，譬如絲茶上市，需用洋錢多了，於是漲到七三，七四——像去年五四運動的時候，竟漲至七八。又譬如現在要付工部局電燈費洋十兩，付洋錢，怎麼算呢？就是拿今日的洋釐七錢二分去除十兩——十三元七角。過了幾天，洋釐漲到七錢八分去除十兩——十二元八角，數目就少了。所以我們就可以曉得洋釐愈高，那麼銀子愈便宜；洋釐愈低，那麼銀子愈貴。壞處在什麼呢？就像付電燈費十兩，市價洋釐七三，收電燈費的人，可以不算七三——就是比七錢三分少些，那麼他可以賺幾釐幾毫了，中國到處都是這個樣子，眞是壞極了。上海都是拿規元作本位的，洋錢倒是輔幣；但是規元實在是沒有這件東西的，付錢都用銀洋的，這不過腦筋中以此作個算數的標準罷了。因爲要這個樣子算一算，於是就百弊叢生了，所以要改革幣制，非把規元銀廢除不可。非但改革幣制先要廢除規元銀，就是改良中國人的道德，我以爲也先要廢除規元銀。爲什麼呢？因爲幣制一壞，道德也隨之而壞的；像火車上賣票的，譬如六角五分一張，我們給他大洋一元，或者讓他找，他照小洋計算；賣電車票的，我們給他一角小洋，只作十枚銅圓計算，而他們到上面去交賬的時候，一律照市價，這是很普通的事，大家都曉得的，但是這並不是他們自己不好，是制度不好，強迫他們不好的，所以這種壞道德是要政府負責的。

從前上海的洋元是不統一的，有龍洋，國幣等等，都要貼水；而龍洋中又分廣東，江南，湖北等種種龍洋，又要互相貼水，總之有許多的比較眞正麻煩極了，但是現在倒是沒有了，統一了。這並不是政府統一的，是中國的幾個新銀行自己改革的。怎麼改革呢？當時恰巧外國金價大跌，外國銀行裏的墨西哥洋錢都到外國去買金子去了，市面上墨西哥洋錢沒有了，於是外國人只好用國幣，我國的銀行就乘此機會提倡統一銀元行市就達到目的。所以中國的銀行，對於這件事很有點功的，假使要靠政府是不行的，只有靠商人自己。這是第一層。

第二層：洋盤之與鈔票兌現很有關係的，譬如風潮起了，銀行有一千萬鈔票在外面，別人都來兌換，那時銀行裏只有五百萬現銀，一定要受恐慌；但是如果洋貴銀低，就可以洋買銀，到將來銀貴洋低了，就是銀子賣出來？像錢盤到七八的時候，以一萬元洋錢買進七千八百兩，等到七三的時候，再以銀子賣出去，就可以賺得五百兩。

第一種人到銀行裏來兌洋的，是不信任銀行，他恐怕在恐慌的時候銀行靠不住。第二種人是信任銀行靠得住的，他要來兌現，不過要得現洋去做買賣投機的事，以現洋去買銀子，所以兌現更加擁擠了。所以規元一天不去，那麼洋盤也一天不能去，洋盤不能去，那麼銀行也就痛苦受到極點了。

第三層要講到洋盤之與統計的關係了，時候已到，下次再講罷。

第三次

今天我要講的是：

洋釐之與統計

譬如這個禮拜的布價，每疋是十元，下個禮拜每疋忽漲了五角，變爲十元五角，再下個禮拜又漲了一角，每疋變爲十元六角。我們曉得這布價漲是有好幾個原因：供少，或求多，或同時供少而求多，或供雖多而求還要多，所以價錢要高漲；這種推想，一般普通的人大概都如此的。那曉得其中還有一種原因是普通一般人所不曉得的。

現在中國有許多貨物是不用現洋計算而用銀兩(Tael)來計算的。比方今天布疋等貨物的一個單位是銀子——就是每一塊洋值一兩銀子之七錢四。換言之，即銀子七錢四値一塊洋錢，銀子七兩四就是十塊洋錢。明天仍舊是七兩四，那麼，貨物的價格仍是十元。倘後天銀子是七兩三了——就是每七兩三錢銀子等於十元洋錢。那麼算到銀元就變爲十元零一角幾了——就是那貨物在前天的價是十元，今天就漲至十元零一角幾了。那貨物的價值照銀子算，仍舊與前天一樣。化至洋元就漲了一角幾分。人家看了，就以爲貨物的價漲了，以爲不是供少，就是求多，或就是同時供少求多，或供雖多而求愈多，不曉得洋釐從中作梗。其實供求一點不動，即是貨物的價格還是和前天一樣，前天的價格譬如說每疋布是七兩九，今天仍舊是七兩九，不過因洋釐的關係，人家就看不出來。

爲什麼洋釐要貴呢？其中有一個原因。譬如說棉花茶絲等物上市了，要用洋錢，洋錢就貴了，洋釐就高了，因爲要以洋錢到內地去買棉花茶絲等，洋錢都流到內地去了。等這種市過了，內地的人要到上海來買東西，洋錢又到上海來了，洋錢就賤了，洋釐就低了。人家不曉得這種道理，貨物的價的漲落，就以爲是供求的道理，這是最大的錯誤。

但是有人要問爲什麼不把貨物的價格都用銀子計算，而把洋錢來計算呢？譬如說這貨物是七兩四，寫統計的時候，寫銀子可以了，因爲他有時高有時低，何以還要把銀子來化爲洋錢而寫洋錢呢？這是因爲貨物是有的用銀子來計算，而有的用洋碼來計算的。譬如說財政部的物價表上有一百幾十樣東西，幾十樣是用銀子來計算的，還有幾十樣是用洋錢來計算的；譬如一物是用銀子來算，而他物是用洋錢來算的，這兩樣東西就不能加在一起，非得把洋錢化爲銀子而寫銀子，或把銀子化爲洋錢而寫洋錢，否則是不成功的。譬如油一斤，柴一擔，加在一起，等於什麼呢？還是二斤呢？或還是二擔呢？隨便怎麼樣是加不起來的。

洋釐之與調款

譬如說天津某銀行欠上海某銀行洋十萬元，上海某銀行亦欠天津某銀行洋十萬元，這樣雙方所欠的數目既是相同，就可以互相抵消了，但他們是不肯抵消的。倘如天津的洋釐高，上海的洋釐低，——就是天津的銀子便宜，上海的銀子貴。上海的洋錢拿到天津去，天津就可以賺錢，所以天津就不情願以十萬貴的洋錢去抵消十萬賤的洋錢。這是什麼意思呢？譬如上海的銀行向天津的銀行討十萬元債，說是互相抵消。天津的銀行說不可以的。倘使天津的銀行有銀子存在上海的匯豐銀行的，他就可以打電報叫滙豐銀行賣出銀子買進洋錢，譬如說七萬二千兩銀子去買十萬塊洋錢還給上海的銀行；於是反問上海的銀行要十萬塊的債，上海的銀行無法，只好拿去還洋錢到了天津可以買好價錢，因爲天津的洋釐高。本來大家可以直接抵消的，而他們要如此的轉折，藉以從中取利。上海的銀行既吃虧了，等到將來上海的洋釐高了，天津的洋釐低了，也這樣報仇，這眞是壞極了。

天津是不用規元的，而用行化的。現在要簡單一點，就算天津也是用規元的。比方上海的規元是七錢二，天津的規元是七錢三；那麼十萬元錢拿到天津去，天津就可以變爲七萬三千兩銀子。先後比較，就賺了一千兩。倘是一抵消，就無錢可賺了。但是沒有這許多可以賺的，這不過是一個假設。

第四次

洋釐之與簿記

譬如說中國銀行，收到姓王的存銀規元七萬七千六百兩，同時又收到姓李的存洋十萬元，中國銀行自然要用兩種賬：一種是銀子的賬，一種是洋錢的賬。這賬是：

銀　兩

77,600兩	

往來存款（王）

	77,600兩

洋　元

100,000元	

往來存款（李）

	100,000元

現在我們要做一個總賬，把這些數目加起來；否則，因爲有的是銀子，有的是洋元，做總理的要看的時候，不能够一目了然的。所以做報告的時候，須把二個存款加合在一起，銀子須化成洋錢——用市價化——譬如說以七二來算：洋元就得到十萬零七千七百七十七元七角八分，再加上洋元十萬，那麼本位幣就得到二十萬零七千七百七十七元七角八分。

九八規元	折合率	洋　數	洋錢存款	本　位　幣
77,600 兩	.72	107,777.78	100,000 元	207,777.78 元

市價是天天變的，有時漲，有時落；如果賬上都要照市價算，那麼豈非天天要把數目改動了麼？所以市價是不興的，一定要有一個標準 (Standard) ——就是七錢四分。但是標準的數目小，本位幣的數目就一定大；標準的數目大，本位幣的數目就一定小。就像七萬七千六百兩規元銀拿七二來算，本位幣得到十萬零七千七百七十七元七角八分，現在如果拿七四來算，就祇有得到十萬零四千八百六十四元八角六分了。算式如下：

規元存款	折合率	洋　數	洋錢存款	本　位　幣
77,600 兩	.74	104,864.86	100,000 元	20,864.86 元

像以上這個樣子看起來，用七二算就銀行裏本位幣的數目多；用七四算，就銀行裏本位幣的數目少；多好看，少不好看，究竟爲什麽銀行裏要用七四算呢？這就是小心，銀行裏無論什麽都該小心的。

譬如姓王的持票來付三千六百兩，倘若拿銀子給他，當然不發生什麽問題，我們的賬上只要付姓王的銀子存款三千六百兩，收銀子三千六百兩。

但是如果他要取洋元呢？譬如照市價七三算——三千六百兩銀子是等於四千九百三十一元五角，那麽我們的賬上就要 Debit 往存三千六百兩，Credit 現金四千九百三十一元五角；因爲他存進來的是銀子，我們付給他的是洋錢。彷彿我們拿洋錢去買他的銀子，所以我們應當賬上再付 Debit 兌出四千九百三十一元五角，收 Credit 兌入三千六百兩。賬式如下：

洋　元

100,000	4931.50

兌　出（洋）

4931.50	

兌　入（銀）

	3600 兩

王某存款賬

3600 兩	77600 兩
74000 兩	
77600 兩	77600 兩

現在比方說要結賬了，我們銀行裏現存銀子七萬四千兩，洋九萬五千零六十八元五角，我們的各賬如下：

規　　元

77,600 兩	

洋　　元

100,000	4931.50
	95068.50
	100,000.00

兌　　出（洋）

4931.50	4864.86
	66.64
	4931.50

兌　　入（銀）

3600 兩	3600 兩

Combined Sheet

現　金	存　款
77.600(104864.86)	100,000.00 王(74000兩)
95.068.50	100,000.00 李
199,933.36	
66.64	
200,000.00 元	200,000.00 元

結賬是用七四算的，但是兌出的時候是照市價七三，現在少了六十六元六角四分了。如果照七三結賬，那麼兌入兌出都可以冲消，現在照七四算，洋元小了，兌入雖可以冲消，但是兌出就冲不消，少了六十六元六角四分，豈不是損失(Loss)了麼？但是這不是眞損失，是假的，因爲市價是時漲時落的，靠不住的。這樣看來，中國的簿

記麻煩不麻煩？中國有銀子洋元，要兩種賬簿；又要往來存款賬分兩種簿子還不算計算起來如何麻煩！計算恐怕有錯，又要覆核覆核又甚麻煩，所以幣制一壞，時間(Time)勞工(Labor)和精力(Energy)都白費掉了，這是很不經濟的一件事。

為什麼兌入兌出賬是要緊的呢？他們有什麼作用？是因為可以明白多少銀子買進來，多少洋錢是賣出去。譬如姓王的持票來拿銀子，我們就付 Debit 往存三千六百兩，收 Credit 現金也三千六百兩；如果他要洋錢的，那麼就付 Debit 往存三千六百兩收 Credit 現金四千九百三十一元五角。這樣的賬夠了，為什麼一定要兌入兌出？因為這種樣子是看不出的，不曉得倒底有多少銀子是兌進來的。比方現在的賬上借方是七萬七千六百兩，姓王的人來取銀子三千六百兩，是在該賬貸方收三千六百兩；後來他來兌洋錢，即收入銀子三千六百兩，付出洋錢四千九百三十一元，同時又收到房租也三千六百兩，此兩個三千六百兩的數目皆登在借方，那麼豈不是人家看了賬不曉得那個是兌入那個是房租金了麼？但是有了兌入兌出賬就可以一查而知道有一個三千六百兩是兌入來的。

所以這種事是很要緊的，將來你們到銀行裏去天天有兌入兌出洋錢和銀子，煩不了的，非現在清楚不可。

還有金與銀之關係，要下次講了。

第五次

金與銀之關係

我們中國人用銀子，外國人都用金子，這個上面的轉折很大；政府借外債，如果銀賤金貴，那麼就要大吃其虧。近來銀貴金賤了，於是就有投機的事情發生，像現在的布疋商損失很多，這有好多的原因，下面要講到的。

金子與銀子兩樣混用是很不便的，譬如像某銀行的存款，美金，日金，金鎊，各種都有，多極了。他的賬上譬如說今年收現金存款一百萬元，賬上就是現金 $1,000,000| 存款 $1,000,000。到明年生意大了，收現金存款二百萬元，那麼賬上就是現金 $1,000,000 1,000,000| 存款 $1,000,000 1,000,000。這是看得見的，我們一望而知的。但是譬如說二百萬裏有一百萬是銀子，一百萬是美金，而美金實在只有五十萬，因爲比方市價是二銀元爲一金元的，所以五十萬美金折成一百萬銀元。到後來金子漲了，兩元銀子買一元美金不夠了——像去年美金最小的時候，只值九角幾分，一百規元可買美金一百六十元，現在貴了，照昨天的市價算，一百規元只能夠買八十一美金了，那麼賬上的一百萬銀子數目就要變大了。人家看見銀行裏存款數目大了，都以爲是生意好，存款多，其實並沒有好，並沒有多，不過金子貴一些罷了。所以這是外人所不易一望而知的。

但是如果中國用了金本位制，究竟有沒有弊呢？有是仍舊有的，不過少些及小些罷了。譬如像美國銀行裏存英金。每英鎊等於美金四元八角六分六釐，這叫平準（Mint par），可以曉得重量與成色的，這也有變動的，不過他們變了少——今天四元八角六分七，明天四元八角六分五——這是滙兌的變動，很少的。但是中國却不然，除了滙兌上之變動以外，還有金與銀之變動。

又譬如說英國欠美國一千萬國債，英國一定要用美金去還的，因金鎊不能在美國行使，所以一定要用美金，拿金鎊去買美金，美金的需求(Demand)大了，於是就漲，那麼平準的數目不能維持了，原來的四元八角六分六釐就跌至四元八角五分五釐。譬如說美國欠英國的錢，用美金還是不能的，只好去買金鎊，金鎊的需求大了，於是也就漲，那麼平準的數目又不能維持了，原來的四元八角六分六釐，就漲至四元八角七分七釐了。這種是滙兌上的變動。但是這種變動是很小的，只有一二位小數，因爲他們只有一樁供求的緣故；中國的變動太大了，因爲在滙兌上的變動以上，還有金子與銀子比較的緣故。現在報上天天可以看見中國的疋頭商很恐慌，都要破產了，因爲他們去年定貨的時候，一百兩銀子等於一百六十元美金，在那個時候，他們定貨；但是後來到結賬的時候，金漲了，銀賤了，從前一百兩銀子等於一百六十元美金，現在漲到二百兩銀子等於一百六十元美金了，所以他們要倒了。外國人是不管什麼金貴銀賤，銀貴金賤的，他只曉得要一百六十元美金就是了，所以布疋商要破產了。他們不出貨——就是擱在棧房裏，永遠不拿出來。這是很失信用的，最爲外人所看輕的。中國人只曉得濫投機，也不做個預備。從前金子賤的時候，所賺得錢，應該提出一部份作爲準備；乃計不出此，到恐慌的時候，就只好破產。所以中國政府若再不趕快整理幣制，統一貨幣，採行金本位制，那麼投機也無已時，恐慌也不絕了。

從前一兩銀子等於九先令八便士，現在金子漲到四先令八便士，推究金子漲的原因，不一而足，最壞的就是金商。他的目的是與疋頭商完全相反的，因爲他要希望金子漲，像一百六十元美金值銀子二百兩；疋頭商要希望金子賤，像一百六十元美金值銀子一百兩，所以這兩種投機人的目的互相衝突了。這是幣制壞的緣故。現在布疋商的所以恐慌，都是因爲金商的緣故。金商買金子，買而再買，買到金子漲，他們買的是期貨，當時是沒有金子的；外國銀行因爲中國人都去向他買金子，於是就打電報到英國去買金子。譬方說外國銀行有一千萬銀子存在英國，現在拿這銀子到英國市面上去買金子，於是銀子多金子少了，金子貴銀子賤了，期貨本來是買空賣空的，但是也不能不預備的，到了期也一定要交貨的，所以銀行也一定要英國去買的。這是金商的投機。

但是如果布疋商於定貨的時候就買金子，那麼就沒有危險了。譬如說八月定貨，市價一百兩銀子等於美金一百六十元，那時就買金子期貨，到十月交貨的時候付錢，這一百兩銀子是貨物的成本，以後將貨出售，一百兩銀子變爲一百二十兩了；這多出來的二十兩，是做生意賺來的，這是正當的辦法。但是爲什麼布疋商不買期貨呢？他也是投機。他想希望金子賤到五十兩，那麼他比較早買金子期貨可以多賺五十兩，再加上二十兩，豈不是一共七十兩麼？這樣就有危險發生了。因爲二十兩是正當的，五十兩是不正當的。投機有正當的亦有不正當的，現在疋頭商的投機是不正當的；因爲他把正當與不正當相合了，怎麼不要恐慌呢？所以這是三種人的錯：（一）布疋商——他應當早買金子，不應當做不正當的投機。（二）金商——因爲沒有了他，金子不會變動得如此之速。（三）政府——因爲他應當早早設法把幣制統一改用金本位或虛金本位。

金銀之與國外滙兌

譬如我們到英國去買一千一百七十鎊金子，每鎊等於二十先令，每先令等於十二便士，所以一鎊金子等於二百四十個便士，則一千一百七十鎊就是一共等於二十八萬零八百便士。多少便士等於一兩銀子呢？六先令六便士是等於七十八便士，所以一兩是等於七十八便士去除二十八萬零八百便士，就等於三千六百兩。於是再要將規元變成洋元，照市價七四算等於四千八百六十四元八角六分。到此地有關係了，一千一百七十鎊是沒有變動的，七十八便士就有變動了。像銀行裏都有官率（Official rate）天天掛牌的，譬如說今天滙豐的門口掛牌，八十一便士就是等於一兩。在這上頭就發生出叫做暗盤，就是實在並不是照八十一算的，是照七十八算的。這樣就叫操縱。所以有了金銀，到處都吃虧了。在英美兩國間，一千鎊就等於四千八百六十六元，或者明天後天變了四千八百六十五元，或四千八百六十四元了。這都可以曉得是供求的關係。但是中國在供求之外還要加上金與銀的關係，像今天八一，明天變了八一·五，這是供求的關係；但是到後天再一變而爲八五或九五了，那麼一定是銀子問題了。否則不致如此之速。所以中國是沒有一定的，沒有一定的事情，有誰敢做呢？豈不都是冒險麼？所以中國非統一幣制改用金本位不可。

整理幣制的手續是很複雜的；（一）第一步先將各省的濫紙幣收回；（二）第二步將各種洋元行市統一，（在上海已辦到了，此是吾國銀行團的功）（三）第三將上海的滙劃銀子廢去（詳見銀行週報第一百七十五號徐寄廎先生的文章）；（四）第四開辦上海造幣廠多鑄洋元；（五）洋元多了，即將規元廢去，一面亦請外人改用洋元；（六）上海銀兩廢去之後，其餘各埠亦必聞風興起，蓋各埠皆與上海有商務上的關係，倘上海不用銀子，各埠亦不用銀子，於是都改用洋元了。（吾國各處銀兩種類甚多，其相互之比例，可以高等代數之排列法推算之，如將規元廢去，則與規元相比例之各種銀兩，當然不能存在，李芳君曾著中國幣制統一論一書，頗有價值，其首章詳論排列法請參照）（七）幣制統一了，於是遂把銀本位改用金本位，（於此一端，鄙意與梁任公先生之意見相同。）

吾所講的，係吾國惡幣之影響，大畧講完了。下次本應講『何謂九八規元』今我欲先講交易所，因爲上海交易所已很發達，有些人不知道定期賣買爲何物，且不明白交割之方法與計算，交割之時何以必須用扯價，物品如棉花雜糧等，何以必須定標準，定等級，凡此諸問題，我當依次說明之。

中國的交易所

九年十二月在吳淞中國公學演講

孫錫麒 胡治藩 筆記

今天我要講的是中國的交易所。自從去年以來，中國的交易所倒很發達。先是日本人在中國辦了一個取引所——就是交易所；但交易所非像其他外國人可以辦的。銀行可以容許外國人辦，交易所要是被外國人辦了，他就可以操縱市面，所以中國人自己出來辦了一個交易所，叫做物品證券交易所，這是合辦的；後來有人主張分辦；譬如金業等本都包括在物品內的，現在要將他分開來，如雜糧亦要設交易所，棉業亦要辦交易所。這種分辦究竟好不好，和他的利害，我暫不講。先把交易所的眞相來講一講。

有人說，交易所是一個大賭場，交易的人都是大賭客，所謂定期賣買，就是買空賣空，買空賣空就是賭。今天要講的就是交易所是不是一個大賭場？交易的人是不是賭客？定期買賣是不是賭？中國本來無交易所，有之卽自去年始。現在之證券物品交易所證券交易所等，營業十分發達，前途未可限量，一年之間有此成績，殊屬難得之至。國人當額首稱慶，不宜橫加誹謗，卽有缺點，亦當一一指出，促當事者改革可也。大凡新開辦之公司，無論大小，無論中外——皆不能躁臻完善之域，倘因有缺點而指交易所爲賭場，視經紀人爲賭客，則不幸甚矣。譬如以上海的證券物品交易所來做一個例，該所是分部的，如棉花部，公債部，棉紗部等。每部有每部的經紀人，就是所謂Broker，和從前的掮客相彷彿；不過掮客的責任較輕。每部的經紀人都有牌號，如棉花部的經紀人是一，二，三，五六，九十，十一號。這些經紀人是都在棉花部內的，但亦可以兼做公債部的經紀人，或其他別部的經紀人。一個人不限定只做一部，可以兼做二部或三部的。交易所裏面分出許多市場，如第一市場第二市場等；這市場是個很大的地方，以備交易的。

所謂定期買賣是什麼呢？現期買賣是現貨賣買至遲七日內交貨，定期買賣是不預先交貨，約定在一定的期限交貨。譬如說在十二月定貨，到明年的五月纔交貨。這種期限是沒有一定的，有的僅二個月，如公債部。有的須六個月，如棉紗部。現期買賣是Cash delivery，定期買賣是Future的。

譬如以棉紗爲例。棉紗是分等級的，有標準品的，這種等到將來再詳詳細細的講。例如說現在的標準品是恆豐紗廠所製的十六支的雲鶴牌，以他做爲標準品。但這種標準品是常常更換的，不是永遠拿一種當爲標準的。譬如說現在有二個經紀人，一個是人家委託他買恆豐紗廠的十六支的雲鶴牌棉紗五百包，還有一個是人家委託他賣出十六支的雲鶴牌棉紗五百包；這二人碰在一起，交易就可以成功。但是倘若等到六個月的期限到了，雲鶴牌沒有如何呢？所以有種相等品，譬如某廠的某牌是與雲鶴牌相等的，倘若期限到了，雲鶴牌恰巧沒有，就可以相等品代替，買的人是無話可說的。標準品以下的亦可以通用，不過須減價若干。這就是標準的辦法。

譬如說現在一號經紀人賣給二號經紀人雲鶴牌的棉紗一百包(見圖)——交易所內是以十包爲單位的，每包是一百三十二兩，共一萬三千二百兩，定於明年五月交貨。在這六個月當中，棉紗的市價不是一定的，不必定是一百三十二兩，是時時漲落的。市價要是不會變動，那麼也用不着什麼交易所了。不過我們要曉得這是賣空(Sell Short)，有人說賣空就是賭，我說不是的，且待我講下去，就可以明白了。倘若以後棉紗的市價漲到一百三十四兩，二號經紀人就把這一百包棉紗賣給三號經紀人，二號經紀人每包上可以賺二兩銀子。以後棉紗又跌價跌至一百三十三兩五錢，三號經紀人就恐慌起來，恐怕將來再跌；要是跌至一百三十兩，這筆損失可是不小，於是他就賣給五號經紀人。這樣沒有貨物他們買進賣出都是空的(見圖)。但是五號經紀人在未買進以前，已經賣出給六號經紀人。譬如說他在十二月五日向三號經紀人買進的棉紗，但他在十二月一日已經賣出給六號經紀人了，賣出時尚未買進。譬如說在一百三十四兩的時候賣出的，他想到將來價必跌的，果然將來的價跌了——譬如說跌至一百三十兩，他就買進，每包可以賺四兩銀子，他是在沒有東西以前就將這東西賣出。倘若將來的價要是漲到一百三十八兩，那麼每包他就要損失四兩銀子。現在五號經紀人是一百三十三兩半向三號經紀人買進的，一百三十四兩賣出的，每包他可以賺半兩。五號經紀人賣給了六號經紀人，六號賣給九號，九號賣給十號，十號賣給十一號，到十一號經紀人爲止。這樣成爲下面的圖樣：

132兩　134兩　133.5兩

1——→2——→3——→5買進十二月五日

134. 圖

11←——10←——9←——6←——5賣出十二月一日

現在要把這二排結連起來，怎麼結法呢？我們要明白五號經紀人是在十二月五日向三號經紀人買進的，但他是在十二月一日賣給六號經紀人的。在十二月三日的時候——五號經紀人已經賣出——但沒有買進——所以在十二月三日——賣出與買進尚不能連結起來——直至十二月五日——五號向三號買進——於是有賣出又有買進——賣出買進就連合了——連合之後——上下兩排就結合了——結合之點在三與五之間——就造成下列圖樣——圖內打點的線就是結合之點。

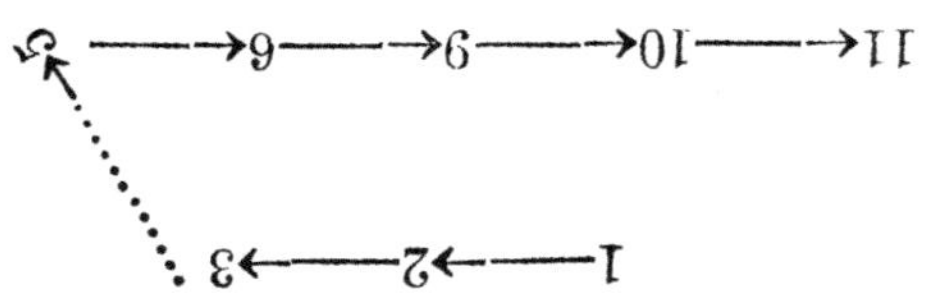

將來期限到了，交貨的手續怎麼樣的呢？是不是一號經紀人將一百包棉紗叫工人抬到二號經紀人那裏，二號經紀人抬到三號經紀人那裏去，三號抬到五號，五號抬給六號，這樣抬來抬去，未免太費手脚了。不過其中的毛病是一號經紀人不曉得十一號經紀人是一個最後的買者（Last buyer），十一號經紀人不曉得一號經紀人是第一個賣者，否則一號經紀人直接將貨交給十一號經紀人就可以了。

（1）

我們看了上面的圖，曉得除了一號經紀人與十一號經紀人，其餘的都是有二種交易（Double transactions）因爲一面買進，一面賣出。惟有一號與十一號是一種交易（One transaction），一號經紀人只賣出，十一號經紀人只買進。我們現在是假定以一百包棉紗買來賣去，不過實際上不是這樣。譬如說一號經紀人賣給二號經紀人棉紗一百包，二號經紀人賣給三號經紀人却不必定也是一百包，二百包或再比二百包多些也有的。現在要簡單一點，所以假定他都是一百包。

（二）

經紀人當中，可以分做二派。一派是看「漲」的，一派是看「跌」的。如三號經紀人，他是看漲的，所以先買進而後賣出；他的希望是棉紗價漲。他是一百三十四兩買進的，他希望漲至一百三十八或九兩，然後賣出，可以賺得很多的錢，所以希望漲的人是先買進而後賣出。五號經紀人是看跌的，他先以一百三十四兩賣出，希望日後的價跌；等到價跌的時候，他再買進，所以是先賣出而後買進。

（三）

五號經紀人是賣空，因爲他在十二月一日賣出，十二月五日才買進。賣出的時候，還沒有貨物，所以看跌的人是賣空。三號經紀人却不是賣空；因爲他先買進而後賣出，實在的東西，果然是大家都還沒有，不過五號是先賣後買，所以是賣空。三號雖還沒有實在的東西，然已買進，先買進而後賣出，不得謂爲賣空。

（四）

五號經紀人是無貨而賣出，我們叫做「拋空」；到十二月五日始買進，叫做「拋進」。但是拋進的包數和期限須與拋空的包數和期限相同。他拋空的包數是一百包，期限是到明年的五月，拋進的包數也須一百包期限也須到明年的五月。

（五）

除了一號經紀人與十一號經紀人外，其餘的經紀人的關係是斷絕了。無論市價怎樣漲落，無關於他們。如二號經紀人以一百三十二兩買進，又以一百三十四兩賣出，只要問交易所每包拿二兩銀子，無論將來價漲價落，他的這二兩銀子是賺定的了。只有一號經紀人與十一號經紀人的得失，尙不能一定。現在一號經紀人是一百三十二兩賣出的，將來要是漲至一百三十四兩，每包上他就要損失二兩。十一號經紀人亦是這樣，將來價跌了，他就要損失。惟有其餘的人都用不着管了。

（六）

每前一個經紀人對於他後一個經紀人，負有一種交貨的責任。如一號經紀人對於二號經紀人負交貨之責，二號經紀人對於三號經紀人負責，其餘的亦都如此。每後一個經紀人對於他的前面的一個經紀人，享有一種索貨的權利。如二號經紀人對於一號經紀人有索貨的權利，三號經紀人對於二號經紀人有索貨的權利，其餘的亦都如此。一方面負有一種責任，一方面却享有一種權利，所以剛巧冲消。譬如第五號經紀人向第三號經紀人索貨，第三號經紀人就可以向第二號經紀人索取，這樣毫無危險。

（七）

第一號經紀人既然賣出，他將來一定還要買進。他在交貨以前，既是還須買貨，那麽就不得謂之「空」。倘他是至終沒有貨的，那纔是空哩。他向棉紗商買進棉紗，棉紗商的棉紗是早已有的；所以棉紗商只有一種交易只有賣出——賣給一號經紀人用不着買進。一號經紀人從前是只有一種交易，現在就變爲二種交易了。

譬如說到了明年的五月了，交易所囑棉紗商將貨直接交給十一號經紀人——不必將棉紗交與一號經紀人，一號經紀人交與二號，二號經紀人交給三號，這樣一個給一個的直到十一號經紀人的手裏。譬如說十一號經紀人的委託人是個出口商或做織布廠的，他也只有一種交易，就是買進（Buy）。

這樣看來，無論如何轉折，最先總有一個人出貨，最後也總有一個人收貨，這就不能說是賣空買空。譬如現在有一本書，我賣給孫君，孫君賣給胡君，胡君賣給李君，李君賣給蔣君，蔣君又賣給我，這樣如何是賣空買空呢？要是沒有貨物纔是投機哩。像江灣跑馬，大家都去賭這匹馬勝，那匹馬勝，勝了就可得利，這纔是賭。交易所明明是交易，怎麽可算爲賭呢？

有人說：「既是最先總有一個人交貨，最後總有一個人收貨，那麽棉紗商何不直接賣給織布商，爲什麽要經過這許多人呢？這樣看來，棉紗商的目的是眞正的賣，織布商的目的是眞正的買，其餘的人都是在那裏賭，所以希望價漲價落，他們可以從中得利。」

這個理由看起來似乎很充足，其實却不然。我們要曉得這種到底是否是賭？交易所是不是賭場；反言之，交易的人是不是賭客。交易的人要是賭客，那麼，交易所就是賭場。譬如說學生要是賭客，那麼，學堂就是賭場。說到賭，是一種 Probability，完全是造出來的；賭了然後有六點一點。看大的人要六點——看小的人要一點。是先賭而後生輸贏，要是不賭必無輸贏——是輸贏爲人所造出來的——是可免的，與生計毫無關係。但是物價變動我們是不能造出來的，世界上的物價是常常在變動中；如人口多了，求多於供，物價就要貴；又如某處的廠被火燒了，物價又要漲；又如收穫不好，物價又要漲；所以有物價一定有變動；所以物價的漲落出於自然的——賭的輸贏是出於人造的，有了變動必定要用經紀人。如棉紗商的棉紗成本，每包是一百三十兩；他每包只要賺十二兩就滿足了。他希望將來不要有變動，不要漲也不要跌，織布商的成本是每包一百三十二兩，加上工資，譬如說五十兩，其餘的費用五十兩，共二百三十二兩，他也不想多賺錢，每包上譬如說賺二十一兩就足够了。每包他賣二百五十三兩，他這個打算是一定的，他不希望有漲落，他的工資是有一定的，除非工人罷工，他不會有損失的；其餘的費用如煤電燈等開銷，也有一定的，不會有什麼大的變動的，他只要希望棉紗的價沒有變動就好了。二個人——棉紗商與織布商——都不要價有變動，但物價一定有變動。那麼，誰去負這變動的責任呢？就是這一班人——交易所——去負這責任。沒有了他們，棉紗商和織布商都做不成功生意。他們既然負了這重大的責任，就應該有酬報，怎麼可以說是賭呢？他們在經濟上是有一定地位的，我們只能說他們有的地方不好，應該想法改革，不能說他們是完全沒有存在的價值。譬如吃飯，飯燒得不好，不能說連飯都不要吃。所以說交易所是賭場，交易的人是賭客，眞是大錯而特錯。做生意的人最怕材料價值有極大的變動，譬如營造公司爲某洋行建築極大洋房一所必先將木料價值定了，然後才能够估價；譬如材料價值定爲十萬元，工資定爲五萬元，其餘一切開支定爲五萬元共計成本二十萬元，他的還價就定爲二十三萬元，除了二十萬元成本外，尙餘三萬元，這個三萬元的數目，就是公司的賺錢。所以要定賺錢多少，必先定材料的價值，材料的價值定了，以後的漲落，他都可不管，於他的賺錢毫無關係。倘材料之價不預定，而冒日後漲落的危險，萬一材料之價漲至十五萬元，營造公司及要賠錢二萬元，豈不萬分危險嗎？但就目下經濟的組織而論，物價一定要有變動的。既有變動而做生意的人，如營造公司不要有變動，試問有什麽方法可以使營造公司不冒危險呢？我想只有一種方法。就是將變動的危險推在交易所經紀人的身上，如上述例內之十一號經紀人所代表之織布商，他不負漲落的危險，所有危險都歸其餘經紀人代負了。沒有了他們。大生意不能做了，世界就無進步，所以世界愈文明，經紀人與交易所愈不能省，各種交易所——或係合辦或係分辦——都是要緊的；因其在經濟界有一定的地位，不能以賭客視之。深望吾國立法機關與社會各團體於監督之外不可干涉；交易所計算的方法待下次再講。

第二次

交易的種類與方法

（一）現貨交易與期貨交易之區別及期貨交易之必要

今天要講的是中國交易所之交易的方法，這是中國交易所的實在情形，中國人應該曉得的，與外國交易所之交易的方法，大抵相同。

交易的種類有二：一種是現貨交易，一種是期貨交易。

我們到書店裏去買書，布店裏去買布，以錢易物，當場交貨，這是現貨交易。但既有現貨交易何必再有期貨交易呢？請講期貨交易之必要。譬如某甲有大宗貨物要賣出，譬如說是棉紗一千包，他當然想把這一千包棉紗立刻能夠脫手纔好；但他要賣出，必定要有要買這些棉紗的人纔與，所以現貨交易非要立刻有對手人購買，否則就不成功。倘若現在有位某乙，他是個投機的人，專門看物價之漲跌的。譬如說他現在是看漲的，每包以一百三十二兩銀子將這一千包棉紗買進；他的希望是棉紗價漲。譬如說後來棉紗的價果然漲了，漲至一百三十四兩銀子一包，他就把這買進的一千包棉紗賣出給丙；丙也是看漲的，後來棉紗的價果然也漲了，譬如說漲至每包一百三十五兩，他也就再賣給丁。但是我們應該曉得，乙丙丁三個人的目的，並非是真正要買這一千包棉紗，不過是希望貨價的漲漲落落，從中他們可以得利而已。但是倘若沒有這一班人，某甲的一千包棉紗就賣不出去；因為這麼多的棉紗，一時上很難找得到一個要購買這麼多棉紗的人。所以某甲要想銷去這一千包的棉紗，非這一班人不與。因為有了期貨交易，買來賣去，最後總有一個人是真正要買這一千包棉紗的。故期貨交易的作用是使大宗貨物能夠銷得出去，將來交貨的期限到了，某甲就將這一千包棉紗直接交與最後的一個真正要買棉紗的買者。

還有一樁，倘某甲有大宗現貨想立刻脫手，但是一時上沒有人以現金要買這麼多的現貨；譬如說有位某戌，他曉得某甲現在手中有這麼多的現貨，想趕快脫手而沒有人要買，於是故意削價逼他賣出。有時並且還要故意造謠生事動搖市面，使某甲恐怕起來，趕快賤價賣出，以致墮其阱中，這就是現貨交易的弊害。若是有了期貨交易某戊就不能這樣作惡了；因爲某戊一個人不能獨自作主操縱的。他不買，還有乙要買；乙不買，還有丙要買哩。所以現貨交易之外，還要有期貨交易；期貨交易是保護商人的利器；但是小交易就用不着這種期貨交易。

（二）買賣的方法

中國現在的交易所之交易的方法怎樣的呢？賣買的方法有好幾種：有相對賣買，投標賣買，接續賣買，競爭賣買。相對賣買與接續賣買的性質很是相同。相對賣買是二個人交易的，一個賣者，一個買者；接續賣買也是二個人相對着交易的，不過是接續下去的，如某甲與某乙交易，做成功後；某丙與某丁來交易，做成功後；某戊與某己再來交易；這樣接續下去。投標買賣，恐怕大家都已懂得。譬如我們在外操場要建造一所房屋，就可以登報招人投標，營業公司就都來投標，我們於是擇其價錢最公平的，材料最好的來擔任造這所房屋。這種你們大家想必都已知道，所以我亦不必多講。競爭賣買却不是相對的，是競爭的。許多人聚集在一起，你喊五，我喊六，這樣亂七八糟，雜亂無章的。今天我要講的就是這個。

競爭賣買

競爭賣買是現在物品證券交易所所採取之交易的方法；接續賣買是在上海日本的取引所所採用之交易的方法。上海麵粉交易所採用的交易之方法，亦是接續買賣。現在日本的取引所亦漸漸的採用競爭賣買之方法了，麵粉交易所却完全是接續買賣。

交易所採用競爭賣買的交易之方法是這樣的。交易所裏面有一個大市場，市場是有欄杆圍住的。欄杆以外是參觀人及其他與交易沒有關係的人站的，他們是不准跑到欄杆的裏面去的。欄杆之內有月台。月台上放着二張桌子，桌旁站着一個拍板的人。如棉紗的價是一百三十二兩七錢五，經紀人的代理人就大聲喊道七五，——他是只喊一個零數。因爲交易所交易的時候，極其忙碌，所以越簡便越好。

交易的時候，能够跑進欄杆裏面去的只有三種人；一種是代理人，一種是經紀人，還有一種是委託人，這三種人當中的投機的人是委託人。他委託經紀人去做經紀人不過去做他的委託人所託他去做的事情。代理人是代經紀人舉手與叫喊的，這種人都是店裏或公司裏的學徒。代理人站在經紀人的前面，經紀人站在代理人的後面，委託人站在經紀人的後面；後者指揮前者。譬如委託人叫經紀人喊一百三十二兩；忽然價又漲了，則委託人亟令經紀人喊一百三十三兩；經紀人又令站在他前面的代理人喊。他們交易時候的情形大槪如此。這種都是手續上的問題，無關緊要；不過在此地略述一述，使大家都能够明瞭。

交易所的交易分前市與後市。前市在中飯以前，後市在中飯以後。前市又分開盤，二盤，三盤，收盤等四盤；後市亦是如此。如棉紗則每市開四盤，每天共開八盤。如公債就只有三盤，分開盤，中盤，收盤；因爲公債的生意，比較起來少一點。每開過一盤，就休息片刻。每盤有每盤的價格，如下圖：

	開盤	二盤	三盤	收盤
前市	一百三十五兩七錢九	一百三十五兩八錢八	一百三十五兩九錢八	一百三十五兩
後市				

我們在報上常常看見什麼開盤等，就是這個。但是他們怎麼做法的呢？譬如說棉紗，現在有十個經紀人；一號經紀人情願賣出棉紗的每包的價格是一百二十七兩；二號經紀人的價格是一百二十八兩；三號的價格是一百三十二兩；四號的價格是一百三十三兩；五號的價格是一百三十兩；這五個經紀人都是被委託賣出的。譬如說買者亦是五個；六號經紀人對於每包的價格，情願出一百三十兩買進；七號願出一百三十五兩買進；八號願出一百二十五兩；九號願出一百二十八兩；十號願出一百二十九兩。這樣五人賣出，五人買進，分別如左，使講到後來，能夠格外清楚些。

第一表

賣出者		買進者	
一號經紀人每包棉紗之賣價	127兩	六號經紀人對於每包棉紗願出	130兩
二號經紀人每包棉紗之賣價	128兩	七號經紀人對於每包棉紗願出	135兩
三號經紀人每包棉紗之賣價	132兩	八號經紀人對於每包棉紗願出	125兩
四號經紀人每包棉紗之賣價	133兩	九號經紀人對於每包棉紗願出	128兩
五號經紀人每包棉紗之賣價	130兩	十號經紀人對於每包棉紗願出	129兩

但是在實際上，價格的數目不會相差這許多的，如七號經紀人與八號經紀人的價格相差了十兩；在實際上數目的相差頂多不過幾錢；如一個是一百三十五兩七錢五一個是一百三十五兩七錢二等。不過我們現在要解釋學理，越簡單越好。數目一大，就容易弄得清楚。數目小了，就要不大清楚。這學理就不容易明白了。

這種不是相對賣買，是競爭賣買；亂七八糟，這邊喊，那邊喊，熱鬧得了不得。大家互相競爭。你高我低的爭札。這個法子雖係亂七八糟，却是一個頂公平的方法。

這些賣出來或買進去的人。必定以棉紗的價值與銀錢相比較過；究竟這些洋錢的數目的價值與這些包數棉紗的價值相等否。譬如說我有一件貂皮馬褂要和你的一件灰鼠馬褂交換，在未交換以前，我們二個人必定先都把自己的馬褂的價值與那件馬褂的價值比較一下。倘若我們二個人都以為二件馬褂的價值是相等的，或都以為那件馬褂的價值是比自己的馬褂的價值來得高這個交換當然能够成功。但是各人估價（Estimate）的眼光，各各不同。譬如說我的父親在臨死的時候，遺留給我的一張照片，在我的一方面看起來，我覺得這張照片是非常的可貴，即使有人肯出一萬塊錢，我也不肯賣給他的；但是在你的一方面看起來，恐怕這張照片連一個錢也不值，送給你還嫌沒有地方可以掛咧；這是因為這張照片是無用於你。又如喜歡古董的人肯出幾萬塊錢去買一件他所看得中的古董，這是因為這件古董在他的眼睛裏看起來，覺得其價值比幾萬塊錢的價值來得高；但是你我不喜歡古董的人，恐怕再便宜一點，幾千塊錢還不要哩。因為各人的估值不是一樣，所以纔有競爭；倘若二個人的估值是一樣，他們的交易就成功了。譬如一號經紀人是有棉紗而無洋錢，他對於棉紗與洋錢二樣東西的估值，因爲他要錢用，就覺得洋錢的價值比棉紗的價值來得大。譬如我有件皮馬褂是十五塊洋錢做的；但是到了沒有錢而等錢用的時候，把這件馬褂拿到當店裏去只值五元錢了。倘是在有錢的時候，別人出我十五塊錢，我都不肯賣，到了現在無錢的時候，就覺得五塊錢的價值比這件馬褂的價值來得高了。又如四號經紀人對於棉紗的價值就看得比洋錢的價值來得高，所以他的賣價是比什麽人都大。那一方面買者亦是這樣；如七號經紀人看棉紗的價值比洋錢的價值來得高。所以肯出一百三十五兩，八號經紀人就看洋錢的價值比棉紗的價值來得高，所以只肯出一百二十五兩。

現在再接連着講他們交易的方法。一號經紀人是他的委託人委託他以一百二十七兩爲最低的賣價，倘是能夠賣到一百二十八兩或一百二十九兩，那就更好了；但無論如何不能夠在一百二十七兩以下賣出去。倘使在一百二十七兩以下賣了出去，那經紀人就要賠錢。二號經紀人是他的委託人委託他以一百二十八兩爲最低的賣價，頂好能夠賣到一百二十八兩以上；要是在一百二十八兩以下賣了出去，就要賠錢。其餘的人亦都如此，那邊買者亦是如此。六號經紀人是他的委託人委託他以一百三十兩爲最高的買價；倘若他以一百三十一或二兩買了進來，這一或二兩銀子就要六號經紀人賠出來。七號經紀人的委託人委託他以一百三十五兩爲最高的買價；倘是再要多了，就要七號經紀人賠出來，其餘的亦都如此。

現在我們先來寫一張表，然後再照了這個表講下去，能夠容易懂些。

第二表

倘賣價爲127兩，則賣者一人（一號），買者四人（六，七，九，十號）。

倘賣價爲128兩，則賣者二人（一，二號）買者仍四人（六，七，九，十號）。

倘賣價爲128·5兩，則賣者仍二人（一，二號），買者三人（六，七，十號）。

倘賣價爲129兩，則賣者仍二人（一，二號），買者仍三人（六，七，十號）。

倘賣價爲129·5兩，則賣者仍二人（一，二號），買者亦二人（六，七號）。

倘賣價爲129·75兩，則賣者二人（一，二，號），買者二人（六，七號）。

倘賣價爲130兩，則賣者三人（一，二，五號），買者僅二人（六，七號）。

倘賣價爲135兩，則賣者五人（一，二，三，四，五號 ，買者一人（七號）。

現在讓我來解說這張表，但是我們在解說這張表的時候，還應該參看第一表。倘棉紗每包的賣價是在一百二十七兩，那麽只有一號經紀人肯賣出。因爲他的最低的賣價是一百二十七兩，其餘的人的賣價都是在一百二十七兩以上，所以都不肯賣出。買的人倒有四個——六號七號，九號和十號經紀人。因爲他們的最高的買價都在一百二十七兩以上，現在只有來得便宜，他們當然都要爭買了。惟有八號經紀人對於每包棉紗最多只肯出一百二十五兩，現在的價格是在他的最高的買價以上，所以他不要買。但是這椿交易能不能夠成功呢？仍舊是不能夠成功，因爲肯賣的人只有一個，而要買的人却有四個；買者多於賣者，其結果就是漲價。漲至一百二十八兩，那麽現在二號經紀人也肯賣出了；因爲他的最低的賣價是一百二十八兩現在已經是達到他的賣價了，至於一號經紀人當然仍舊還是一個賣者，因爲他本來最低的賣價是一百二十七兩，現在漲至一百二十八兩比他原來擬定的賣價反多了一兩，當然是他所願意的。所以賣者有二人，而買者却仍還是六號，七號，九號和十號四個人，因爲還是在他們的最高的買價以下。但是這椿交易仍舊是不能够成功，因爲賣者還是太少而買者太多，所以價錢還要向上漲，漲到一百二十八兩半。現在賣者雖仍是那二個人，而買者却少了一人，因爲九號經紀人的最高的買價是一百二十八兩，現在漲到他的最高的買價以上了，所以他不要買了。但賣者仍是少於買者，這交易還是不能够成功，於是再漲價，漲到一百二十九兩，但還是不與買者仍舊是多於賣者；不過漸漸的近於成功之點了。再漲價漲到一百二十九兩半，那麼賣出的人有二個，一號與二號；要買的人亦是二個，六號與七號，這椿交易就算成功了。因爲十號的最高的買價是一百二十九兩，現在漲到了一百二十九兩半，他當然是不要買了；所以買的人又少了一個，只存有二個人——六號與七號。倘若再漲，漲到一百二十九兩七錢半，那麼，賣的人仍是二人而買者仍是二人，是賣者與買者等。如再漲至一百三十兩，或至一百三十五兩，都是賣者多於買者。倘是賣者多而買者少，其結果是跌價。所以價錢在一百二十九兩半或一百二十九兩七錢五的時候算是最平；拍板的人，見賣與買的比例已成爲二與二之比，認爲最公平的時候，他就把板拷下來。板拷了之後，這價錢——一百二十九兩半或一百二十九兩七錢五——就算是決定的了；交易就算完結，於是閉盤。這種就是競爭賣買，至終只有二個人買進，二個人賣出，其餘的人只好算是白辛苦，等到下一次再來。

拍板人手裏的那塊板拍了以後，這價錢就算是決定的了；無論怎樣都要照這決定的價錢計算。如一百二十九兩半是決定的價錢，無論你再買回或轉賣，都要照一百二十九兩半算。但什麼叫做轉賣呢？什麼叫做買回呢？譬如說九號經紀人的委託人委託他以一百二十八兩爲最高的買價，現在板子拍在一百二十九兩半，比他委託人所託的價錢多了一兩半，委託人嫌太貴了，並且他前頭已經關照過九號經紀人，最高的買價是一百二十八兩，再多就不要，倘能够買得便宜一點，當然是更好。現在他多買了一兩半，怎麼說法呢？那是老實不客氣，九號經紀人只好自己從袋裏摸出錢來賠的。但是有種法子，可以免去這種賠償。就是轉賣，怎麼轉賣呢？就是他在一百二十八兩買進後，要是價漲，譬如說漲至一百二十九兩的時候，他就趕快轉賣出去。因爲無論以何價買進，何價賣出，都應該照決定價格（一百二十九兩半）算——所以一進一出剛巧冲消。

　　他買進賣出無論是多少，後來總是照一百二十九兩半算的。所以他轉賣了出去，可以一點虧也不吃；也用不着從自己袋內摸出錢來賠償。這種叫做保護法，保護經紀人的；否則經紀人豈不是要吃虧了麼？

　　賣出的人亦是一樣的。譬如說四號經紀人的委託人委託他以一百三十三兩爲最低的賣價，再低就不賣，但現在賣出的價格是照一百二十九兩半計算了，他豈不是也要賠錢了麼？所爲他可以買回去，將來計算起來，總是照一百二十九兩半算的，這也是保護法；所以一百三十三兩賣出去後，來價跌至譬如說一百三十兩，膽小的人就趕快買回去。

　　但是有種地方是不能冲消的；如新賣買就不能冲消。譬如李某委託四號經紀人以一百三十三兩賣出，現在價跌至一百三十二兩，他可以立刻買回。這樣賣了出去又買回去，恰巧冲消。又有一位張某也託四號經紀人在一百三十兩以內買進，那麼在一百二十九兩半時當然買進；但這個買進不能去冲消替李某賣出的那筆賬因爲是二個人的交易，必定要替李某另外買進一筆。

上頭我講的轉賣與買回想大家都已懂得了。倘若是現貨賣買，那麼就不能買回轉賣。譬如我們到布店裏去買布，不能說我嫌價錢太貴了，把這布轉賣給你罷；布店也不能說；我這布賣給你的價錢太便宜了，買回給我罷。

現貨的轉賣和買回，在中國和日本的法律上是不許的，不過在日本的取引所亦有私做的競爭賣買已講完了，下次再講接續買賣。

第三次

交易的種類與方法

(二)買賣的方法

A競爭賣買

B接續賣買

中國的交易所現在所採用的賣買方法，是競爭賣買和接續賣買兩種。競爭賣買之手續如何，我上星期已經講過了；今天要講接續賣買。這兩種賣買性質大不相同。接續賣買是二個經紀人相對交易的二個人成功了——別的兩個人再來——請觀下表：

第一表

賣出者	買進者
一號經紀人每包棉紗之賣價…127兩	六號經紀人對於每包棉紗願出…130兩
二〃〃〃〃〃〃〃〃〃〃〃…128兩	七〃〃〃〃〃〃〃〃〃〃願出…135兩
三〃〃〃〃〃〃〃〃〃〃〃…132兩	八〃〃〃〃〃〃〃〃〃〃願出…125兩
四〃〃〃〃〃〃〃〃〃〃〃…133兩	九〃〃〃〃〃〃〃〃〃〃願出…128兩
五〃〃〃〃〃〃〃〃〃〃〃…130兩	十〃〃〃〃〃〃〃〃〃〃願出…129兩

就以上的表來研究，一二三四五經紀人都是賣出的，六七八九十經紀人都是買進的；這十個經紀人都聚在交易所市場內互相交易。譬如喊出的價爲一百三十三兩，四號與七號成功一個交易，這個交易的約定價格是一百三十三兩。喊到一百三十兩，五號與六號成交，因五號願以一百三十兩賣出，六號願以一百三十兩買進，這個定價就是一百三十兩。喊到一百二十八兩，二號與九號成交，這個定價就是一百二十八兩。喊到一百二十七兩，一號與十號成交，這個定價是一百二十七兩。十號經紀人本來願出一百二十九兩，茲得以一百二十七兩買進，當然情願。還有三號與八號沒有交易，因爲八號的最高的買價是一百二十五兩，現在最低的買價已經是

一百二十七兩，所以他不要買。這樣，五對交易成功了四對，有了四個市價如下：

第二表

133兩……四號經紀人賣出，七號經紀人買進。

130兩……五號，，，，，，，，，，，，六號，，，，，，，，，，。

128兩……二號，，，，，，，，，，，，九號，，，，，，，，，，。

127兩……一號，，，，，，，，，，，，十號，，，，，，，，，，。

（註。看第二表的時候，應該參看第一表。）

現在我們另外來算一個，譬如喊一百三十二兩的時候，賣出的人是三號，七號可以買進。如漲到一百三十三兩，賣出的人是四號，本來七號可以買進的，因爲他的最高的買價是一百三十五兩，但他已經買了三號的了，並且比較起來還便宜一兩，所以他不要了；其餘的人也都不要因爲他們的最高的買價都是一百三十三兩以下，所以這個不成交易。又如喊到一百三十兩，賣出的人是五號，六號買進。到一百二十八兩的時候，賣出的人是二號，買進的人譬如說是十號。到一百二十七兩的時候，賣出的人是一號，買進的人是九號，這樣又成了四個行市如下：

第三表

132兩……三號經紀人賣出，七號經紀人買進。

133兩……不成交易。

130兩……五號經紀人賣出，六號經紀人買進。

128兩……二號,,,,,, 十號,,,,,,。

127兩……一號,,,,,, 九號,,,,,,。

（註。看第三表時也應參看第一表。）

所以無論如何總有四個市價。

就是……{ 133兩 130兩 128兩 127兩（見第二表）
132兩 130兩 128兩 127兩（見第三表）

這樣他們十個人當中，無論如何，有八個人是成功交易的，只有二個人不能够成功競爭賣買。則十個人當中只有四個人成功交易（見上次演講稿），其餘的人都交易不成；所以這是接續賣買的便利的地方，而是競爭賣買所感覺不便的。故報紙上常常說什麼競爭賣買是極不適宜於麵粉交易所，就是這個道理。並且接續賣買也用不着買回和轉賣的。但是我們應該曉得，接續賣買的價格有四個，競爭賣買只有一個。一個人能夠賣得一百三十三兩，還有一個人只能賣得一百二十七兩；一個人買進的價錢是一百二十七兩，還有一個人却要出一百三十三兩。（見第二，第三表。）但接續賣買雖能够使經紀人覺得便當，却是不甚公平，並且有可以舞弊的地方。如一號經紀人的委託人委託以一百二十七兩爲最低的賣價，倘能够多賣，那是再好沒有；但是一號經紀人可以賣一百二十八兩而報告委託人說是一百二十七兩，這樣他就賺了一兩銀子。如十號經紀人的委託人委託以一百二十九兩爲最高的買價，倘是能够便宜些更好；但十號經紀人以一百二十八兩買進，可以報告一百二十九兩。但是交易的市價是天天在日刊揭示的，如十號經紀人的舞弊，就可以一望而知。因爲委託人天天要看這市價的，現在十號經紀人報告一百二十九兩，但是日刊上的四個市價（見第二或第三表。）中，沒有一百二十九兩，這就曉得是他舞弊了。但是經紀人多注重道德，倘無道德，則其舞弊的方法很多。譬如九號經紀人的委託人的最高的買價是一百二十八兩，但九號經紀人可以一百二十七兩買進，報告一百二十八兩。這樣委託人在日刊上看見四個行市中果然有一個是一百二十八兩，他就不曉得經紀人究竟是舞弊了沒有？他又不能到交易所裏去翻開賬簿來查一查。至於競爭賣買却不能舞弊；因爲市價只有一個，譬如說一百二十九兩半是決定的市價，那麼各處的人都曉得是一百二十九兩半了。

我並不是說麵粉交易所的經紀人一定舞弊，況且該交易所現在的交易很是完美；不過天下無論什麼事的制度一不好，弊端就要因之發生。今日麵粉交易所採用接續賣買的方法，却是因爲競爭賣買不甚便當。

（三）標準

上次我曾講到過標準。標準是個什麼東西呢？譬如說棉紗的種類極多，什麼大生紗廠的，恆豐紗廠的等等；

所以在這許多種類當中要立出一個標準來。如我上次所講的恆豐紗廠的雲鶴牌十六支是一個標準品，將來到付貨的時候，恆豐紗廠的雲鶴牌十六支的要是恰巧沒有，怎麼樣呢？所以有種相等品，如大生紗廠的或德大紗廠的可以當爲相等品；倘將來雲鶴牌十六支的沒有，就以相等品來代替。如相等品也恰巧沒有，於是還有一種次等的或再次等的；不過每包上要減價若干。

這種相等品，次等品，再次等品的用意何在呢？是因爲要防有的人獨自壟斷。譬如沒有了相等品，次等品等，將來交貨的時候，非雲鶴牌十六支的不可；於是有的人可以預先將市上的雲鶴牌十六支的棉紗都收了去，別人非問他買不可；於是那個人就可以隨意討價。倘若有了相等品，次等品等，他就無法可壟斷了。

上海交易所前途之推測

十年二月在吳淞中國公學演講

蔣宗昌 吳純涵筆記

鄙人上次曾有信託公司之論文發表，大致不外乎推測信託公司將來必致失敗之原因及至現時信託公司竟有中鄙人之預言而停止營業者，是誠可嘆！惟在鄙人發表論文之時，信託公司當局不免惡余之忠言逆耳；然余一念及責任所在，每有不容默然者，今滬上學子又以交易所未來之推測見問，余不敢作諛詞以動聽聞。茲本余之觀察試述一二，至若將來是否與余之意想符合，則未可臆斷，蓋社會情形之變化無定，固未能預料也。

近日交易所之狂熱益甚，即以上海論已不下一百五十家。最先成立者爲上海證券物品交易所，紗布交易所，華商證券交易所等；後起者有所謂華洋證券物品交易所，上海絲繭交易所，上海中國絲繭業交易所，華商絲吐交易所，中華國產物劵交易所，棉布疋頭證劵交易所，華商中外貨幣交易所，上海紙業交易所，合衆晚市物劵交易所，滬江油餅雜糧交易所，中國雜糧油餅證劵交易所，上海煤業交易所，上海華商蔴袋交易所等。各樹標幟，名目繁多，其資本之雄厚者，動輒數百萬，無怪其轟轟烈烈震動一時也。然交易所之發達與否，並不在其數目之增加，而全恃乎營業之盛衰，組織之良否，及經營力之如何而定。近時交易所之數目不可謂不多矣，然果可望其發達耶？想明眼人不難預料也！依余之推測，其足致交易所將來之失敗者有二。

(一)交易所將來必出於入不敷出之一途。

現時交易所之數目甚多，而營業總額固不能依量增加，因之在昔時之交易額甚鉅者，今必以繼起之多而致減少。重言之，卽資本大者之營業，必爲較小者奪去一部份之交易。交易既減少，則收入額亦必依之減少；蓋交易所所得之報酬爲佣金，交易額減少卽佣金減少，而交易所蒙其損失矣！依以上之情形，資本較小之交易所所受之危險較資本雄厚者爲大，請詳述之。

玆假設直線甲——乙——丙爲上海所有經營同一事業之總交易額，在祗有一個交易所時，則甲丙線所表示之交易額均爲一交易所獨佔，其所獲之利益甚鉅，若經營之交易所加增數個時，則其交易之一部份必爲後起者奪去。玆設所奪去之營業爲乙丙，則所餘甲乙之交易額較甲丙爲少，而所獲之利益亦必較在祗有一個時爲少，惟營業上之開支依然如故，決不能依此減少之程度而減低。開支之範圍甚廣，電燈費捐費房租薪金等均包括在內，此種開支決不能因獲利之不豐而遽爾減省也。

據以上所言，則收入大減而支出不減；於是入不敷出之情形發生矣。惟資本雄厚者以魄力之偉大，尚能維持於不匱，若資本之薄弱者則危險實深也。蓋資本雄厚者雖收入大減，尚能勉強支持依直線所表示之乙丙爲其他資本較小之多數交易所所獲之交易額，此種交易額則從大資本交易所所奪來者。要知此種交易額爲數雖鉅，及至分爲數份時，每一交易所所獲之交易固甚微小。交易額小，則利益不豐因之發生極大之危險矣！蓋小資本之交易所其能力必較資本雄厚者爲弱，大資本交易所勉強支持時，其小者必以不能相敵而歸於消滅矣。在此時資本雄厚者必仍將其被奪之交易額收回，在直線上則由甲乙仍變爲甲丙。

(二)資本薄弱之交易所或以管理及組織之不良而歸於失敗。

據以上所述，小資本交易所獲得之交易額較少，交易額少則利益不豐。董事當不能困守資本不圖善策，於是不得不設法將其資本之一部分投資於本所以外之事業。若投資得當，則幸而獲利；若不幸投資之事業失敗，則該交易所必受連帶之損失；若損失過鉅則難免於破產也。推原其故資本薄弱者之管理及組織等事，每不及資本雄厚者之完備，董事常缺乏相當之扶助及監督，而易於發生意外之危險也。

聞全世界交易所之數目尚不出百數，而商業如此幼稚，實業如此不振之中國竟有四五十家，且多在上海一隅，即不加審辨，亦可知其危機潛伏，一觸即發也。

前月滬上有發起綢緞交易所者，此事幸不成立，即成立矣，亦不免於失敗。其失敗之最大原因，不在管理與組織，尤不在營業，乃在根本錯誤，請申述之。

綢緞之種類繁多，花色各異，因之難以分類，而無訂明標準規定等級之希望。蓋交易所最重要者爲訂定標準及規定等級，無標準及等級則商人不能發生交易，請詳述之。

例如麥爲糧食之一，及其收穫後，若依交易所之方法以行交易時，則必須將麥暫存於堆棧，惟麥之等級各別，其於存放堆棧時當然不能將存戶之麥分別存貯，若某甲存麥一百擔；某乙存麥一百擔；某丙存麥一百擔；某丁存麥一百擔；堆棧收到此種貨物，多互相混合，而混合之方法則訂明一相當之標準而分爲若干等級。茲使所有麥類共分甲乙丙等，若王李二人之麥爲甲等，而張陳二人之麥爲乙等，則此時可將王李之麥混合一倉，而張陳之麥用另倉貯之，於是王李張陳中任何一人提取麥時，雖不能獲原來之麥，然其所獲之等級仍無稍異。惟須知堆棧所堆存之麥其數量當不止四百擔，存戶亦不僅四人，其分類亦在甲乙丙等以上，雖然，其原理仍相同也。等級之規定，則由堆棧內某種貨物之專門家司之，此人對於該種貨物須有充分之經驗及研究，因之存放某種貨物時該專家即能細分等級，免去錯誤。貨物之保存及管理亦與有責，故倉庫學爲必不可缺少之科學，堆棧內之通風，溫度，燥濕等均須計及，因之顧客可將貨物存放堆棧毫無疑竇。及其交易時可說明貨物之等級以議價格之多少，固勿須將貨物運輸至交易所也。若交易已成而所定之等級因他種關係而不能交貨，則可用高等或次等之貨替代之，如以高等替代，其値應增，以次等替代，其價應減，既有替代之機會，則不致發生操縱之弊，此有標準而能規定等級之效用也。若綢緞則不能有所標準而難於規定等級，其難於規定等級之原因有四：

(一)花紋繁多；

(二)色澤互異;

(三)尺寸非一;

(四)重量不等。

有此四種困難情形,故綢緞不能設立交易所。例如某甲欲購相同之花緞百疋,限一星期交貨,惟花緞之花紋色澤尺寸及重量均不相同,既不相同則無從規定等級與標準,屆時百疋之花緞又何能交出乎?此綢緞所以不能有交易所也。綢緞其一例耳,他若金洋交易所等,亦以缺乏標準之規定而難以成立,我不知設立者之居心何在?是眞不能不爲人所齒冷矣!

上海一百四十個交易所

十年十二月二十七日在北京大學經濟學會演講

今天兄弟到這裏講演交易所,不過兄弟對於交易所是外行,據所見所聞者得申述之。兄弟上半年在上海,正當交易所盛行之時。銀行與交易所亦有密切之關係,因爲各種有價證券都在交易所中有漲落之行市。至於交易所中用何種手段,以兄弟非交易所中人不能詳悉。今天所講演者爲『交易所之普通原理』。此原理中外一律,並無差異,如數學上二加二爲四,不以中外而異其數也。不過中國之交易所爲日本制。其組織爲股東制,不如美國之爲會員制也。這講演擬分兩次講完,今天先講交易所原理,下次再講上海交易所情形,因爲不明原理,決不能講上海交易所的實在情形。

一前場後場。

交易所中有前場後場之分，前場在上午，亦稱爲前市，後場在下午，亦稱爲後市。每市有盤，如開盤，二盤，三盤，收盤等，一盤完後，稍行休息，即繼以第二盤。

二經紀人，委託人，代理人。

交易所中作交易者有三種人：即經紀人，委託人，與代理人是也（如上海之證劵交易所）。經紀人者受他人之委託而在交易所中作買賣者也。委託人者委託經紀人去買或賣者也，例如甲欲買元年公債一萬元則託經紀人去買，自己則無權在交易所中作買賣者也。經紀人須具一定之資格。（如巴黎交易所之經紀人由法國大總統任命，定額只有七十人。）經紀人自己不親自至交易所內而派人至所中做買賣，則被派之人爲代理人。經紀人又分兩派：一爲多頭經紀人；一爲空頭經紀人。多頭者看高，例如甲有某種股票，今天行市爲每股百元，甲則希望其價明日將漲至百十元，此所以謂之看高也。空頭（Bear）者看低，例如今日某種股票每股爲百元，想像其價下禮拜將跌至九十元；於是此時以百元之價先賣於人，希望於下禮拜價落至九十元時，再行買進而交貨，但此時則並無股票在手中也。至多頭者則已有貨，希望價漲即行脫賣也。這兩種人爲社會上最重要者，如只有多頭者而沒有空頭者，則票價將自百元漲至百十元，百二十元，而無落價之時，如只有空頭者而沒有多頭者，則票價將永落不漲，故多頭空頭都有則價可平。英美之 Bull 大概爲想價漲高之意，Bear 大概爲想價低之意。究竟是何用意則不詳悉。但一經紀人亦可兼爲多頭與空頭者，如某經紀人看金融公債價將漲，看元年公債價將落是也，我國所謂賣空卽空頭買空卽多頭。

三現貨，期貨。

現貨者，如我今天到瑞蚨祥買綢緞，當時付款當時取貨是也；期貨者則不於當付款時取貨，而有一定之期限也。必須有期貨之原因約有數種：（一）例如有棉紗一百包，甲爲買者，乙爲賣者，甲知乙急於脫售此百包棉紗，如今日行情本爲每包百三十兩，而向乙說明若非每包百二十兩不買，或乙知甲急於買進，於是抬高其價要百四十兩始肯賣出。如此則交易將不成，此現貨交易買賣壟斷之弊也。期貨交易則將將來貨物之出產亦算在內，如米，現存之貨有限，可以明年七八月之米於現時交易。明年之米現在確實沒有，不過明年必定有也。如爲現貨，則甲欲壟斷以低價買進，乙欲壟斷以高價賣出，既有期貨，則甲可向丙買，乙可賣於丁，於是可免現貨壟斷之弊。（二）例如甲有英國公債票一萬股，爲正月一日付息者（現在爲十二月一日），距今尚有一月，英國公債信用甚好，付息之時，一定有息可取；其息爲鎊，甲以爲鎊價現在甚高，明年將落，故於現在賣於乙，至明年正月交貨在乙則或以有兄弟在英國讀書，看明年之鎊價將高於是亦願向甲買明年之金鎊。（國際貿易發達，本國人買外國之股票債票者甚多，如日本買英美之公債票頗多，不過在中國尚甚少）。（三）各製造家則非期貨交易不可。如英國商人向上海絲廠買絲，爲六月之期貨，每擔千二百兩，合同「成單」訂過以後，使絲廠方面可辦貨。如買絲費八百兩，保險費百兩，工資百兩，共爲一千兩，則預計可賺二百兩，如非有期貨交易，則至明年，設或每擔價爲八百兩，則將虧本二百兩，其危險甚大。故先將絲抛出而後繅絲，則甚穩健，是期貨交易不能省也。（四）又如大學建築校舍，與營造廠訂定銀百萬兩，其工程須二年後方能成功，於是營造廠可先將所需的材料——如木料鐵洋灰——而估計之先行買進。非將材料先行購好不可，倘明年材料漲價，須銀二百萬兩，則已與大學訂定百萬兩百萬兩以外大學必不承認，則營造廠之危險何堪設想，營造廠如先已購好材料，則將來雖漲價，其危險在經紀人負擔。

四保證金，證據金。

經紀人須買本所股票若干股或繳納若干元押於所中，且爲保證金，上海華商證券交易所定爲本所股票二百股，證券物品交易所定爲三萬元。又如甲做多頭，乙做空頭，乙賣於甲股票每股百元，下月交貨，乙既爲空，並無實貨；於是價愈跌愈有利益。如下月果然每股跌至八十五元，於是賺利，甲爲多頭，希望價漲至百元以上，則有利可圖，如至下月價値至八十五元，則乙可以照八十五元行市收買股票交與甲，而甲必以百元買進，但現在只値八十五元每股必損失十五元，於是逃避不願履行契約。此時若任彼逃避，則乙將受其害，於是須有證據金以防之。證據金多少不定，大概爲百分之十五，於是甲雖逃，有其證據金在，如下月價漲至百十五元，則乙將避而不願履行契約，於是亦須有證據金。證據金外又有追加證據金，例如交易品之價格變動已及前項證據金之半數（如證據金爲百分之十五，而股票已漲起或跌落百分之七·五）交易所中人知道價格變動之大，於是向經紀人取額外之證據金以爲擔保。又有特別證據金，如遇市面恐慌之時，（如前年之五四及前月中交票擠兌時）股票價必跌，均須有特別之證據金以爲保證，證據金須爲現款，至追加證據金及特別證據金可用代用品。

五標準品。

沒有標準品則有危險，如棉紗之牌號甚多，交易時究以何者爲標準乎？上海之紗以恆豐紗廠之十六支雲鶴牌爲標準品，買賣均以此牌爲標準。例如甲與乙爲雲鶴牌紗之期貨買賣，甲賣乙買，價每包銀百三十二兩，至交貨時，雲鶴牌紗甚少，只有一千包，且在丙手中，此時甲必須以貨交乙，而惟丙有此貨，丙知此情形，乃壟斷必要百三十五兩始肯出賣，以此貨均在其手，更無人與之競賣也。

且有時乙預向丙買此千包雲鶴牌棉紗，則甲將從何處買此紗以交乙乎？於是必須向乙以高價買進，再以付乙，此中損失危險孰甚。如定有標準品，則此弊可免，如以雲鶴牌爲標準品，則無雲鶴牌紗時，交以相等品或高級次級之棉紗均可。如交以高級之紗，則甲多進款，如交以次級之紗，則甲找出款，如交以相等品則無須找，如此則無操縱壟斷之弊。但物不盡能有標準品，即亦有不能分類而定標準者，如紗廠之紗其原料相等而可以歸類者，有標準品。但如地皮，不能謂北京某處地皮與天津某處地皮相等而歸爲一類，故無標準品也。又如綢緞（一）尺寸不同，（二）花紋不同，（三）重量不同，（四）顏色不同，亦不能歸類，故謂綢緞交易所，地皮交易所者，不通之說也。至米棉雜糧證券可歸類者，自可設交易所也。

六交易之情形。

經紀人在交易所中各有號子，如有棉紗百包，在一月五日，一號經紀人賣於二號爲每包百三十二兩，以雲鶴牌爲標準品。二號爲多頭，希望漲價，以百三十四兩賣於三號，每包賺二兩。三號亦爲多頭，以紗價跌，恐價再跌，當時卽以百三十三兩賣於四號，而四號爲空頭，於十二月一日以百三十六兩賣於五號（期貨交易）。五號賣於六號爲每包百三十六兩半，六號賣於七號爲百三十七兩，七號賣於八號爲百三十六兩，四號以百三十六兩賣於五號，而從三號以百三十三兩買進，故每包賺三兩。

以上之交易一二三四爲一排，四五六七八另爲一排，兩排之連接者爲四號，在一月五日，如以現貨成交，則一交二，二交三，……七交八，則搬運交付，手續甚繁，有交易所則此手續可減。一號賣於二時，只須報告於交易所，二賣與三，七賣與八，各報告於交易所卽可。末結只將一之貨交與八，而交易已完，眞正賣出者爲一，眞正買進者爲八，其餘二至七卽旁人罵之爲賣空買空投機者。但二，三，……七雖不見貨物之授受，若眞欲交貨亦非無貨可交者。如三向二要貨，則二有一之貨可交，此非買空賣空，實有貨物以爲交易也。如此則二交三，三交四，……均有貨可交，其不見貨物之交付者，以省手續耳。此處我們須注意者，二號一面有權利，一面有義務，以向一有索貨之權利，對於三有交貨之義務，此與賭博實不相同。至謂不見貨物之交付，爲買空賣空，則一爲經紀人受他人之委託而賣貨。至交貨時可叫紗商——委託人——以物交與八，是一亦未見有貨交付，豈非亦是買空乎？設或八是外國人託他買的貨，則通知外國人向一取貨足矣。八亦未見貨之交付，豈非亦是買空乎？二向一以百三十二兩買進，而以之賣與三爲百三十四兩，所賺之二兩向交易所算賬，與他人無關。三，四，……七之盈虧，均與交易所算賬，不及於旁人，交易所中交易既有實物之存在，究與賭博有別，賭博爲人造的，只要自己不去，卽可避免。物價之變動則自有其法則在，如每石米今日價爲十二元，明日亦許爲十三元，後日亦許爲十一元，無人能使其不變動，其變動之故，在供少求多，或供多求少，物價既變動，則必有變動之危險，非盈即虧，既有如是之危險，商人將有束手不敢作賣買者，於是由有經驗之少數人，經紀人，爲商人代負此危險之擔子。如甲承造大學校舍，先託經紀人買每單位八元之鐵，以爲將來之用，則明年鐵價漲至十五元十八元或落至六元四元，均與甲無關，其價漲落之危險槪由經紀人負之，經紀人既如此之重要，則世界上必須有經紀人之地位，經紀人代商人負物價變動之危險，非賭博也。賭博爲人造的，凡可以避免物價之變動者，則非人造的。至交易所之交易與賭博相近者亦有之。例如債票之價今日爲百元，甲看其價下月必漲至百十元，於是向乙定買，說明如要時則下月以百〇五元向乙取貨，若不要則作罷論。但不論要貨與否，甲須給乙以洋二元爲權利費，即乙須聽甲之命令而交貨。如下月竟漲至百十元，則甲向乙以百〇五元買進，轉賣與第三者價爲百十元；於是甲每股賺得五元，除去權利費二元，尙得利三元。如下月落至百〇四元，則甲可不必要貨，惟給乙以二元之權利費而已。否則，取交轉賣損失更大矣。因以百〇五元買進，而以百〇四元賣出，每股已損失一元，又加以二元權利金，計共損失三元。此爲取貨轉賣之損失，故甲不向乙取貨而損失較小。至甲之作此種買賣者以損失有限，而希望則無窮也，此買貨時之情形。又如今日之票價爲百元，甲與乙訂定下月甲以九十五元賣於乙，如至下月跌至九十元，則甲向丙以九十元買進而以九十五元賣於乙，乙必須受貨，若下月價忽漲至九十六元，則甲可不買貨亦無須賣貨，但二元權利費則無論交貨與否，必須交乙也。此種交易與期貨不同，故與賭博性質相近，因此種交易可以交貨亦可以不必交貨，若夫期貨則非交貨不可也。

以上所述，只就目前交易所之情形言之，其行為不得以賭博視之，但今日上海之交易所非社會所需，賭博行為在所不免；至其如何賭博，請待下次再講。

第二次

上次所講者，為交易所之原理，有所謂前場後場，經紀人以拍板為號，在美無前後盤之說，以人數衆多無從拍板也。何謂現貨期貨，何謂多頭空頭，保證金若何，經紀人代理人若何，前次均已詳言之矣。今日所講者，為上海交易所之情形，近來銀行錢莊受交易所之影響而關閉者時有所聞，其眞相若何，不可不知也。中國新發明一事，名曰套頭，英美無此制，德法無此制，卽日本恐亦無此制，可謂絕無僅有之創舉，此風一開，銀行錢莊之關閉者踵接矣。

上海交易所之多可云已極，交易所雖多，而生意有限，焉能獲利？例如開百數十個綢緞莊於北京，着綢緞者能有幾何人？其無生意也可斷言；其不能獲利也亦可想見。上海交易所，亦何異於是。以美之大貿易之盛，全國之交易所不過十四五；而中國上海一區，交易所已有百四五十個之多，用度浩大，所入無幾，入不敷出，焉有不關閉之理！然其病尚不在此，其最大之病乃在做本所股票交易。例如上海之老交易所之本所股票，有新舊兩種，舊股票已由五十元漲至二百四十元，其所以漲者厥故安在？今夫京奉京綏鐵路，若為私辦，則京奉股票必高於京綏，以京奉乘客運貨較京綏多故也。假使京奉不乘客運貨，僅做本路股票生意，則股票憑依已失，將跌其價，何抬高之有，交易所亦猶是也。然則其所以漲者與賭同。上海交易所不以經濟學理為原則，而以賭博性質為原則，譬之賭麻雀，必有人贏；亦必有人輸，今不計其他，只賭你輸我贏，其間一時之得失，全憑個人之眼光，以致股票時上時下，靡有定價。上海人初不知此傾家蕩產者比比皆是，鄉下人更莫明其妙，以爲是發財機會，一旦金盡，悵悵無歸，蹈海而死者，又不知凡幾也！

股票之漲價，全由於心理作用。今有一鑛於此，經工程師之證明，謂內有多金，發財心理，具有同情，人皆以爲取之不竭，用之無窮，人人作如是想，於是該鑛股票之價，由十元可漲至二百元。一旦消息傳來，鑛實無金，恐慌立起，票價由二百元復跌至十元，甚至十元不値。當股票升漲之時，人皆以爲奇貨可居，有是股票者，不肯輕售於人，欲得是股票必倍其價。經幾次之爭購，票價乃大漲，然不能漲至於無極，必有一落千丈之時。當其漲也，人人皆可以賺錢，例如A以十元之股票，賣與B二十元，B賣與C三十元，C賣與D四十元，D賣與E五十元，ABCD均可得十元之利，惟至跌價之時，此最後以五十元買進之E，完全負其責；所以獲利者固多，失敗者亦復不少。知之者視爲賭博，得運也，失亦運也，不知之者，眞含莫白之寃，不知者情猶可憫，知之者則罪不勝誅也。

股票價格其進也銳，其退也速，今日本所股票之大跌，職是之故。股票由二百元跌至百八十元時，A見勢不佳，立出賣其股票，A如是，B亦如是，CDE亦莫不如是。於是賣者多，票價跌，票價愈跌，賣者愈多，賣者愈多，票價愈不可收拾，與京鈔票同，而與他種物品如綢緞金子等適相反，綢緞價跌，則買者多着布者將着綢緞也，金價跌，則買金者亦多，用銀者將用金也，購買者多，則其價亦不致大跌。若夫本所股票則票價愈跌，賣出者愈多，故其價大跌而特跌，當股票下落之時，不僅少數人遭其毒，銀行錢莊亦受其害，於何見之？例如交易所投機者，向銀行或錢莊借款，以市價二百元之股票作抵押，一旦票價跌落，銀行錢莊必向交易所投機者追繳抵押。投機者受銀行錢莊逼迫，賤價出賣股票，因之破產。投機者破產，銀行錢莊亦隨之而破產。

上次曾講多頭空頭矣，設A爲空頭，B爲多頭，A將股票以百元賣與B，期限兩月交割，當A賣與B時，並無股票，及到期，A以八十元向C買進，以與B，從中可得二十元之利。假使B與C通，B向A要股票，A不得不向C買，C則故抬其價，非二百元不賣，轉向D買，D亦與B通，亦須二百元，此多頭設計以陷空頭也。空頭亦有相當手段對付之，A復與E F等空頭勾通一氣，偏不交貨，以一逃了事。空頭既遠走高飛，多頭亦同歸於盡，惟空頭之信用，從此掃地。故至萬不得已時，計方出此。空頭除逃而外，尚有種種方法，即亂造謠言，妄發電報，宣傳農商部取締交易所，以搖惑人心。期票價大跌。然交易所多在租界，非農商部勢力所能及，仍屬無效。空頭見此策不行，乃進而行他策，非達到其目的不止。去年上海錢莊議決，擧凡本所股票不能作爲抵押，銀行閒錢業有此議決案，又從而仿行之。於是票價驟減，由二百三十四元忽降至一百七八十元，多頭損失，動以幾百萬計，欺詐相尋，完全是賭。

近來上海交易所中，有自己買賣本所股票者，此尤大謬不然。比方交易所一日進款一千元，一月爲三萬，一年爲三十六萬，人既知其一年之進款爲三十六萬，則股票斷難飛漲。三四年公債利息百分之六，由七十元漲至八十元尚可，若漲至百六十元則不可，蓋其利不過百分之六耳。譬如交易所之資本爲三百六十萬，每年進款三十六萬，利爲一分，若倍其價爲七百二十萬，進款仍爲三十六萬，則利息只有五釐。普通營業尚有一分利，而交易所只有五釐，人非下愚，誰肯購之。故雖漲至七百二十萬元，不得不漸次跌價，由七百二十萬而六百萬，由六百萬而五百萬，交易所見情勢不佳，出而維持，用自己資本買自己股票，殊不知此乃經濟天然之趨向，非人力所能爲，雖多買無濟也。且今日買進百萬，明日只值八十萬，交易所損失二百萬，損失愈多，信用愈失，股票愈跌，愈跌愈買，愈買愈損失，其結果乃致交易所關門！

以上所述，尚非最要之點，其影響於交易所最大者，莫套頭若，請申述之。美國銀行有 Call loan 制度，所謂 Call loan（即貸放款）者，多係暫時借貸，一要就有也。今日王某向甲銀行借若干元，明日甲銀行如欲收回，王某可再向乙銀行借以還甲銀行，爲期至促，息亦甚微，大都不過年息百分之二耳。周轉靈便，雙方俱獲其利，但利之所在，弊亦隨之。設李某售股票與王某，王某實無錢，向銀行商借，銀行須以股票作抵，但王某買入之股票尚在李某手中，無可抵押；李某又須有錢方交股票，王某亦無錢以換股票，王某兩面受逼，乃與銀行權商，作爲有抵押借款（其實無抵押也）。王將銀行支票與李，李不無猜疑，向銀行詢問，王之支票是否可靠，銀行答以可靠，李遂將支票交銀行簽字，作爲銀行之保付支票，保付之後，支付之責任，當由銀行負之。但王某並無抵押品，銀行不應爲之保付，今既爲之保付，則完全是一種空保付 (Over-certification)，爲法律所不許，簽字之後，李始將股票交於王，王再送至銀行作爲抵押，惟當銀行簽字之時，股票尚在李之手中，不免有幾分危險，美國法律，頗爲嚴禁，一經查出，厥罪甚大。至中國套頭之害，更有甚於是。例如王以十萬元股票賣與錢莊或信託公司，以一月爲限，錢莊或信託公司以十萬元付之，當時錢莊向王言明，仍將股票賣與王，以二月爲期（錢莊買進一月期，賣出二月期），到期時，王交十二萬元與錢莊，錢莊於一月之內，可坐得二萬元之利息，每年可得二十四萬元，即以十萬元之資本可得二十四萬元之利息也。上海有所謂二三利者，即兩月之後，百元可變爲百二十三元。換言之，即兩月之利爲二十三元，計每年利率有十四分之多，利如此高，人爭趨之。社會活資均投於投機事業，眞正營業，反無從措其資本；於是市場利率日高，或謂市場利率之高，由於銀行收買公債所致，殊屬非是。

外國之交易所有二頭，多頭空頭是也。吾國之交易所，則有三頭，即多頭空頭套頭是也。三頭休戚相關，有同唇齒，請設例以明之。譬如空頭甲以本所股票一萬股賣與乙，每股九十元，以兩月爲期，希冀兩月之內股票跌落（如八十元七十元）之時，再以賤價買進。乙買入之後，即以每股一百元賣與丙，至月底交割之時，股票已漲至一百一十元，甲乙丙三方面抵軋之後，乙每股賺得十元，丙每股亦賺十元，而甲則每股損失二十元。（假定以九十元賣出一百一十元補進）丙爲最後之買進者（係多頭），交割之時，應繳現款以換現貨（股票），遂向錢莊或銀行或信託公司（上海有幾家信託公司專做套頭）借款，通俗謂之套頭。其法即以丙之股票賣與錢莊，錢莊以現款交與丙，是錢莊買進股票也。每股一百一十元，但買進之時當時賣出（賣與原人丙）以二月爲期，訂明票價，每股一百三十元，至二月後交割之時，股票已漲至一百五十元，錢莊每股可賺二十元，（以一百十元買進，以一百三十元賣出）丙每股亦可賺二十元，（以一百三十元買進現在可以一百五十元賣出）。但一般做空頭者，以股票之價太高，無力補進，不肯以一百五十元之價賣進。倘空頭勢力甚大，可以結合團體，硬將票價壓落，自一百五十元跌至六十元（假定），多頭於是大起恐慌，以一百三十元買進之丙無從賣出現款，不能收回，即向錢莊借來之款，亦無力償還，不願與套頭交割，所以交割延期，此即多頭套頭均受軋之原因也。

近來法國領事取締交易所，凡在法領事館註册之交易所，不能買賣本所股票，凡理事之本所股票須存於法領事館，此令一行，凡在法領事館註册之交易所非倒不可，蓋其所賴以維持者，在做本所股票生意故也。現在上海交易所以在農商部註册者爲稍可靠；然亦須縮小範圍，以法領事館註册之交易所爲前車之鑒，不蹈其覆轍，其庶幾焉。即使買賣本所股票，亦寧做現貨不做期貨，其危險有限，若仍惟利是圖，不顧後患，則將來之風潮發生，必有更甚於今日者矣！

吾國幣制之整理　十年一月在上海浙江興業銀行演講

（一）幣制何以要整理

今天我要講的是吾國幣制整理的方法。但是幣制何以要整理，這個問題已經在「吾國惡幣之影響」演講中，講得很多，很詳細，所以現在說得簡單一點。幣制不良，不整理，無論什麼事情都不能辦得好的。實業與幣制的關係是最大，幣制不整理，而想實業興盛，實在是沒有的事情。如湖南的濫發鈔票，昨日一千元值五百元，今日只值二百元，一日之間相差三百元之鉅。幣制這樣的壞法，誰敢冒險去興實業。再如北京的中交票非常的不穩定，今日爲八折，過幾天爲七折，再過幾天竟至六五折以下了。拿這種鈔票去付教員的薪水，教員的生計你看苦不苦。幣制不整理，學界固然受他的影響，至於其他各界的人亦無不受他的影響的。

譬如說現在有一美國人到中國來經商，從美國買了一萬元美金的貨物，運到中國來銷售，值中金二萬元，加上利息中金五千元，以中金二萬五千元出賣。當他將貨物賣完的時候，美金奇漲，中國銀洋奇跌，起先美金一元等於中國銀洋二元，現在美金一元竟值中金二元七角。那末他得到中金二萬五千元，起先可合美金一萬二千五百元，現在却合不到美金一萬元了。不但不能够賺錢，反而蝕去中國銀洋二千元的本錢。所以這個幣制問題不解決，無論工商界的交易，對內或對外的貿易，皆受極大的影響，而不能安安穩穩的去做了。

（二）幣制何以紊亂

中國本來沒有洋錢，自從與外國通商以後，於是外國洋錢——墨西哥洋和西班牙洋等——遂流入中國。中國政府見洋錢流通的勢力極大，於是照他仿造。外國洋錢本叫鷹洋，因爲上面印有鷹紋的花，後來依訛傳訛的遂叫他英洋。中國所仿造的上面印有龍紋，叫做龍洋。首先仿造的大約是廣東，一省創始，他省皆繼之而起。於是有湖北洋錢，江南洋錢，安徽洋錢及大清銀幣等。倘各省洋錢所含銀子的成分與其重量都是一律，亦不致有什麼問題發生了。不過各省所造的洋錢，其成分與重量各異，所以各種洋錢的行市當然不能互相一致，而其價格因之亦時高時低了。至於墨洋，他的成分較好，所以價格較貴，並且在上海一帶較爲通用。此外尚有各種外國洋錢，成分又不同，是以幣制更加亂七八糟，不堪設想了。這是因爲各種洋錢的成分不同，價格因之有高低，而使幣制紊亂的第一個原因。

至使幣制紊亂的第二個原因，却是因爲「供」和「求」的不能相應。譬如在茶與絲上市的時候，上海的商人皆拿現洋到內地去收買，當這個時候，洋錢的「供」却還是與從前一樣，而「求」的程度竟十分的膨漲；洋錢的時價當然亦因之高起來了。及至茶與絲的市場過去了，「求」的程度驟縮，而洋錢的時價亦因之跌落了。假使貨幣能自由鑄造，這種紊亂可以根本剗除的。他的原因以後我再詳說。

（三）外人用規元爲本位幣的理由

因洋錢的價格高低不定——昨天有昨天的行市，今天有今天的行市，天天不同——不能拿來計賬。假使拿來計賬，市價一有高低時，便須將他改過，豈不麻煩極了麼？所以外人因爲這樁不便利的緣故，遂採用無實物的規元，作爲本位幣。若各處皆通用規元，也就好了，却是不能；因爲規元是由漕平發生的——規元的發生，非本題所及，將來再講——各處有各處的計算銀，截然不同；如上海用規元，天津用行化，漢口用洋制等，因之規元亦不足去統一幣制。現在最要的問題就是怎樣纔能使得幣制統一呢？關於這個問題，從前却很有許多學說。

（四）關於改革幣制之學說

關於中國改革幣制之學說很多，最重要的是金琦和衞斯林兩人的學說。這兩個人皆主張中國採用虛金本位，但是以二人的學說比較起來，衞斯林所主張的要算好些。他說若是要想改革幣制，先需設一統一的虛銀行圓，如規元一樣——無實物的——都拿來計賬。譬如向銀行存款一千元，先將他與銀行圓兩相比較合成銀行圓，然後登賬。使銀行圓三字人人都知道，並且他的應用於全國漸漸成爲習慣以後，幣制自然統一了，然後採用虛金本位。在現在的眼光看起來，這個學說不能適用。

還有一個人叫華格爾，他的主張的是統一幣制，須以規元爲本位。但是這個學說亦不能適用的；因爲在衞斯林與華格爾二人的時候，中國還沒有一種貨幣可以操縱全國，所以衞斯林主張採用銀行圓，養成習慣；華格爾因中國對外貿易用規元，勢力較大，故提倡以規元爲本位。但是現在新國幣的應用，已成爲習慣，勢力亦很大了。上海各種銀幣的行市都歸統一了——只有一個行市，不若從前的各銀幣各有行市了。在上海，僅有銀洋與規元的行市，漢口有國幣，湖北龍洋，大清銀幣三種貨幣。比較起來，新國幣最占勢力的。北京還有一種新角子，每十枚合新國幣一元，這種角子亦很有統一幣制的能力。政府向來以庫平計算的，現在行用國幣了。至於捐稅除海關用關平外，其餘都用國幣，即如外人管的鹽務署稽核所現在他們亦拿國幣來計算。所以以上兩個人的學說，在從前沒有國幣操縱的時候是很合的，不過在現在既有國幣操縱的時候是不合了。換一句話說，就是國幣有統一幣制的希望，銀行圓和規元爲本位，皆用不着了。雖然國幣漸有統一幣制的趨勢，不過僅有這種趨勢而離統一的時期却是還遠得很呢。現在國幣既有統一幣制的趨勢，我們何不設法助他一臂，使得幣制的統一更加神速呢？

（五）國幣條例

我不是說過國幣漸有統一幣制的趨勢，但離統一的時期還遠麼？要想統一幣制，用國幣却比用別種本位幣，如規元，銀行圓等，容易得多。這却討論已久，沒有問題發生。不過怎麼樣能够使幣制的統一更加快呢？那麼，不可不先研究國幣條例。

國幣條例是民國三年公佈的，他的第二條爲「以純銀庫平六錢四分八釐爲標準，定名曰圓。」第五條爲

「一元銀幣總重七錢二分銀九成銅一成」我可以將銅銀在一元中所含重量來計算，一元的總重是七錢二分，含九成的純銀，所以一元中所含純銀的重量爲（.72×9÷10＝.648）六錢四分八釐；銅的重量爲(.72×1÷10＝.072 或 .72－.648－.072) 七分二釐國幣條例中還有一條是「人民可以自由委託政府代造銀元每元收鑄費六釐。」倘若能夠照國幣條例自由鑄造，也就能統一了；不過不能夠呀。譬如銀元本以七錢二分爲標準的，現在「求」驟然增加，而銀元的「供」還是仍舊；因之洋釐就從七錢二分漲至七錢三分，七錢四分，或七錢五分了。反之，銀元的「供」仍舊，而「求」驟減，那麼洋釐亦因之從七錢二分往下跌落了。例如現在上海多洋錢，洋釐跌至七錢一分幾，所以外人採用規元，而不願意採用銀元。若是想外人不採用規元，非使銀元的價格穩定不可——七錢二分永遠是七錢二分，沒有漲落。不然，外人總不肯廢去規元，而採用銀元。那麼幣制就不能統一的了。要想銀元的價格穩定無漲無落；非履行國幣條例，許人民自由鑄造不可。現在銀元的鑄造，僅爲政府獨攬，「求」增加的時候，銀元仍是這些，不去多鑄；「求」減少的時候，銀元仍是這些，不去鎔少。市面上的洋錢既缺乏彈性，價格自然發生漲落了。人民能夠自由鑄造，則可以「供」「求」相應，而銀元價格的變動可以完全免去。因爲當「求」增加的時候，人民皆去自由鑄造，拿來應用；當「求」減低的時候，人民復將銀元鎔化，絕然不會漲到七錢三分跌到七錢一分的。倘使洋釐漲到七錢三分了，人民見有利可圖，皆去鑄造銀元，「供」既增多，洋釐就因之跌落至七錢二分止。何以僅跌至七錢二分，不再往下跌呢？因爲假使跌至七錢一分時，人民立刻要將他鎔化，作七錢二分的現銀塊去用了。所以人民能夠自由鑄造，洋錢便有伸縮性，決不會起漲落的變動。

（六）廢規元非先自由鑄造不可

人民能够自由鑄造，則銀元的價格沒有漲落，已如前述。一元永遠等於銀子七錢二分，因爲一元所含的標準銀爲七錢二分銀九銅一，而七錢二分標準銀所含的銀子亦係銀九銅一，所以相等。既相等又無漲落，便可以用來計賬。並且以銀元計賬比較以規元計賬便利得多，因爲若以規元計賬到支付現洋時，非先與銀元比較，不能支付，因支付的時候不得不將規元折合銀元不可，現在却可以用銀元直接登入了。銀元既如此便利，可以不必折合，外人自然採用銀元爲單位，規元不廢而自廢了。若上海的規元一廢，則各處的平不能用，亦因之而廢；各處的平既廢，則幣制自然而然的統一。但是還有一樁事須注意的，就是在統一的時候，舊幣須禁止再造，收舊幣而專造新國幣，這個事情做起來是很容易的，只要中央政府的勢力很大好了。

所以，我以爲要想整理幣制，而使其統一，必先去規元；要想去規元，非使銀元的價格穩定沒有變動不可。但是要想銀元的價格沒有變動，那末非自由鑄造不可的。不過上海有幾個銀行大家，他們所主張的完全與我相反，說道：先廢規元，然後自由鑄造，纔能使幣制統一。而我主張先自由鑄造而後可以廢規元，試問先廢規元，用何種貨幣去代替他，外人如何情願來廢去呢？這不是舍本求末，而互相顛倒了麽？

（七）自由鑄造何以不能實行

我已說過欲整理中國幣制，必先廢去規元，但欲廢規元非從自由鑄造入手不可。民國三年國幣條例已許人民以自由鑄造，但迄今未曾實行，其原因有二：

(一)民國三年公佈的國幣條例至今尚未能實行；照政府方面說起來，是因爲歐洲大戰發生後，銀子就貴，有銀子的人不情願將銀子送到造幣廠裏去，都送到外國去了。這種話一望而知是騙人的，送到外國去固是有的，但這許多人民不會統統都把銀子送到外國去。如當洋釐漲時，銀子很賤，人民可以將銀子送到造幣廠裏去了，他們所以不送去的是因爲政府不肯實行鑄造。我固然亦承認有人將銀子送到外國去，但不會統統都把銀子送出去的。

(二)這個是人民方面的理由，這方面的理由比較起來充足。人民說是因爲政府要賺錢，所以不肯讓人民將銀子送到造幣廠裏去，政府獨享自由鑄造的權利。政府的目的在賺錢，他們造好後將銀洋藏起來，等到市上恐慌，洋釐驟漲的時候賣出，從中得利，所以不肯讓人民將銀子送去。

(八)吾國有本位幣乎

中國現在可算是沒有本位幣，因爲本位幣的價格是一定的；如一元永遠等於七錢二分標準銀子；(標準銀裏十成之中有九成銀子有一成銅)不會有漲落的。若是有漲落的，那就不得算爲貨幣了。貨幣是沒有漲落的，有漲落的是貨物，如魚肉等。中交票就不是貨幣而是貨物，因爲他的價格時時有漲跌的。本位幣要有一定的價，所以中國現在沒有本位幣。

吾國既無本位幣，那麼規元可以當爲本位幣嗎？規元在上海是的確可以當爲本位幣，但到別處去就不能夠了。然規元與銀洋比較起來，那麼銀洋就不及規元了，因爲本位幣的要素有四個：

(一)金本位；

(二)自由鑄造；

(三)實值與面值等；

(四)無限法償。

這四個中第一個要素，規元與銀洋都沒有。

第二個要素，銀洋是沒有的而規元却有的。如漕平銀五十兩的元寶拿到公估局裏去估一估，倘成色甚好，五十兩升加二兩八，謂之二八元寶。二八元寶以九八來一除，爲九八規元。這樣鑄造豈不是很自由嗎?

第三個要素說起來規元又有的，而銀洋又沒有的，規元是虛的，猶美國的一元金洋是虛的，實際上是沒有的。但他的實值却與面值相等，銀洋的實值與面值是不相等的，所以這一層規元可算爲及格的。在法律上說起來，規元不是無限法償，而在實際上却是的，所以第四個要素規元又有的。

照此看來，規元可以及格的，銀洋是不能及格。但實在說起來，規元銀洋都沒有做本位幣的資格，不過比較起來，規元是好一點。上海有幾家銀行以規元爲本位幣，是不錯的。規元做本位幣的資格，既較銀洋爲大，則規元不宜驟行廢去；若欲廢去規元，必先得一比較規元好一點的計賬銀來代替方可。但欲得一比較規元好一點的，非先實行自由鑄造不可。蓋自由鑄造，可以使實值與面值相等，而法律又賦以無限法償，是上列的四個要素，已有三個合格了。況規元究是虛的，收支出入，必須經過折合銀洋的手續。自由鑄造的銀洋，究是一個實在的東西，授受之間無須折合；倘能實行自由鑄造，使實值與面值相等，永無漲落之危險，則銀洋確較規元為優，而其做本位幣的資格亦較規元為大，規元遂可廢去了。我所以說欲廢規元，必先實行自由鑄造。否則進行的途徑必多曲折的。

（九）鑄造的作用

貨幣為物物交換之媒介，但授受之間，對於貨幣之成色與重量不免多所懷疑，故民間有秤重量考成色之煩，於貨物交換與往來出入大有窒礙。以此之故，政府有鑄造法頒佈，造幣廠歸政府設立。如政府許人民以自由鑄造，則人民可以送銀至造幣廠請其代鑄。其鑄造歸政府監督，以免流弊，故其重量成色亦歸政府擔保，人民無秤重量考成色之煩。此鑄造之作用也。各國如此，中國何獨不然。但中國政府自欺欺人，所擔保之重量成色，往往與定章不符，以故銀幣跌價。若夫規元，則雖不經政府鑄造，但其擔保却是可靠，其重量與成色皆經公估局估過。上海只有一家，信用極好。蓋無論何行家元寶一經公估局估過，加了升色，無論華人西商都相信的公估局的信用在中國可算為第一。這樣從擔保一方面看來，銀洋就及不了規元，所以規元比較銀洋應有本位幣的資格。由此觀之，政府之擔保，反不如一公估局，真令人可笑！故欲統一幣制，必先使政府之擔保，較公估局尤為確實，至少須與公估局相等。其所擔保之重量成色，必須與定章相符，使人民對於政府增加其信仰，此層辦到，然後可以將規元廢去，目下政府之擔保尚未求其確實，而欲驟將擔保確實的規元廢去，吾恐舍本求末，無補於事也。但欲求政府擔保之確實，非先實行自由鑄造不可，因在自由鑄造之下，銀洋的重量與成色，必與標準銀的重量與成色相等也(參照第五節)吾故曰欲廢規元,必先自由鑄造。

(十)舊幣將如何處置

自由鑄造成功了,舊幣如何處置呢?當然漸漸的收回去,鎔了改爲新幣,再發出來,但政府由此要受很大的損失,並且舊幣多得很,一時亦收不完。在舊幣沒有收完以前,新幣少於舊幣,應該怎樣呢?那麽不得不以舊幣暫時當爲國幣。有四個理由(此四個理由已於國幣條例及施行細則理由書內說明之):

(甲)國幣必須有四五萬萬元方可敷用,但舊幣約有三萬萬元,倘不認舊幣爲國幣,則須造新幣四五萬萬元,共七八萬萬元。這樣銀子太多,將來改金本位時,銀子不要了,價大跌;金子有用了,價大漲,則金銀的價相差愈遠,政府的損失一定很大。所以要政府不受損失,必須認舊幣爲國幣。舊幣既認爲國幣,再造新幣二萬萬足矣。一面將舊幣收回改鑄新幣,如是國內銀子不致太多,政府可以少受損失。

(乙)發行新幣的時候必須發兌換劵以收舊幣。但如發一百萬兌換劵,必須預備兌現,在兌現時,如不認舊幣爲國幣,則必以新幣兌現。但新幣發出的時候,斷不能有許多新幣足以供兌現之用,故當暫時承認舊幣。

(丙)造幣廠每天只可造五十萬洋錢,造五萬萬元要一千天的工夫,差不多有三年之久;所以在這三年中不得不承認舊幣爲國幣,否則無所謂國幣矣。

(丁)新幣定爲七二,但舊幣的重量成色各各不同,所以高低不一。現在新幣出來,若不認舊幣爲國幣,則新舊市價不同,市價不同,又多出一個比較,豈不是又多一個擾亂嗎?所以不得不承認舊幣爲國幣。承認了猶如親感，不承認就成爲新幣的仇敵了。但新幣少，舊幣多，是敵不過舊幣的。有這四個理由，所以暫承認舊幣爲國幣。

外國貨幣買賣之危險

（十年二月在上海浙江興業銀行演講）

凡百事皆由資本與勞力而成，且皆帶有幾分投機性質，農人之耕種，必以資本，肥料也，種子也，器具也，無一非資本也；且必須勞力，或自工作，或用雇工，或自作與雇工並用，其爲勞力也則一，既有資本與勞力，則其成功也可必，然亦未可必也，豐年凶歲，處處皆有，事之成敗，殊難預料！夫農業爲事業中之最穩健者也，尚帶有幾分投機性質，況工商業乎？又如蒸汽機，可以代人工，作用甚大，但一旦爆發，危險甚矣！由此觀之，天下幾無事不帶少許危險，若因有幾分危險性質，而遂裹足不前，則世界之生產，必驟然停止，世界將不成爲世界矣。但耕種之危險，與蒸汽機之危險，以一般人視之，皆不足爲危險；故人人對之亦未嘗有所畏懼。故吾之所謂危險，非指此種不足爲危險之危險而言，乃指眞正危險而言也。何謂眞正危險？凡事之成敗不可預料，而挺身爲之者，皆可謂爲冒眞正危險者也。譬如開礦，雖有礦師之推測，以爲開採之根據，然結果如何，終不可必。萬一礦產不旺，所得結果不能如其所期，則恐慌之發生，在所難免。故買此種礦股者，必爲願冒危險之人。譬如某甲擁貲百萬，願以五分一之數投之於礦業，成則固有大利可獲，不成則其責任亦不得超過二十萬之數，當其投資之時，明知事之成敗，不能預定，而其所以冒險爲之者，則以其先抱冒險之願也。非特願冒險，亦且能冒危險，故危險之責任，全由此類人負之。事之失敗，於一般公衆無大影響，社會之得能安然無事也，職是之故。由此觀之，經濟界之發達，全視事業之進步；而事業之進步，非一蹴可就，必有相當之代價，損失之危險，卽其代價也。倘以一般財力不足之公衆冒此損失之危險，則一旦危險實現，勢必引起社會之大恐慌，故爲社會安寧計，不可不有願冒危險與能冒危險之人以當此任。以上祇就礦業一端而言也，若夫其他各種事業，其預防危險之方法，大致相同。凡欲少冒危險者，皆可將冒危險之責任，以相當之報酬轉讓於他人。譬如織布廠，承辦布一千疋，定價每疋十元，一月後交貨，此織布廠必以一定的價值預先賣進棉紗，否則棉紗之漲落靡定，布廠應得之盈餘，非特不能預定，或恐反盈爲虧，正當之營業，一變而爲投機營業矣。故爲預防危險計，織布廠遂以一定價格，向交易所經紀人買進，以後價之漲落，與其無涉。漲則經紀人受損，落則經紀人獲利，漲落危險，由經紀人負之；盈虧損益，亦由經紀人任之。經紀人者，卽得相當之報酬，願爲社會負物價漲落之危險者也。由此推之，有世界必有事業，有事業必有危險，危險雖不可免，然可預防，預防之法，莫善於將危險轉移於一般專門冒險之天才（參看中國的交易所演講稿）。今日疋頭業失敗之原因，卽在未曾將危險轉移於人，在買進疋頭之時，滙價爲八先令，卽可當日買進先令，以免危險，乃營疋頭業者多存僥倖之心，以致時日愈久，先令愈縮，遂致不可收拾。夫疋頭業者一正當之營業也，金鎊買賣，一投機之營業，二者宜分而不宜合，今疋頭商違反此例，豈有不失敗之理，此投機之危險也。

較投機之危險爲輕者，謂之補進（Cover），今日之洋商與華商銀行，多做此種生意，其不穩健者，如非利濱銀行，則做投機。何謂補進，卽一面先以三先令十便士賣出，一面卽以四先令買進是也。『補進』此種交易，較爲穩健，蓋有賣出，必有買進，決不致落空。（上海通例以『套』字譯英文之 Arbitrage，譬如直接以規元買金鎊，不甚合算，必先以規元買日金或佛郎或馬克，而後又以日金或佛郎，或馬克再買金鎊，方可得利。此種交易，英文謂之Arbitrage，非指英文之 Cover 而言也。又以『補進』二字譯英語之 Cover。補進云者，即一面以高價賣出，一面即以賤價補進，如補進反高於賣出之價，則有虧而無益矣。）

但『補進』之危險，雖較投機爲輕，然亦非銀行應注重之營業。銀行之資金應用於商務與實業有關係之事業，使之日益發達，以增國富而濟民窮，不宜投之於外國貨幣之賣空買空。且行員之精神，亦宜專注於貼現放款滙兌等營業，若因賣空買空之利較厚，而聚精神於此，則貼現放款滙兌等正當營業，必致忽略，尚能盡銀行之天職乎？或曰：『今日國內多故，生產不旺，進出口貨又呆滯不動，貼現極不發達，放款又不易收回，若夫滙兌則各行競爭劇烈，不能歸一行獨攬；故即有資金亦苦無運用之方法，買賣外國貨幣雖帶有賣空買空性質，然一面賣出，一面立即買進（補進），必無危險之可言。况一轉瞬間，即有利可得，何樂而不爲』云云。吾應之曰：『是言誠是也！但一經研究則亦未盡然，不觀乎上海之正金台灣花旗友華等大洋商銀行乎？其對於金鎊美金之賣買也，亦採用補進之法，一面向外人賣出，一面即向菲利濱銀行買進，自以爲絕無危險，即有危險，亦歸他人負之，彼可安然無事，且獲利甚厚。若夫貼現放款，則利益之厚不如也，事業之穩健不如也，兩兩相較，奚啻霄壤。詎知賣出與買進，有時不能相抵；蓋一經賣出，有到期交貨或結算之義務，此義務不可不盡也。若夫買進則到期之日亦有收回或結算之權利，但此權利未必能享也。正金台灣各大洋商銀行買進之數能否到期收回，全視賣出者（菲利濱銀行）之能否交出，倘賣出者不能交出，則應享之權利已去，而應盡之義務尚存，此其所以危險也。昔日已獲之利，悉數抵出，猶恐不足，大利云乎哉？穩健云乎哉？深盼吾華商銀行，不再為利所誘，免蹈外人之覆轍也。

經濟學中之重要哲理

十年三月在吳淞中國公學演講

蔣宗昌
吳純涵 筆記

第一次

經濟界的活動，是我們天天看見的。如同：賣買貨物，存放現金，以及其他諸現象。但是我們欲求經濟界一天發達一天，便利一天，那末就不得不研究經濟界的組織和維持組織的原理，果然與其餘的相同，確是複雜得許多。經濟上組織的原素，生產可算佔重要的位置。生產的法子是很多，耕田，紡紗，織布，和開礦等都包括在內。

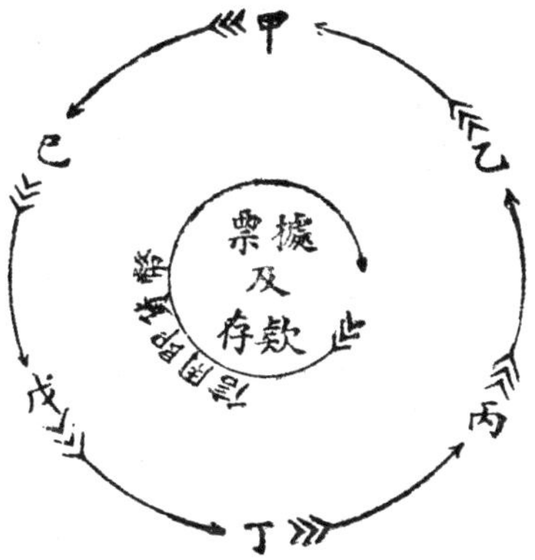

現在假說圖上之甲為布廠，乙為紗廠，丙為棉花商，丁為農夫（大農家）戊為錢莊；而己為銀行。

於是甲（布廠）缺少原料的時候，那末他必須要進貨，須向乙買進棉紗，若逢廠中現金不敷應用，他只得發期票與乙。我們要曉得這張期票，並非真正值錢，不過是因為他有信用，人皆信任他，將原料取去後，將來一定能夠變布，有一定的銷場，這是很穩妥的。甲將此有信用之期票交付與乙（紗廠），而乙將棉紗交付與甲，惟在交付之前，甲須簽字，方得相當價值之棉紗。由上可知甲所得為貨物(棉紗)，而乙所得者爲信用(期票)。

設乙(紗廠)要辦原料必須要向丙(棉花商)買進棉花，遂將甲所發出的期票付給丙(棉花商)只須由乙簽字認可。於是這張期票，已經甲乙兩個人簽字；他們這兩個人是都要負完全責任的。

我們要曉得丙的棉花大都從丁(農家)手裏買來，倘使丙亦拿原來那張期票付給丁(農家)，那末這次的手續，確又多了一人簽字因爲丁將棉花交與丙，而丙將原來這張期票交與丁——不過丙亦當簽字——所以這張期票有三人簽字了。

農夫不能不付工人的工資和購買肥料。但是這種款項，大都是零零碎碎的，他要想合乎零碎的用度，就不能不向戊(錢莊)去『貼現』。於是農人收到現金而戊(錢莊)只得一信用的期票，不過農人於得現金時，也須簽字，於是有四人簽字了。

錢莊需要現金的時候，必向己(銀行)去『重貼現』。但是錢莊也須簽字的，銀行所得到的就是那原來一張期票，而錢莊却得着現金了。在這個時候，這張期票已經簽過五次字。期票到期的時候，銀行就可以向甲要求履行債務，履行債務的方法有三種：

A 冲消法 (Offset) 所謂冲消法者，即直接取銷債權之謂。己(銀行)要求履行債務的時候，甲可將已織成之布作價交與己以冲消債務。這種作用好像昔時的物物交換——從前甲以期票買進原料，今日以製成品收回期票——好像以貨換貨——以票買貨，又以貨贖票，此即謂之冲消。

B支付法(Payment)所謂支付法者，卽以現金支付而取銷債權者也。如甲將已織成之布售去而得現金，然後以現金付給銀行收回期票以取銷債務。凡以現金履行債務者謂之支付。

C清理法(Liquidation)所謂清理法者，卽間接取銷債權者也。如另一人(皮商)向甲買布，以皮商自己所發之期票付甲，於是甲可以將皮商的期票付己(銀行)，收回原來自己發出之期票。甲旣收回自己的期票，自然取銷自己的債務，換以皮商的債務。此後負債務者係皮商，非甲也。此種方法謂之清理法——因甲自己的債務已經清理，皮商之債務與他無關也。我們要注意的地方有二點：

一，信用和貨物進行的方向，不是在一直線上，換一句話說，信用之行動方向與貨物之行動方向適相反。如信用由東而西，則貨物必由西而東——如圖中之甲——依之信用(期票)由甲至乙，而乙之貨物(棉紗)由乙至甲，豈不相反嗎？俟信用由乙至丙的時候，貨物確由丙至乙，依次可類推，

二，期票(信用)簽字愈多，他的價值愈高。因爲一個人簽字的時候，祗有一人負責，信用當然不十分高。經過了許多人簽字，負責的人愈多，自然他的信用愈高。前者爲單獨的(Special)，後者變爲普遍的(Generalized)了。

上面已經說過信用和貨物或貨幣，他們進行的方向是反對的，這一層却是十分要緊，經濟界的活動全恃乎此。臘丁文謂之Novation，我們姑且譯作『移新換舊』，Novation就是由原債權人(Old creditor)變成新債權人(New creditor)。如圖：乙收甲之期票時，乙爲原債權人(就是甲負乙)，但是乙將期票轉讓與丙時，則丙

爲新債權人了(就是甲負丙)若是丙將期票轉讓與丁時，丙却由新債權人變成舊債權人了。由以上的解說，我們可以曉得信用是主動的，貨物及貨幣是被動的。信用先行動而後貨物方依之行動。所以經濟界『移新換舊』這樁事，却是非常重要。經濟界一日無此，那末經濟界就變爲停滯，絲毫無靈活氣象。他同人生的心靈是一樣，人一失了心靈，那全身就死了，經濟界一失了『新舊交替』恐怕經濟這兩個字就不能存在了。

我說信用是主動的，貨物是被動的——因爲圖中之甲(布商)必先有信用而後乙願將貨物交他——是甲之信用先動，乙之貨物後動。貨物自己不能行動，使之行動者是信用。故信用先由甲至乙而後貨物由乙至甲，斷不能使貨物先由乙至甲而後信用始由甲至乙，(此種學說謂之謬說)故信用是主動的。經濟界之有信用猶人身之有心靈，苟無信用，經濟界不能成立，始則恐慌，繼則倒閉，最終則破產。

布廠(甲)旣有信用，此信用必能行動，於是由甲至乙，由乙至丙，由丙而丁而戊而已。但甲之信用的力量有限，不能處處皆到，故到乙的時候，乙必在表示信用的期票上簽字——是在甲之信用上加以乙之信用也——其行動的力量必加倍。所以這張期票可以跑到丙的地方。丙又加上自己的信用(丙亦簽字)，使這張期票更有力量跑到丁的地方。所以期票力量愈足，跑得愈遠。反之，跑得愈遠，力量愈足，遂成爲社會上一種普通的東西。人人皆要的——到了這個時候，期票遂値錢了，因爲人人要買。但信用向前跑，期票的債務亦向前跑。從前甲欠乙的債務(卽乙的債權)乙可以讓與丙，丙讓與丁，是以新債權人(丙)換舊債權人(乙)，謂之移新換舊。倘經濟界沒有信用，就沒有主動力——沒有移新換舊，貨物遂不能行動，百業都要停止了。

何以『移新換舊』是很要緊呢？因爲有了『移新換舊』期票可以跑到丙的地方（第一個新債權人）丙就可以將貨物（棉花）交與乙，俟期票由丙跑到丁的地方丁就可以將貨物交與丙，故必有『移新換舊』而後貨物可以行動，否則經濟界將成一痲木不仁的東西。

第二次

上次我已經講過國內貿易（Native trade），想必你們已經明瞭。今天所講的就是國際貿易（International trade），在我未有解說原理以前，我先將圖解說明白，然後再談原理。圖解說如下：

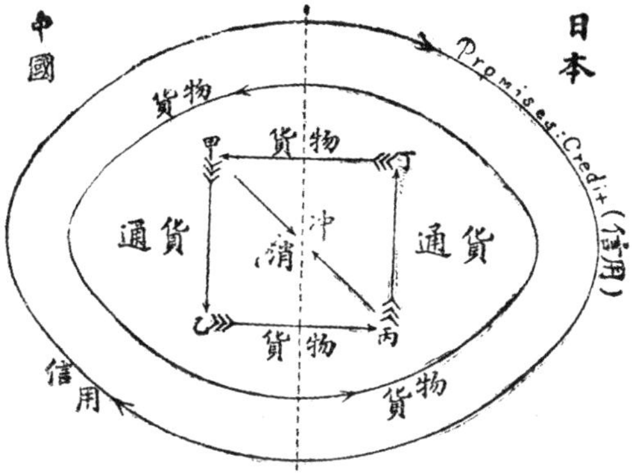

（一）外面一圈是表明信用，依箭頭所指的方向進行。

（二）裏面一圈是表明貨物，也是依箭頭所指的方向進行，不過外圈與裏圈之方向相反的。

（三）正中的虛線就假說作爲國界，在左手的是中國，在右手的是日本。

（四）圈子裏面的情形，他的線是表明通貨與貨物，箭頭所指的，也就是他的進行方向。

（五）甲，乙，丙，丁我們假說是四個商人。甲乙在中國，丙丁在日本。

（六）中心那冲消二個字，就是他們交易最後取銷債務的結果。

現在假如丙（日商）向乙（中商）定貨一宗價一千元囑在二個月後交款（現在假爲正月一日則在三月一日付款）於是乙允許交貨同時將滙票一紙寄給丙囑丙於三月一日付款，丙接到時卽在該票上簽字承認支付，乃以此票再寄與乙，依此票於到期時卽可憑票向丙取款。但是乙若沒有現款應用，不克待至三月一日，則可向他人貼現，或將此票轉付他人，現在若乙欠甲款項（甲亦係中國人，與乙同在一處）於是乙可持此票轉付與甲，甲（中商）若與丁（日商）交易時，又可以將此票再轉付與丁。惟在每次轉付之時，均須簽字。丁之此票到期時（三月一日）卽可要求丙履行債務。（丙丁皆係日本人同在一處，）於是債務因之而冲消。現在我們看貨物和信用進行的方向是相反的。例如貨物由乙至丙的時候，信用却由丙至乙，因爲乙交貨與丙，丙給信用於乙，貨物由丁至甲的時候，信用却由甲至丁，因爲甲將票簽字送與丁，以付物價。我想我上次演講的時候，已經說過，就是先有了信用，貨物方能流通，譬如丙沒有信用，乙不肯將貨交與丙，故信用是主動的，貨物是被動的，現在信用與貨物都有了，這種交易是妥當的，從這個上面我們也可以想到戰爭或亂世的時候，生意總是停滯，這是什麼緣故呢？原因很多，從貨物發生的也是一個很大的原因，世界有了戰爭，按圖上說，乙雖將貨物交給丙，他所收到那張匯票，常常是很失望。因爲丙雖然收到貨物，但是不能銷去，因爲戰爭的緣故，人民的購買力減少。要知道滙票是未有直接價值的，他所以有價値者，是都靠着貨物，貨物不能銷去，就是貨物本身減少價值，於是滙票的價值亦因之而降低了。貨物旣不能銷去，往往有不能履行債務的危險，所以人人都恐慌起來了，這是戰爭的時候如此，平常也有的，平常到不能履行的時候，則必訴之於法庭。這種事情，果然是危險，却是不常有的，並且要曉得信用的益處是很大。我們若回想未有信用的時候，那就困難萬分了。譬如丙（日商）向乙（中商）買貨的時候，如沒有信用，一定先要將現金運送至中國。甲（中商）向丁（日商）買貨的時候，也一定先要將現金運送至日本，照這樣做去，那就不勝麻煩了。但是有了信用的方便，當事人却也不知道，因爲乙將滙票付與甲時，丙不曉得甲將滙票付與丁時，乙也不知道；他們的債務不自然而然的取銷了。我們曉得信用制度是很好的，但是他好在什麼地方呢？好的地方有兩層：

（一）節省時間（Time）依上面解說，這張滙票必須至三月一日方可收回現金。現以信用故，可用他還債，或可以向金融機關貼現，於是時間因之而省。利用此所節省之時間，生產上可增加許多。不然，乙還債或買貨均須待至三月一日以後，那末生產上却減少許多了。

（二）縮短空間（Space）無信用制度時，上圖已經講過。是很困難的。譬如那張滙票到期的時候，乙勢必致於向丙要求履行債務。而乙丙二人，一在中國，一在日本，兩地相隔很遠。現在有了信用制度，乙可以將滙票交與甲，甲交與丁，只須由丁向丙要求履行債務。而丙丁都是在日本，空間近了，換一句話說，就是空間縮短了。

時間和空間在哲學上是很有價值的，從前學者討論的很多，到現在還尚待研究。我們要曉得經濟界很重要的信用制度，却也有時間和空間的，這時間和空間也可算是經濟界之哲理了。上面已經說過信用制度好的地方在乎能節省時間和縮短空間。但要問這二樣好處是從那裏來的呢？我敢說一句話是從『移新換舊』來的。

沒有了『移新換舊』，舊債權人就不能變爲新債權人，那張滙票也不會到丁的手裏（詳上次演講）那空間也不能縮短了。乙也不能將滙票付給他人或向金融機關貼現，並且時間亦不能節省了。

現在還有一句話要研究，就是當時乙將滙票付甲時，若甲將鈔票付乙，鈔票也是信用，豈不是信用和貨物在同一方向進行嗎？我現在將這句話的錯點和鈔票的性質說一說：

（一）鈔票是『要求即付』(Payable on demand)的，他是不含有時間，不像滙票須有一定的時間。所以鈔票性質與通貨或貨幣同。

（二）鈔票是無條件的，他的性質與滙票的性質相差很遠，因爲滙票須有種種條件，如簽字，承認，日期等。乙丙兩人必須先將條件商妥而後可以成交，否則乙不肯交貨丙不肯在匯票上簽字。信用制度的發達很有關於法律者；法律良信用制度就容易發達；不良，信用制度就不容易進行。中國尙無票據法，所以信用制度不能發達。

第三次

我於第一次演講時，曾謂貨物由丁至丙，由丙至乙，由乙至甲；而信用却由甲至乙，由乙至丙至丁，蓋甲向乙買貨，貨必自乙至甲，而甲必予以期票一紙，則信用必自甲而至乙，故貨物與信用之方向適相反。

在我今天沒有演講以前，我要求你們將我第一次演講時所畫的圖回想一想，想必你們尙能記得圖上外面一圈是表明貨物的進行，裏面一圈是表明信用的進行，並且這貨物和信用是成反對方向進行的，我那次已經講過圖上的乙（紗廠）賣紗給甲（布廠）時，甲則同時出一張期票給乙，最後這張期票到己（銀行）的手裏，已待至此票到期的時候，卽往甲處履行債務。而履行債務的方法，則可任用三法之一，㈢法卽冲消法，支付法和淸理法。當履行債務的時侯甲所買進的原料（棉紗）已經造成製造品（布）了。

這種手續是純乎理想的，實際上是不必如此，當甲將這張期票給乙時，乙卽可向銀行裏去貼現，銀行一方面買進期票，一方面付出鈔票或將應付出的款項作爲存款，而以支票簿發給存戶（貼現人）將來存戶可憑支票向銀行支取現金。惟無論銀行支付鈔票，或發給支票簿，他的數目總須在期票額面價格內減去折扣，我們要曉得鈔票和支票的淸償債務的效力是相同的。

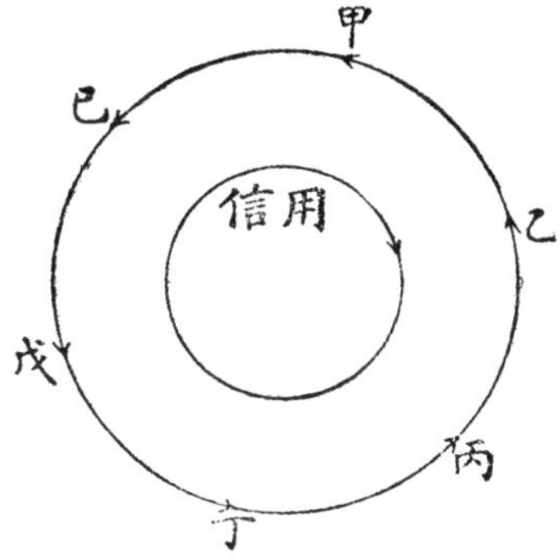

假使乙向銀行貼現時收進鈔票，當乙向丙買貨時，卽可將此鈔票付丙，丙將鈔票付丁，輾轉而至己。乙所收到的鈔票果然在市面上活動，而期票却存在銀行裏，非至到期不得取出。換一句話說，就是鈔票代替期票，並且鈔票的發行，也是根據着貨物；根據貨物就是有實在的商業交易，沒有實在交易的時候，銀行就不能亂發鈔票了。例如現在北京中交鈔之跌價，就是因爲沒有實在交易的緣故，也就是沒有根據以致失敗。北京中交銀行所發行的鈔票是借給政府買軍械彈藥和發軍餉薪金的，軍械彈藥是不生產的，不可作爲根據的。軍餉，薪金完全是消費的，他亦不是實在的貨物。圖中之甲向乙買來之棉紗是實在的貨物，因爲甲以棉紗製成布之後，可以賣出變現金，政府買來之軍械彈藥等，用過卽消滅了，不能賣出再變現金；所以非實在的貨物，現在我將票據的關係詳細說一說。

（甲）有正當商業交易或有實在易於脫手之貨物作根據的時候，方能發行鈔票，非此則決不可任意發行。照穩妥方面去做鈔票的信用就可以增加，不致像北京中交鈔票的跌價。

（乙）商人將期票向銀行貼現的時候，果然得着鈔票或支票，這鈔票或支票可以在社會上流通，但是那張期票却存在銀行內，所以要曉得鈔票就是期票的替代品，期票雖靜止而鈔票或支票却活動。我第一次演講的時候，我說甲之期票可以流通，由甲而乙，而丙而丁而戊而己，復由己而至甲，現在這張期票已賣與銀行，而銀行遂發行鈔票，或作爲存款，故鈔票與存款（支票）代期票流通。

（丙）現在有一個問題，我們也當知道的，就是商人所發出的那張期票，未必社會上個個人要。商人往銀行裏去貼現的時候，銀行若允許貼現，那末銀行當然知道這人是可靠的，並且在貼現時所發出的鈔票，却是社會上一般人所相信的，一定是流通得很廣。我們細細的想一想，是不是銀行替商人擔保麽！因爲承受鈔票的可以向銀行要求付現的。

（丁）凡市面不佳或金融緊迫的時候，貨物就不易銷售，於是有銀行鈔票或支票在手裏的人，大約總是不放心，多數都是想得現金，於是銀行受擠了，在這個時候，假使銀行裏面沒有現金，那麽就勢必致於宣告破產；所以銀行裏的準備金是十分重要。我看現在有些銀行這一點看得不甚重要，以致常有危機發生。無論何事，辦事的人總要受過高等教育，對於精細學理須有研究，以研究所得供之於實際，那末危機方能一天少一天，做事才有成功的希望。

(戊)當乙向銀行裏去貼現收到鈔票或支票簿後，他未必將此款全數付丙；即全數付丙，丙亦未必全數付丁；所以在期票到期的時候，銀行所收回的款項一定不是原來付出的那宗鈔票或支票，因爲用鈔票或支票的時候，不是一定全數用的。並且在社會流通的時候，已經和別種鈔票或支票混和了，這就是不能分別的道理。但是等到他的結果，銀行總得相當的款項，銀行一收到此宗款項，就是社會上少去一部份款項，我現在拿這問題解說一下。這次所舉的例，開始交易第一人就是布廠(甲)依次排列，而至於己。要曉得社會上的交易種類甚多，不止製造布疋一種，假使有一製革廠(子)同時與丑，寅，卯，辰，己等相繼交易，子也發一張期票，也到銀行裏去貼現，也得鈔票或支票，那末我們曉得甲，乙，丙，丁，戊，或己，這幾個人裏面的任何一人所得的鈔票或支票，未必不付給子，丑，寅，卯，辰，或己裏面的任何一人。反過來說，子，丑，寅，卯，辰，或己裏面任何一人亦未必不將所得着的鈔票或支票付給甲，乙，丙，丁，戊，或己裏面的任何一人。我再說一句話來表明他。就是甲，乙，丙，丁，戊，或己這裏面的人未必不與子，丑，寅，卯，辰，或己裏面的人交易。有了交易，他們兩方面原來交易得到的鈔票或支票，就會雙方混和了。但是這兩張期票決不會同時到期，沒有先後，社會上交易的種類果多，發出的期票也是不少；但是早到期的期票，銀行就要早去收，遲到期的就遲去收，那張頂遲的期票就最後去收。去收的時候，銀行將期票交還發出者，而發出者即以鈔票還銀行，是期票與鈔票同時取銷也。

所以無論交易的種類繁多，他們的鈔票或支票如何混和，到臨了的時候，發出來的期票，都要一張一張的清理的，鈔票亦要一張一張的收回的。當社會上有一張期票不能履行債務的時候，對於社會全體講，是沒有什麼影響的；但是有一種同類的營業全體失敗的時候，別種營業就受了影響了，因爲一種營業全體發出來的期票的數目是很大。

（己）一般商人在交易上所收到的鈔票，只知道這鈔票是從某某銀行發出的，並且是人先將期票往銀行裏去貼現而後發出的，却不知道拿期票去貼現的人是什麼人；而到銀行裏去貼現的某商人，他所以去貼現的緣故，是因爲他的期票不能在市場上廣爲流通，並且將期票付給他人的時候是很麻煩的，不及鈔票容易流通，人人都要。美國紐約大學的著名經濟教授約翰生(J. F. Johnson)說：

（一）期票是『有限性的承受』(Special acceptability)，因爲要這張期票的人，必定要曉得這個人的經濟地位和他的信用。如將這張期票付給不認識的人，那承受的人一定要去四面調查，多了許多麻煩，所以這張期票承受的時候，是有限性的。

（二）鈔票是『普遍性的承受』(General acceptability)，因爲銀行的信用是很高的，知道銀行的人很多；並且差不多鈔票人人要的，承受時並沒有什麼困難，他流通的地位很廣，所以鈔票是普遍性的承受。

（庚）設某商人有期票一張，三個月後履行債務，當該商人往銀行裏去貼現的時候，一面即將這張期票存放在銀行裏面，一面即收到鈔票。候三個月後，期票到期，銀行方能收回；所以這種鈔票收回的時間，是在三個月之後，是和期票相同的，也是三個月。這三個月的時間，就所謂『生產時期』(Production period)期票的時期是長，那末鈔票收回的時期就長，並且生產時期，也跟隨伸長了。反過來說，期票的時期是短，鈔票收回的時期就短，並且生產時期也就依之縮短了，這叫做時間的關係。

（辛）信用制度是物物交換的變相，

現代信用制度也是物物交換，所說物物交換者，不過就是物易物罷了。現在假說乙（紗廠）將棉紗賣給甲，而甲則將相當價値的期票或鈔票給乙，若乙與丙（棉花商）交易時，則又將此票轉付與丙，於是乙一方面交出棉紗，他方面則收進棉花，這豈不就是以物易物麽？這豈不也是『物物交換』麽？所以金乃（Kinley）說，信用是『改良的物物交換』（Refined barter）不過他們不同的地方，就在時間（Time）和信任（Confidence）。『物物交換』是沒有時門問題的，他是將實在的貨物互相交換的，並且也沒有信任心的，不像信用須有信任心，然後方有交易。

對於以上種種關係已經講得很多，我現在再說一句很重要的話，就是『恐慌之來由於貨物不能暢銷』。當戰爭或不安穩的時候，市場上的貨物就不容易脫售。貨物既不容易脫售，那出期票的商人，一定不能將貨出售，換得現金。所以不能履行債務，將期票收回。惟銀行此時需款程度亦很高，一定要持已經貼現之期票向商人取款，於是不得不追索顧客。顧客至此，惟有將貨物廉賣，廉賣貨物以致物價忽然降低，物價忽然降低，就是代表多數商人虧本，而恐慌亦就同時來了。我所以說：『恐慌之來，由於貨物不能暢銷』。

第四次

余今日之演講題爲準備金(Reserve)。準備金之範圍甚廣，保險公司有保險之準備金，銀行有銀行之準備金，鐵路有鐵路之準備金。吾等最近閱報知交通部有預備招請工程師修理黃河鐵橋者，該橋工程非小，需款頗鉅，須知如此鉅款，決非朝夕所能籌措，彼能處置裕如者，準備金有以致之也。但余今日所演講者，並非保險鐵路以及他種實業之準備金，演講範圍祇及於銀行之準備金。在余未演講銀行準備金以前，請先述金貨(Gold)之作用及其性質。金貨爲原質之一，亦卽普通之物品(Commodity)也。金貨爲人類最歡迎之一種物品，其所以受人類歡迎者，以其爲最良之儲所(Store of value)也。設有棉花或食品一宗，就棉花或食品之本身言之，則此二物均有相當之價值(Value)；而此價值則以有棉花或食品方能發生，謂棉花或食品爲儲所亦無不可。及以之變賣而得金貨，則此時棉花或食品之價值已儲蓄於金貨內。換言之，金貨亦可謂之儲所，其所以金貨爲最良之儲所者，蓋以金貨之非若他物之容易腐壞，得水火或分割後每致減少價值；或竟致失去價值之全部。且金貨不若他物價格之有極大漲跌，而金貨則雖經水漬火燒或分割至數千份後，其價值仍與原價相等，且其價格亦不致有巨大之變動(fluctuation)，經濟學家金乃(Kinley)嘗言金貨之職務有三：

(一)爲交換之媒介，

(二)爲物價之標準，

(三)爲貨物之儲所。

三者之中余意儲所爲最重要，設金貨無儲所性質，則其決不致如今日流通之廣，流通不廣，焉能作交換之媒介而爲物價之標準哉？準備金者亦以金貨有此本能而應用之也。金貨爲最良之儲所，則可知金貨之全體，可以表顯過去之生產，蓋生產之所得，每易金貨而保存其價值也。例如某瓜果商，以其貨物售去而得相當報酬，然常以他物之價格變動過巨而感不便，故每易金貨以保存之。依此類推，則所有貨物必盡易金貨而止。則金貨非獨可爲已過生產之表顯品，並可保存貨物已經生產之價值。知乎此，則對於銀行須用金貨作準備金之故，亦可思過半矣。

余在前一次演講時，曾述及商人收到他人期票，該商人需款時，即可向銀行貼現，收到相當價值之鈔票。此時期票爲銀行所保存，而鈔票流動於世，及其終，商人將貨物製成取得款項。於是一方面（銀行）收回鈔票，他方面（商人）取消期票，而期票者即所以表明將來之生產，亦可謂將來之生產品。此指承平之時言之，若至時勢改變戰禍相迫時，則貨物已製成無人要買，因此期票不能收回，間接失其價值，而銀行則直接受鈔票兌現之苦痛矣，此銀行之所以有準備金也。平穩時果可將未來生產品（即期票）收回鈔票，惟至有事時則須以過去生產（即金貨）擔保鈔票，此即準備金之基本定義也。或有問銀行準備金須用金貨者何故，要知金貨價格之變動極微，不若別物之變動甚巨也。

諸君已知因貼現而發生二種關係。

（一）存款
（二）鈔票
}（二種關係之發生已詳前二次演講）

惟近世强有力之政府，對於存款之準備金，每令其自由而對於鈔票之準備金則須有種種之限制者何故。例如英法德諸國祇准國家中央銀行有發行鈔票權，且須有極多之準備金，而對於存款則不加以極嚴之限制。蓋以存戶（貼現人亦包括在內）於某銀行存放款項時，須有鑒別銀行良否之責任，設銀行不幸而倒閉，則存款之責任，當由存款人自己負責。非若鈔票之由銀行發行，發出後卽到處分散，銀行倒閉，則殃及無辜小民，小民無辜，何能受此意外之災，故政府須加以保護，而對於銀行之濫發鈔票，常加以嚴厲禁止也。換言之，存款人於將存未存之時，自己可以審察銀行之內容，如不加審察而卽存入，萬一銀行倒閉，存戶當自負其責。若夫鈔票則由銀行發出，收受者立於被動之地位。

經濟社會以各種團體結合而成，譬如布商棉紗商棉花商等團體協力合作，組織一經濟社會，於是布商向棉紗商買紗，付以期票一紙，棉紗商向棉花商買棉花，卽以布商所給之期票，轉付於棉花商。如是此三團體皆以一期票聯合之，是期票有結合社會之能力也。

第五次

上次講題爲準備金，準備金之基本原理，余已約略講過。今日所講者爲經濟組織之結果，欲知其結果，其惟先明何謂生產，今舉其事實言之如下：設某商人以一千元之資本經營某業，至年底結帳，仍得一千元。此所得之一千元，卽所謂生產（Productivity），倘所得爲一千零六十元，則此一千零六十元，亦可謂之生產。或曰若至明年，其所得仍爲一千元，比較成本毫無增加，則此數可謂之生產乎？曰，仍可謂之生產。何以言之？蓋所謂生產者，非僅出產增加也。其生產雖未增加，而其生產能力仍舊不變，故亦可謂之生產也。總言之，生產與非生產其間相差甚微，如黑白兩色相間，由黑色漸至於白，欲斷定其至何處爲黑色，至何處爲白色，則頗非易事。亦如善惡兩事，欲辨其何者爲善，何者爲惡，亦非易易。如醫生所御之汽車，在出外診病時，可謂之生產，在無事遊散之時，則又可謂之非生產矣。前述所得之一千元及一千零六十元，均可謂之生產，惟生產量則仍有多少之別耳。以生產量之有多少，而邊際生產（Marginal productivity）亦因之而不同；惟在吾人投資時，固未能預知何種生產爲優，然總求其有以維持現狀（卽前述資本爲一千元，總望今年生產亦爲此數，不求其增加，然亦不望其減少）。前述原來生產額爲一千元，而現在生產額爲一千零六十元，須知此數內之一千元，原係成本，仍須用以購買原料以繼續此業，而其所餘之六十元，係從生產所得之餘利，可以暫存銀行，此數卽普通所謂營業利益，處置此數之法有以下三種：

第一種　派給股東，

第二種　擴充本業，

第三種　投資新業。

然無論將此款派給股東，擴充本業，或建設新業（投資於他種實業）；而在其未有此舉動以前，該款必先存銀行，故銀行中之固定存款，大概表明此種溢出生產（卽生產者之利益）。要知此種利益，非僅爲現洋，卽他人給公司之期票及公司之貨物，亦包括在內。貨物姑勿論，現洋或期票則常存在銀行或錢莊內，現金存於銀行或錢莊內時，固無問題，而期票則須由持票人簽字認可，而囑就近銀行或錢莊代收（Collection）。例如紹興某商人將其收到溢出生產之上海期票一紙（卽分紅）存於就近錢莊內，並囑其代收，而此錢莊則與杭州之某銀行有往來，於是該錢莊又可將此期票存於杭州銀行託其代收收到後作存款。紹興錢莊所以將此票存放杭州銀行者，蓋以小縣常與省城有滙兌關係，而小縣款目匯至省城者輒較省城滙至小縣者爲多。以有匯兌關係，則小縣須有相當存款存於省城銀行內，不然銀行亦決不做此種有損無益之事業也。

而此杭州之銀行亦必與商業中心之上海各銀行有關係，蓋以上海爲通商之樞紐，華商之購外貨者，多以上海爲匯兌之中心。於是杭州銀行以當地商人之需要匯兌故亦要有相當之款項存於上海某銀行以作存款，以應匯兌之需要。依上所述卽所以表明各小城之溢出生產（卽商人之利益）必流轉至各大城而各大城之溢出生產（小縣之溢出生產亦包括在內），則又必集中於商業最盛之上海。因期票關係而致款項集中者，在我國殊屬罕見。我國則常由各小城之個人現洋儲蓄（卽溢出生產）存放於當地錢莊，當地錢莊因匯兌關係，或將此款存放於各大城之錢莊內。此多數錢莊如寧波之錢莊，又以購買規元之故，而將此種款項運送至上海，因之款項至上海而集中矣。購買規元，亦可謂之投機事業（Speculation），例如錢莊在洋釐高時，用銀元買進規元，及至洋釐低時則又作規元賣出，一進一出，錢莊卽因之而獲利。因寧波錢莊在上海購買規元，則寧波小城之現款缺乏，因缺乏現金而致現水發生，現水最大時竟至百分之十八，亦云巨矣。但現已漸漸革除，從前寧波錢莊之規元數往往委託上海錢莊代爲放出，現在有不委託上海錢莊而自己直接放出者。銀行存款可分爲二種：

(一)活期存款(Current deposit),

(二)定期存款(Time deposit)。

凡集中於商業中心之款必須設法利用之,否則與廢物何異。在上海則或用以創辦事業,或用以從事投機。今日交易所林立,投機之業勃興,其用於投機之款爲數不小,在外國則亦相同。

對於活期存款之放款(Make loan),日期以短爲貴,對於定期存款之放款,則以其存款期限之長短而定放款之期限。短期存款普通用於貼現,定期存款則大概用於建設新事業。在商業先進各國,對於存款之用途,約可分爲二種:

(一)短期放款或拆票(Stock loan or call loan);

(二)實業放款(New business loan)。

短期放款在英國則對於票據經紀人(Bill broker)放出,在美國則對於證券經紀人(Stock broker)放出;前者多用於貼現,後者多用於投機,用途雖異,而其性質則相同,均不外乎極短時期之放款。英文中所謂之Call loan,到銀行需款時,即可立時招呼收回放款,此種放款可謂極穩之放款,當恐慌時銀行可立時應付,免去困難。例如各小城之錢莊需款時,即須向各大城之銀行(有往來者)提取存款,因之銀根緊急,至此時大城市之銀行亦必向商業中心之各銀行提取存款,於是恐慌因之而起,故短期存款祇適宜做證據放款之用,以其可以立時收回也。

實業放款在德國則銀行與公司有直接之關係。方新公司設立時，其發起人(Promoters)將公司內容及營業種類，及將來發達之期望供之銀行而向銀行借款。銀行以各處現款集中，不得不設法運用之。於是允發起人之所請，予以援助，特派適於該業之專門人才於該公司董事部，以資監督。在英美則用間接手段，公司之發起人每聯合有名望之實業家入股，名人入股，則股票容易脫售。脫售後，常由受股票人向銀行抵押，銀行所採取者爲間接手段，則銀行與公司無直接關係，萬一公司不能發達或至中途倒閉，則銀行可向原抵押人交涉；因此銀行不致受虧。總之社會進步愈速，生產發達亦愈速，而生產之盈餘亦愈多，盈餘愈多，舊事業可以擴充，新事業可以創辦，社會之生產力愈大，而人民亦愈富矣。

以上所述之放款，即溢出生產之結果，亦即經濟組織之結果也。近日中國實業已呈漸進之象，故於此種借款亦不可或缺，惟在從事之先，必加以審察，則於銀行前途無損，而社會亦蒙其大利也，余深望之！

通貨派與銀行派之學說 十年五月在上海紗布交易所演講

執中筆記

金融界最重要的是金錢，除了金錢以外，也有金錢效用的東西，那就是鈔票。世界各國現在都用鈔票，我國發行鈔票也有十多年，不過信用不十分好，所以人民不大信用鈔票；因此鈔票的流通力大受影響。這也有一種特別的理由。歐美各國(如英德法)的鈔票發行權，只屬於國家銀行，其餘各銀行不能發行鈔票，就是國家銀行要發行鈔票，也先要預備若干準備金。所以碰到市面緊急，鈔票兌現的時候，就不怕有付不出的危險。鈔票有了如此的信用，人民自然樂於使用，鈔票的流通力自然一天大一天了。

我國的情形却是不同，無論國家銀行，外國銀行，中外合辦銀行，私立銀行，都可以發行鈔票。發行的時候，國家也不去監察他有無準備金，所以到了市面緊急的時候，往往有幾家的鈔票不能兌現；因此人民以爲各種鈔票都有這種危險，就不願意用鈔票。所以鈔票在市面上，就不能夠十分流通。

世界各國鈔票信用最好的，現在首推英國。英國的人民看鈔票的價值等於現金，就是世界各國的人對於英國的鈔票也是有這種感想，所以歐洲大戰的時候，英國的鈔票也一些沒有受著影響，這是很可佩服的！不過英國的鈔票有如此信用，也是歷史上的關係，現在聽我講來。

英國在一八四四年以前，國裏有通貨派和銀行派兩學派，互相攻擊，互相辯論。通貨派的主張，以爲現金和貨物常常循環流通，不怕現金有缺少的時候，就是現金偶而缺少；也不必拿鈔票來補助他，現金自然有回來的日子。若是拿鈔票來補助，那末非但去的現金沒有回來的希望，就是原有的現金也有流盡的危險。他們說：『譬如現在英國的市面上有一萬萬鎊現金，還有一萬萬件的貨物，那物價自然是每件一鎊，同時有一外國市面上有一萬二千萬鎊現金，只有一萬萬件的貨物，那物價就要變每件一二鎊，英國商人看見外國的價高，就拿貨物運去，實際上就變英國多出口貨，少進口貨。倘使出口貨是五千萬鎊，進口貨是三千萬鎊，就外國必定運現金二千萬鎊到英國，於是英國多了現金二千萬鎊，計共一萬二千萬鎊，英國既然多了二千萬鎊現金，貨物仍舊只有一萬萬件，那末物價就要增高，變成每件一二鎊，同時外國少了二千萬鎊現金，物價就要降低，變成每件一鎊。英國物價高，外國物價低，外國的貨物就要運到英國去銷售，可以多獲利，所以英國的進口貨多，出口貨少。

倘使進口貨是五千萬鎊，出口貨是三千萬鎊，就英國必定運送現金二千萬鎊到外國，英國的現金就從一萬二千萬鎊減到一萬萬鎊。物價也從每件一二鎊跌到一鎊。這樣看來，現金和貨物常常循環不息，不必怕現金有太多太少的時候。』他們又說：『假使英國的市面上本來有一萬二千萬鎊現金，現在流出去了二千萬鎊，只剩了一萬萬鎊，同時外國多了二千萬鎊，變成一萬二千萬鎊，於是外國的物價變成每件一二鎊，英國的物價每件一鎊。英國的出口貨必定多，出口貨多，現金必定能夠回來，上面已經說過了。若是英國的市面上流出去了二千萬鎊現金，就拿二千萬鎊的鈔票來補助，市面上有了二千萬鎊的替代物，仍舊有一萬二千萬鎊。那末英國的物價一定不跌，出口貨不能增加，現金也就不能回來了。倘使照這樣辦法，現金流出去，立刻拿鈔票補助，恐怕到了後來，市面上都是鈔票沒有現金了。』所以通貨派主張限制發行。

銀行派的主張，以為銀行的發行鈔票，確實可以救濟市面。他們說：『譬如有一工廠向銀行做押款，銀行拿鈔票給工廠，工廠拿了鈔票，就去發工資，買原料，到了後來，工廠做好了貨物賣給人家，收到了銀錢，就去還銀行，從這一點看來，工廠靠了鈔票發展營業，結果銀行仍舊收到現金，拿現金收回鈔票，所以鈔票不致甚多，不致於濫在市面上，不是很便利的方法麼？』因此銀行派主張不限制發行。

當時通貨派的勢力強，所以結果英政府也採取通貨派的主張。在一八四四年四月，英政府就拿四月前十二個星期內的鈔票總數平均計算，通告全國，每銀行只能照平均數發行鈔票，不許超過。後來各銀行因為種種關係，不願意發行鈔票，國家銀行就代替他們擴充自己的鈔票額，所以現在的鈔票，都是英國國家銀行發行的。

英國國家銀行裏面的組織，分發行，營業兩部。發行部專管發行鈔票，但是要發行多少鈔票，先要拿這些現金存入國庫以後，纔能發行。若是營業部做押款要發鈔票，也必定要先拿現金交到發行部，然後發行鈔票。從這點看來，市面上有多少的鈔票，就是國庫裏有多少現金，所以鈔票的信用鞏固，全世界的人都相信用他。但是發行額中，有所謂保證額，他的數目是一千八百四十五萬鎊，這些數目可以拿國債和國庫券做擔保，在這數目以上的發行，就必定要有現金存入庫內來做擔保。譬如英蘭銀行（國家銀行）的發行部，共總發行五千萬鎊，除了一千八百四十五萬鎊保證額外，還有三千一百五十五萬鎊的現金擔保額，所以國庫裏必定有三千一百五十五萬鎊的現金。此即通貨派限制中央銀行發行權的結果。

中外國際貿易之比較

十年五月在吳淞中國公學演講

蔣宗昌 吳純涵 筆記

余觀世人凡見事理之非常經見者，輒守反對態度，每見一法行之他國而有利者，及至推行於本國，則謂此外國法也，適用於外國則可，行之於中國則不可能也。然細察此種論調，每有不合理者，蓋自其法則之表面觀之，顯然有異點，及經精細之研究後，其原理則大都相似也。如民國改用陽曆之初，人每謂此種曆法頗不宜於中國情形者，及至習用已久，人亦樂用之矣。此又何故？在我未解說此問題前，請先述陰陽曆之異點：陽曆所根據者為地球繞日球一週之時間，每年分為十二月，內四個月，（即四六九十一四個月）為三十日，七個月為三十一日，惟二月則爲二十八日，合計三百六十五日。然地球環繞日球一週須時三百六十五日五時四十八分四十六秒，兩較每年尚短五時四十八分四十六秒，故陽曆每四年有一閏月。逢閏年時其年之二月爲二十九日，因之而補前缺，陰曆則根據月球，月球環繞地球一週須時二十九日十二時四十四分三秒，以十二倍之爲三百五十四日，較地球繞日球之時間每年短十一日五時四十八分四十六秒，二年則短三十三日有零，故陰曆有三年一閏五年二閏之例。有閏月則所短之日數，亦因之而補足。故陰陽二曆自表面觀之雖顯然不同，而經精細之研究後，固知其爲一物也，重言之其原理仍無異也。知此以談國際貿易，要知國際貿易雖有中外之別，貿易額雖有多寡之分，然其內容則不外乎進口及出口二種。而近時對於進口出口二名辭每以爲國家所專有，須知對於個人方面此二名辭亦可用之也。例如余（馬博士自稱）任中國公學之講師，北京大學之教授，興業銀行之顧問，此皆可謂之出口，惟此種出口並非平常所指之貨物出口（Goods exports），此種出口乃所謂服務（Service）之出口，因服務而得薪金，薪金亦可謂之進口也。蓋必出以勞動（服務）而後始可收納薪金，故服務爲出口，薪金爲進口也。自他方面言，余又有衣服飲食起居之需要，而此需要則以相當代價獲得者也。此時余之進口爲衣服飲食起居，而出口則爲金錢矣。前述進口爲金錢，現在出口爲薪金，一出一進，因而相抵。簡言之，即進口爲衣食住三事而出口爲服務，惟金錢爲其中間物（Medium）而已。金錢衣食爲吾人所常見者，起居服務則吾人所不可見，此種貨物謂之無形貨物（Invisible goods）。再以醫生言之，進口爲金錢，出口亦爲服務，及其購買貨物時，則進口爲貨物而出口爲金錢。故知無論何人，其進出口皆須以金錢爲交換之媒介也。以上藉個人方面爲根據者也。然以國家論，亦未始不以金錢爲其交易（Exchange）之中間物。重言之，卽國與國交易時，須以各該國之本位貨幣（Standard coin）爲交易之準則。惟須知個人方面其進口或出口，無論其爲可以見者或不可見者，吾人皆可藉個人簿記爲根據，檢閱簿記，卽可知其財政地位之良否。

如個人之出入各項均登記於簿記中，亦可知其出入之多少。推而論之，於國家則不盡然，蓋可見之進出口，固可由海關報告而明瞭，惟不可見之貨物則不能深悉也。假設余每年獲一萬元（卽服務之結果，但服務爲出口）開銷六千元（卽因購買貨物而用去者，但購入貨物爲進口），兩較尙餘四千元，是出口多於進口四千元，不得不設法投資。若將此款購買票據或公債，則此種票據或公債，在個人方面，則爲進口，因個人既買進公債，必以公債進口也。如是則出口與進口各爲一萬元，兩數相等，且有簿記之可考，若在國家則無此簡單也。設如中國進口貨物爲二百萬元，出口貨物爲三百萬元，中國之國際貿易已趨於順勢，因出口多於進口也。在個人方面可以此多出之一百萬元買進公債，記入簿內，使出口與進口相等，若在國家亦可以購買公債，但所購之數不登入於簿內，何以故？以海關對於公債之進口不爲登記也。海關既不登記，則其所報告之進口與出口不能相等，從可知進出口之差數，大都以無形之進口（Invisible exports）補之。但我國之進口年年多於出口，則必有無形之出口彌補之，如華僑在外國服務，在中國方面可以作爲無形之出口，此種服務或無形出口，而易得有形進口之利益，於是虧損因之而彌補，而此種無形之服務或出口，海關固未有所記載也。以中國論，以服務爲無形之出口，不若英美各國，有船艦之賃費，國外投資之利息等無形出口之多，且華僑之所得，每不足以彌補進口多於出口之差數，此中國之所以有外債也。債劵售與外國，是債劵可以作爲出口，但在外國方面，則作爲進口，此種無形之出口，固不見於海關之簿册也。由此觀之，進口與出口時時相等，其所以不等者，因海關之記載不完全也。但公債票既爲政府所發行，又何以發生於商業關係之國際貿易乎？要知國際貿易所恃者爲銀行匯兌，匯兌者卽抵償各國債務之器具也。當匯兌抵償不足時（卽出口不足抵進口時）則以金銀運送出口，此所以有金銀進出口之舉也。然外國商人每以金銀運費之過巨，且不便殊甚，故多以之購買公債或放款（Make loan）於貿易趨於逆勢之各該國政府。此種債劵，自爲金銀之代用品，當然作爲出口，使出口足與進口相抵，但普通人每不知其卽爲彌補國際貿易之差數也。今舉其例如下：假設中國運往美國之貨物爲一千萬元（無形出口亦包括在內），美國運入中國之貨物爲二千萬元（無形進口亦包括在內），進出口相較，相差一千萬元，而此一千萬元，卽以中國政府之借款抵償，要知此種抵償，雖因進出口貨物不能相等而起，然亦須知其爲匯兌上不足而生也。此種商業損失固可暫時以借款或政府公債相抵，然終須有歸償之一日也。（借款終須淸了，公債到期亦必收回。）惟其歸償之法不同耳。欲知其異點，則須硏究借款或公債之用途。借款或公債用於建設時，固不患其不能如期償還，惟用之於破壞時，則恐將借款之抵押品或公債之擔保物以淸償之矣。吾國之借款或公債，非不能淸理也；惟恐其將借款或公債用之於破壞耳。設吾國政府將借款或公債上所收得之款項用之於實業，實業發達，則生產增加，於是可將所餘之生產運往外國，而謀淸償外債也。該時出口必多於進口，所多之數，卽所以補足從前不足之數也。諸君知近年以來，政府所借之日債作何用途乎？槍礮也，子彈也，戕殺同胞之利器也，無一非毁壞品也。此種外債果可望其清償乎，中國其將破產耶！何以言之？借入之款，既不用之於生產，則將來之出口貨不能發達，是以出口貨斷不能超過進口貨，既不能超過，則前此之不足不能補償，國家於是日陷於破產而不能自拔。世界之以財政亡國者，其途徑莫不若是，未識政府對此作何感想？

第二次

上次余已將個人進出口與國家進出口之異點，約略講過。今日則進一層述及海關報告之缺點，茲詳述其缺點如下：

（一）不能記載無形貨物（Invisible goods）。此節已詳上次演講，茲不贅述。

（二）不能記載偷運（Smuggling）。偷運者，即進出口之不法行爲，所謂不法行爲者，即避納法律規定之稅額也。此種私運進口或出口之貨物，固仍爲實在之貨物也，然以其偷運，則海關無從課稅，無從課稅則又何能知其偷運之數目乎？故偷運貨物，常人視之固爲實在之貨物，而以海關視之，則不啻爲無形之貨物矣。

（三）不能記載外人在國內已製成之貨物數目。例如中日兩國間之國際貿易也，以日本工資增高及工作時間減少之故，日本以經濟上關係，與其在日本製造，不如在中國設廠製造。在中國製造，非獨能減少工資增加工作時間，且可免去原料及製造品交相運輸之費用及進出口應加之稅額。而此種貨物以其製造地點在中國之故，海關進口報告亦因之缺少此種貨物之記載。他方面之日本海關亦以此種貨物未在本國製造，故對於此種貨物亦未加以記載也。

由以上所得之討論，吾人可知海關報告之未能正確，因其不正確故有所謂進口超與出口超也。然經精細之討論後當能探得其謬誤，重言之國際貿易無所謂進口超亦無所謂出口超，進出兩方必常常相等，其所以不等者，則以海關報告不能詳記各種無形貨物，亦不能記載各種偷運以及外人在中國所製之物品也。

近時普通人民每求出口增加進口減少，深望將來有出口貨物而無進口貨物。主張此種見解者，誠未能明瞭『供求定律』(The law of supply and demand)與票據滙兌(Bill of exchange)之關係也。請舉其例，則不難知其見解之謬誤，例解如下：

茲借用中英二國之國際貿易，假設中國之出口商(Exporter)每日輸出價值一百萬兩規元之貨物至英國，而英則無出口至中國者，於是日數愈多而貨物運至英國者亦愈增，長此以往，中國之規元亦必因之而日貴矣。(設原來英金四先令等於規元一兩，則現時跌至三先令八便士，總之出口愈多則金鎊愈賤規元愈貴。)

蓋以中國之出口商將貨物運送至英國時，雖收到英國進口商所付同值之滙票(Draft)，而此種滙票之價值則以金鎊計算者，以金鎊未能在中國通行，故不得不以之調換規元。於是銀行一方面向中國出口商買進滙票，他方面則以之賣給中國之進口商(Importer)。蓋進口商自英進貨時，亦須將相當款項滙至英國也。自表面觀之，雖如銀行向出口商買進滙票，細察之，一若滙票由進口商向出口商買進者然。進口貨物少，則進口商買進滙票之數目亦因之減少，先令滙票之供多而求少，則先令之價必跌，先令跌即規元漲，規元漲則四先令不能換得規元一兩矣。中國出口商，於是大受損失，必將棄此事業於不顧矣。故知徒有出口而無進口，畢竟出口亦將停止也。換言之，一國有出口貨物者，其國必有進口貨物。

或有問者國外匯兌之增高，固由本國出口商所致，則出口商可將所得貨價投資國外，或將貨物變換生金銀，因此匯兌亦不致增高而出口商仍可連續其營業也。要知貨款雖投資國外，終須有相當公債票及股票運回本國，貨物雖經變換生金銀，此金銀亦有輸入本國之一日，此仍爲進口貨也，故余謂無進口決無出口也。

余上次演講時曾言中國之借外債，多以無形出口之不能相抵而發生。簡言之，卽由於進口貨多於出口貨而發生外債，借外債者卽國家窮苦之表示也。然則世界素稱富有之英國，進口貨固多於出口貨也，其將何以言之耶？要知英國進出口貨物自其表面觀之自然不能相抵，其所以能抵者國家儲蓄（自國家全體觀之）有以致之也。欲明此理，請先以個人爲例。設某人每年進口爲一萬元，每年出口爲六千元，以此類推，年餘四千元，積十年而爲四萬元。而此四萬元因投資所獲之利益每年爲四千元。此人逝世後，其子某繼承其產業，子每年服務所得者爲六千元，而其費用爲一萬元，自表面視之，進出未能相抵，每年當須虧損四千元，然不知乃父之有貯蓄也。以乃父所貯蓄之利益加入，則仍能相抵也。國家亦然，英國進口多於出口，自表面視之，將疑英國將若中國之貧困矣。然須知英國有國外投資之利益，船艦之租賃以及其他無形之收入，此固英國舊有之貯蓄也。故知中英二國雖同爲國際貿易趨於逆勢（Unfavorable balance of trade）之國家，而其性質則互異也。中國以進口超過出口而借外債矣，因借外債而日益窮困矣，此亦不可概論也。美國不嘗向英國借債者乎？何今日而反富強哉！須知借債固不足病，惟患其用途之不適當耳。美國外債用之於造鐵路開礦，無一非生產也。生產之所出足以歸償外債而有餘矣。回視我國外債之用途如何？賠款也，戰爭借款也，無一非消費也，其可謂之生產耶？可望之歸償外債耶？此外債用於消費之可危也。

余上次演講時，已詳述國際貿易順逆見解之謬誤，及國際貿易終致相等之理由。要知國際貿易不若化學之易於分析，化學上水之成分，經吾人精細分析後，固知其由輕氣原子與養氣原子化合而成，反言之以同量之輕氣與養氣化合，其結果必得相當之水。國際貿易自表面視之各國出口之總和，或未能等於各國進口之總和，惟經精細研究後，其結果仍相等也，茲再詳述如下：

假設世界祇有中英二國，於是中國之出口必爲英國之進口，英國之出口必爲中國之進口。中國進口少出口多，卽英國出口少進口多，英國進口多出口少，卽中國進口少出口多。換言之，中英二國進口之總和必等於中英二國出口之總和，推而論之於世界，則世界各國進口之總和亦須等於世界各國出口之總和也。

美國之托拉斯在特種情形下，則祇有出口而無進口。例如托拉斯在生產過度物價降低之時，每將其過度生產棄諸海中，以減少其原有生產而求價格之昇高者。在此種情形時，非但進出口不能相等，且祇見出口而無進口，然此種情形祇可稱爲例外，不能援爲例也。

余已將國際貿易之原理及其比較約略講過，要知世界各國以各種地位之不同，每可分爲極多種類，然以國際貿易眼光視之，則可分爲三等，請比較其異點以作本篇之結論。

（一）已發展之國家，

(二)新發展之國家，

(三)新進國家。

已發展之國家如英德法比荷等國。此等國家其進口每多於出口，假設其中之某國每年進口爲二萬萬元，出口爲一萬萬元，進出相較每年須虧一萬萬元，然須知此一萬萬元固可以昔時之貯蓄相抵，以昔時所收他國債票附連之息單相抵也，於是其進出口仍爲相等之貿易也。設息單不足相抵時，則又不得不將債票補足其虧損矣。

新發展之國家如美利堅印度等國。此等國家之出口常較進口爲多，假說其中某國每年進口額爲二萬萬元，出口額爲四萬萬元，兩較當超過二萬萬元。今設此款中之一萬萬元作收回票據之用（反面卽進一萬萬元之債票），其他一萬萬元則以之付從前本國出口債票之利息（反面卽進一萬萬元之息單）。

新進國家如墨西哥加拿大俄羅斯日本等國。此等國家出口常較進口爲少，假說其中某國進口爲二萬萬元，出口爲一萬萬元，兩較尚虧一萬萬元，此所虧之數，卽以本國同值債票（卽出一萬萬元之債票）相抵。惟須知此種所出口之債票與先進國不足清償債時所出口之債票不同，先進國在未能將息單相抵時，雖亦出口債票，然此種債票，係昔時收受他國之債票，非若新進國所出口者係本國債票也。然日本等國所出之債票大抵爲生產而發，則將來生產所得實足清償他國而有餘，（例如新發展國家以生產所餘之貨物用之換昔時發出之債票）故此種國債終有清償之一日，何足慮哉？

我國進口固多於出口，進口超過之數，亦會以債票相抵，自表面觀之，雖與新進國（日本加拿大等）相同。然須知新進國債票出口所得者用之於生產者，終有以貨物相抵之一日也。我國則大都用之於戰爭及一切不生產之事業，不生產即無貨物，無貨物即不能歸償外債，此又中國之可危也。

今日之輕質銅元問題如何解決

十年五月在上海紗布交易所演講　徐鼎昌 柳鎮生 筆記

銅元之製造，鉛多銅少則色黃而量輕；銅多鉛少，則色紅而量重，此一定之理也。近日上海色黃質輕之銅元，充斥市面，自電車上首先拒用，各商店亦相繼拒絕，以致市面上發生絕大影響。電車中所持之理由，謂舊式銅元，以一百三十餘枚兌銀幣一元，輕質銅元，須一百五十枚方可購洋一元。電車所售車價，均以銅元計算，因此虧折甚巨，故一律拒受此項銅元。購票者，亦以為此種銅元，既係中華國幣，何能拒而不用，若欲故意挑剔，則須向造幣廠直接調換，與吾輩人民無關，雙方辯論，均有理由，因之牽動金融全局，街談巷議，無非輕質銅元，是以大有研究之價值也。

諺曰：『物稀為貴』銅元與社會上之需要，亦未常不如是也。例如：在空氣流通之地方，則空氣並無何等價值，在居住閉塞空氣地方之人觀之，需要新鮮空氣之輸入，而空氣之價值，亦增高矣。在居住近水面地方之人，視水無何等價值，在沙漠地方，則水之價值亦增高矣。銅元多，社會對於銅元之需要少，則價落；銅元少而社會對於銅元之需要多，則價高，其理亦猶是也。照民國三年國幣條例，每元含純銀六錢四分八釐，加以鑄費六釐，共六錢五分四釐，約合規元七錢一分，而市面上有增至七二七三以至七八者（五四運動時曾漲至七八）因需要與供給者之差異而有不同，當現在繭市時，則洋釐一定又須加高矣。

銅元之增減，既可牽動金融全局，已如上述，須由政府督造，其理亦甚明顯。蓋銅元之鑄造，雖有莫大餘利，而在政府方面，須負一種流通之責任，並無何等利益，例如鑄造之銅元，鑄造費爲四，而面值爲十，向該造幣廠兌換時，仍須作十計算，其有何利益，概可想見。使任人民自由鑄造，莫不爭先恐後，晝夜趕造，市面上所受之影響，更不可以道里計矣！而本位幣則反是本位幣應由人民自由鑄造其理由如下：當五四學潮之際，銀元用途極大，每元七錢一，此時已高至七錢八矣，與本來之定價相去甚遠，而市面之銀根極緊，欲想補救之法，非本位幣歸人民自由鑄造不可。假使本位幣歸人民自由鑄造，當銀根緊急之時，可以將銀子鑄成銀元。反之，亦可以將銀元鎔成銀子。平均市價，而無漲落之虞矣。所以本位幣，應由人民自由鑄造（詳見吾國幣制之整理演講中）而輔幣則不可由人民自由鑄造（其說見前），應由政府鑄造之。

以上種種，既述銅元漲落之原因，及貨幣之鑄造權，更當進而論輕質銅元充斥市面之危險，及其救濟方法。自輕質銅元散佈滬上後，全市恐慌，而籌劃維持之法，議論紛紛，莫衷一是。有謂絕源說者，停止鑄造，禁止此後再行進口，斷絕其來源，則市價可以恢復。要知其已輸入者將何以處置，有謂折扣說者，將輕質銅元，折扣通用，既可稍作維持市面之計，亦可以減少欲滔滔輸入者之營利心。不知折扣通用，各種以銅元收入爲計算之本位者，既受莫大損失；而物價又因之抬高，則小民之生計何堪設想。此地折扣通用，仍有未行折扣之地方，尚可輸入。譬如輸入各省，則各省之物價必漲，各省之物價漲，則上海之物價不能獨低；故禁止進口猶非根本之論。蓋此種銅元，既行輸入救濟之策，不在停鑄，禁運及折扣通用等方法，而在消滅恐慌之起點。恐慌之起點在造幣廠能以面值作十發出，不能作十再行收入。例如：多數小民，辛勤勞苦，以所得之銅元購米，米舖積存小錢莊，小錢莊向造幣廠兌換銀元，均如面值足用，雖有多數輕質銅元充斥市面，則社會上亦無何等影響。假如社會之需要為一千萬，而政府發出之銅元已為二千萬，錢莊仍可向造幣廠兌換現洋，則銅幣雖多，仍不足為患也。政府鑄造之銅元，實值較面值為輕者，未嘗無相當之理由，一則因攜帶便利；一則可免人民私行銷燬之虞；故銅元質輕不足責備政府，徒謀一種營利心，而不負流通之責任，此所以成為萬惡政府之一大原因。滬地通用銅元，鐫有嘉禾國旗者，十居六七，自輕質銅元拒用後，遂致除前清所鑄背後有龍紋者外，凡民國元年以來所鑄銅元，形式相同，一概拒却。則多數小民，以辛勤所得之工資，均以銅元為本位，勢必雖有銅元而無可覓食。各派學者，無事端發生，尚且鼓動勞工，提倡社會主義，至於有銅元而不能使用，羣思有機可乘，更極力以激動之，而勞工界因衣食所賴，挺而走險，養成過激之趨勢。商人因反復損失，遂出資以助，釀成全國反響，以推倒政府為目的。而向執政府之牛耳者，當此之際，又將以何法處置之乎？不亦以營利自利為目的者，反以自殃乎！按近日切實調查，此種輕質銅元，既非由某國發出，亦非由人民私行鑄造，實係由政府鑄出發行，而人民之反抗，非出無端，政府之自殃，亦無可諱言。

輕質銅元，充斥市面，維持方法，厥惟向政府請求兌現。而銀行發行之鈔票，其理亦同。面值有一元五元十元不等，而印造費祇須四五文，並能常保持其流通不絕，無稍有拒用之虞者，亦惟可向發行之銀行兌現是也。在銀行發行鈔票時似覺有莫大餘利，但發行之銀行，須有相當於鈔票額之準備金，以爲兌現之準備。其所得之利益，亦不過準備金與鈔票之差數耳。不然則所生之危險，又豈減於輕質銅元哉？今日所論者，爲幣制問題，略舉鈔票一例，以示兌現之重要，其詳細情形，暫置而不論。使銅元制度已整理完善，由政府督造，人民不得私鑄。在政府方面，并能常負其流通兌現之責任，而本位幣（中國以銀爲本位卽銀幣）仍如千縷亂絲，滿盤散沙，毫無理治，而欲保持其平準無大危險，能乎否乎？吾可斷言，絕對不能者也。例如吾之汽車夫雖良，而他人之汽車夫不良，仍不能保無衝撞之危險，猶之各省政治雖善，而政府仍然不良，則人民難免不直接受其影響。再如銀行雖辦理完善，其他各種事業不發達，而銀行仍不能得有十分利益。在各國銀行，現金餘存多時，可購鐵路股票，工廠股票，公債票等；中國之各種銀行所餘之現金，除購公債票外，其餘多係擱置而無可運用。則所收之利益，較之他國概可想見！可知銀行與他業極有關係，如他業不振，銀行業亦不能發達也。本位幣與輔幣之關係，亦未嘗不如是也。如輔幣已整理就緒，而本位幣不良，則仍無濟於事也。如貨幣均以十進，每一元兌換十毛，每一毛兌換銅元十枚，雖銅元常能保持其面值，而銅元時有漲落，爲七一七二七三七四不等，則以銀洋一元換一百銅元，亦勢所不能；蓋洋價七二之本位幣可以換銅元一百枚，則洋價七八之本位幣當能換一百枚以上。故必有一百零五，一百零八，一百十，一百一十五，種種不等之價格發生。可知欲整理輔幣，非先行整理本位幣不可，其整理方法，逐漸述之如下：

輔幣須由政府督造，負擔一種流通兌現之責任，因有餘利，不能任人民自由鑄造，詳細理由已見前說，玆不贅述。本位幣面值與實值相等，並無何等利益，可任人民自由鑄造，而免政府之壟斷。譬如社會需要銀幣之用爲二千萬元，政府之供給祇爲一千萬元，其餘之一千萬元，雖已鑄成，亦不發出，俟銀根緊急，而洋價飛漲，則驟然發出，其所得之利益亦可想見。使任人民自由鑄造，既可減少政府之營利心，并可隨需要者之多寡而爲增減之鑄造，何哉？蓋銀元之鑄造不能用百分之純銀，用百分之純銀，則其質軟易於折斷，勢必用九十分之銀，攙以十分之銅，鑄爲一銀元，並定以七二爲標準銀數，是銀元之總重爲標準銀七錢二分。如銀行錢莊之需要多時，則可自由送標準銀（銀九銅一）七錢二分至造幣廠，請其代鑄銀洋一元，故於市面緊急之時，各銀行各錢莊可以自由增加其洋數，不必向政府購買現洋也。既不向政府購買，政府亦無從抬高其洋價，洋釐自不致自七二漲至七三，七四，七五矣。如市面現洋太多，亦不致跌在七二以下，因現洋一元等於標準銀七二，可以自行銷燬，仍得七二之標準銀，決不致跌在七二以下。如是則政府自可減其翹然高視之野心，而市價亦可保持其平準而無漲落之虞，是以本位幣之不得不由人民自由鑄造者也。

本位幣既定，輔幣亦理，因欲謀幣制之統一，而學說約分兩派，卽各銀行之學說與鄙人之主張。銀行界之學說，謂先去規元而後自由鑄造；鄙人主張，謂先實行自由鑄造而規元自行消滅。如實行銀行之學說，而各國人士，亦斷難承認。蓋規元之所由起，因中國之種種銀幣，各有重量成色，不能一律，故外人假定一種規元，係漕平五十兩爲標準，以各種元寶先行送至公估局估定，如成色較好，或加二兩七五，共五十二兩七五，又以九八除之，則爲五四零，稱爲九八規元。規元雖係虛物，並非實在的東西，然其定價不變，若欲將此確定的規元廢去，換以不確定的銀元，試問外人情願否？故欲廢規元，必先使銀洋之價值確定，永遠等於七二。欲使洋價永遠等於七二，則非自由鑄造不可。蓋在自由鑄造之下，洋價一定不變，外人自願改用銀元以爲本位幣。例如外人因交易上應授與華人一千兩時，則須以當日之洋釐除之方可以現洋匯與對手，計算繁多，外人亦感不便。倘能任各銀行錢莊自由鑄造，則可使洋價（洋釐）確定，而外人自願廢規元矣。再進而如漢口之例洋，天津之行化，亦不能獨立存在，其原因有二：一則因上海市面之大，爲全國之冠，各種洋貨，均須由上海輸入內地，如上海以銀元計算，其他各地亦必隨之而以銀元計算。二，則漢口之例洋一千兩，照今日行市等於規元一千零二十六兩半。天津之行化一千兩，照今日行市等於規元一千零五十六兩。如上海以銀元計算，則兩方不能相等，自必出於用銀元之一途，此實行自由鑄造而各種之假定名稱，自然消滅。則幣制之統一，不難見諸實行，諸君如有高見，不妨舉出一二，以爲共同之研究。

本位幣由人民自由鑄造，經國家監督，輔幣則由政府鑄造，負流通兌現之責任，此乃國幣條例所特許，並非鄙人之主張。故吾輩人民，祇能望諸實行二字耳。使能強迫政府爲其所應爲，則其利益，又豈淺鮮哉！輔幣既由政府實行兌現，不獨社會上不受何等損失，且可減少其私造者。在政府未負兌現之責任時，對於私造者，尚不加何等監視。自政府負兌現之責任，私造者多發出一部分之銅元，即政府多受一部分之損失，於政府方面，直接有利害關係，勢不得不使警察嚴加取締。如是，則私造者可以日漸減少。本位幣既定，不獨有以上之各種利益，且亦可免發行鈔票者之危險。在本位幣未定時，則銀幣市價時有漲落，至市價極高之時，持有鈔票者均行兌現，以換得之銀元賣與別人，以圖厚利，則發行銀行，受有極大危險，自本位幣定後，此種危險，可以免矣。

中外匯兌之缺點

十年五月在上海暨南學校商科演講

孝庵筆記

中國貨幣不統一，受匯兌之痛苦甚深，商業之不振，亦以此。況中國幣制係銀本位，外國則多係金本位，市價漲落無定，匯兌上所受困難尤鉅。溯自海通以來，國際經濟之關係日密，購入外貨，應向輸出國支付代價，於是國際匯兌乃相因而生焉。國際匯兌者，以對於一國所有之債權，供其國支付債務之用者也。其目的在使兩國或數國間之債權債務，互相抵銷，其效用可免去彼此現金搬運之煩難及費用。例如：中英通商，英係金本位幣制，中亦係金本位（假定的）。姑定中國金洋十元合英金一鎊，華商某乙售貨一百萬元於英商某丁，款尚未付，是丁欠乙適合十萬鎊。如乙欲收回債權，則可出一滙票於丁，令其付款，或由丁向英國銀行購買匯票，由英國銀行令在華之某銀行付款於乙。如此，則乙丁間之債權債務關係，即可消滅，而免去移動金錢之困煩。此即所謂滙兌也。又如英商某丙售貨於華商某甲，計英金十萬鎊，如一鎊合華幣十元計算，則十萬鎊適合一百萬元，丙亦可出一匯票，囑甲存於在華銀行；或由甲購一匯票，令在華銀行將匯票交於素有往來之倫敦某銀行，由甲寄丙，持向倫敦銀行取款，如是則匯票之需供投合矣。然銀行匯兌有買入價與賣出價，賣出價每較大於買入價，其賣買間之差，是即爲銀行之利益，稱爲匯水。如英金一鎊合華幣十元，銀行收買匯票時，每鎊以九元九角五分計算，賣出時則以十元零五分計算，如此，則銀行得到一角之利益矣。

如上所述，銀行發出之匯票謂之 Draft，由私人發出者，謂之 Bill of Exchange，總稱爲匯票。需要供給之增減，爲凡百市價變動之原因，匯兌亦然。供過於求，則價跌，求過於供，則價高，此經濟上之定理。如兩國均用金本位，則貨幣價格不致過漲，或過跌，如我國目下係銀本位制，則金銀比價漲落無定，危險殊甚！至於匯兌市價，勢力愈大之銀行，定價愈低，然須有鉅款預備支付。上海以匯豐銀行爲領袖，故定價最低，至於洋釐市價之高下，則權多操諸中國錢莊家矣。

各地匯價不同，假如上海市價十元合英金一鎊（即二十先令）一元適二先令；是一百鎊即二千先令（共二萬四千便士）苟上海一元等於二先令半便士，是銀價高於金價，而可以九百七十九元五角九分買一百鎊之匯票也。上述係上海市價，然倫敦亦有市價，今更設例以證之。如倫敦金洋一元等於二先令又四分之三便士，則銀價更見漲高，即九百六十九元六角九分等於英金一百鎊也，觀此，則倫敦與上海間之市價相差已十元矣。

中國受滙兌上之痛苦，既如前述。然以前所講，多係假定的，今請進而講事實。如上海規元一兩，等於四先令，則市價當然以不變動爲最妙，然先令市價漲落不定，往往相差甚鉅，此實大病，故今特講先令漲落之原因，及其計算之法。

英銀成色，較低於華銀，英銀千分中約含銀九二五銅七五，華銀則千分中含銀九九八銅二。二者相較，是華銀之成色較英銀優十七又二分之一；比較優之成色，謂之Betterness。蓋英國一鎊爲二十先令，一先令爲十二便士，是一鎊共二百四十便士。$240 = 222$（銀）$+ 18$（銅）即 $222 \div 240 = \cdot 925$ 是即英銀之成色也，$\frac{222 + 17\frac{1}{2}}{240} = \frac{239\frac{1}{2}}{240} = .998$ 是即華銀之成色也，可知華銀之成色較英銀高十七又二分之一。

欲知先令漲落之原因，則須明曉連鎖法（Chain rule），凡金本位制與銀本位制；或金本位制與金本位制間，均用此法以計算兩國本位幣之比價焉。但連鎖法之作用，不易明瞭，請設一例題以明之。

第一例　1西瓜＝16桃

1桃＝4蘋菓

1蘋菓＝2李

1李＝2銅元

觀上例，則西瓜一只，值銅元若干，尚未明曉，今用連鎖法，則 $\frac{16\times4\times2\times2}{1\times1\times1}=256$ 即一西瓜值二百五十六文也。

既知上例，今試更進而爲銀價之連鎖法。

第二例　上海規元一兩合若干便士？此亦可用連鎖法求得之，試列表如下：

?便士＝上海規元一兩

規元$111.20＝廣平銀$100

廣平$82.7815＝盎斯　100

盎斯　100＝100.90（加上手續費）

盎斯　100 ｝
申色　$17\frac{1}{7}$ ｝＝107.8829英國標準銀

英國標準銀1＝倫敦銀價

Plus charge 卽由匯兌之運費等所加入，如百元加九角是也，

照第一例法結果得 1.182卽 $\frac{100\times100\times100.90\times107.8829}{111.20\times82.7815\times100\times100}=1.182$ 卽上海規元一兩等於1.182 盎斯也。以上連鎖法之各項，除末一項（倫敦銀價）外，餘皆已定之數；故從已定之數中所求得之一・一八二亦必爲一定之數。此數既得，如一盎斯爲三十六便士（倫敦銀價）則規元一兩必爲 1.182×36＝42便士又552，是卽上海規元一兩合三先令六便士半也。倘倫敦銀價如一盎斯等於四十便士，則規元市價卽須稍高，而先令亦須放長，此卽計算先令漲落之要法也。至若先令之所以變動，則因倫敦銀價上下不定，如倫敦銀價有變動，則上海規元市價亦必隨之而變動矣。

今諸君均爲專攻商業之士，如願爲大銀行家或大商家，則不特須先明瞭先令漲落之事實，且須詳曉計算先令漲落之方法。如此，以之經商，鮮有失敗者矣。

貨幣之起源 十年六月在吳淞中國公學演講

蔣宗昌
吳純涵 筆記

第一次

貨幣學簡分之爲三部：

（一）貨幣之起始 (Origin of money)；

(二)貨幣之功用 (Function of money)；

(三)貨幣之價值 (Value of money)。

欲明貨幣之功用及貨幣之價值，其惟先知貨幣之起始。貨幣一物，爲吾人日常所應用者，種類甚多，成分重量，各國不同。習於此者，每察其成色，權其輕重，即可判斷其物質之良否，此固不煩余多述，以耗費可貴之光陰。貨幣固爲吾人所常見習用已久，常人對於貨幣之起始，每不加以注意，要知貨幣之起始，頗有研究之價值，而影響於貨幣之功用及價值固甚大也。多數學者，以爲吾人用貨幣者，蓋以爲貨幣有利於個人及社會而發生，余以爲此種學理，並非十分重要。社會之制度，其有益於個人與社會者不一而足，但未必能使事事見諸實行；例如竊賊之偷竊行爲，當爲吾人所深恨；所以不與竊賊表同情者，因此種行爲非獨於個人不利，且於社會有損害也。或有人主張捐納大宗款項，以供給竊賊之用度；則竊賊衣食足，而偷竊行爲亦因之減少矣；偷竊行爲減少，則個人與社會皆蒙其利。此種主義果可實行乎？曰不可也。何以言之？此種主義實行，則人人願做竊賊，而竊賊亦因之而愈多，故知此種主義雖有利於個人及社會，畢竟未能實行也。推而論之貨幣，則所謂貨幣有利於個人及社會而發生者，爲片面之論調也。貨幣之所以能永久存在者，別有原因在焉。竊思昔時交易都爲物物交換，及至貨幣發明後，則以貨幣爲交易之媒介。例如某甲爲牧羊者，某乙爲畜雞者；某甲須雞食用時，可將多餘之羊，調換貨幣，而易相當價值之雞；某乙須羊時，亦可將其過多之雞，調換貨幣而以之易羊。於是甲之羊，乙之雞，均成有用之品矣。不然甲之羊，或乙之雞，及其過多之時，此羊此雞，固無所用矣。在此種情形時，貨幣誠有利於個人及社會也。然須知貨幣能爲交易之媒介者，非僅以其有利於個人及社會已也。設貨幣之爲物，幷非合於人人之需要，則甲將羊調換貨幣時，又安知乙之需要貨幣乎？乙將雞調換貨幣時，又安知甲亦需要貨幣乎？乙而不需貨幣，則此種交易不成，甲而不需貨幣，則此種交易又不成，總之貨幣所以成爲交易之媒介者，由於人人需要貨幣而發生。由此可知貨幣之發生，非僅有利於個人及社會已也。奧國著名經濟學家孟求（Menger）曾言貨物之有價值，每由其出售性（Salesbility）及交換性（Exchangebility）而表示。茲將其學說簡括述之，所謂交換性者，例如余有一石米，以之易相當之布，而米值之多少，則以所易布之多少而定。有價值之物，有時亦無需交換性者，例如北京之太和殿，及一切寶貴之古蹟名勝，自吾人目光視之，其價值當然甚高，惟欲將該物交換他物時，則恐無人願受領之者；此無他，有價值之物，未必有交換性也。再如社會主義家，主張將所有貨物，屬於公有，人民以勞動所得而易食用諸物。各種貨物既歸國家支配，無交換之必要；此時貨物固未有所謂交換性，但不能謂之無價值也。

總之有價值之貨物，未必有交換性；有交換性者，則必須有價值（所謂價值爲交換性之先賦條件者是也）故知學者所謂價格即由貨物之價值而表顯（Price is the expression of value in money）之未甚合理也。又例如前例所舉之名勝古蹟，雖有價值而無價格，無價格者，以人民不願出相當於其價值之價格以受領之也。又如破產時之地價，往往在原價之下，是價值與價格大不相同。重言之，價值（Value）與價格（Price）互異，且爲純乎獨立之二物，此即孟求主張交換性之大概也。茲再續其說，所謂出售性者，即以出售之易否，而言價值之高低；而此價值之高低，則以售賣價格（Selling price）及購買價格（Buying price）而決斷其性質。例如余所衣之馬褂，購買價格爲三十元，設將其出賣時，則其價格必較原買時爲低，（若以此馬褂賣給寒冷將死之人，則售賣價格或反致增高此要不可援以爲例也。）蓋此馬褂之尺寸有定，物質顏色亦與他人之慾望有異，而未能適合他人之需要也。推而論之，他物未有不相同者，要皆未能適合他人之需要以致降低其價格也。價格降低之程度，則以出售性之強弱決定之，而出售性之強弱則又與其流動性(Fluid)之大小成正比例。若公債票則爲流動性之大者，故其出售性強而價格降低之程度微小。假設今日元年公債之購買價格爲十八元五角，則其售賣價格必較此數爲低。茲姑作爲十八元四角，此一角之差數即其價格降低之程度；亦即表明需要之廣狹也。（市價之漲跌係另一問題，不可與此相提並論。）世界上所有物品，其需要最廣，出售性最強，而又最富流動性者莫若貨幣，此所以貨幣售賣價格與購買價格間之差數極微也。吾人習知之電匯(T.T.)，其售賣價格與購買價格固不相同，惟其差數則甚微耳。貨幣價格之差數微小，故爲人民所樂用，因樂用而造成極大之流動性，貨幣有流動性則他種貨物亦因之而易流動矣；而此流動性是誠貨幣之唯一效勞（Service）處也，因此種效勞而社會蒙其大利矣。回視前例之賊，偸竊其效勞也，個人及社會無不蒙其害者，此捐款養賊之爲謬論矣。

在物物交換時代，貨幣尙未發生，有米者無布，有布者無米，如有米者欲以米換布，非特不明有布者之居處，且亦不知其需米否；如有布者無米之需要，則有米者必減價出售，假定米與布之比價爲布一疋換米一石，茲因米賤而布貴，其比價或降至布一疋換米二石矣。米之所以跌價者，以米缺乏出售性故也；所以米之價値爲布一疋而其價格則爲布半疋，（米二石換布一疋猶米一石換布半疋）是價値與價格不相同也。

貨幣之作用，在使米之價值與價格相等，即不能相等，亦必使之相差無幾。譬如有米者以米一石出售，換得現洋十元，又以十元換得布一疋，無須尋覓有布者之居處，亦不必求其勉強收納，既無尋覓之煩，又無求人之勞，米之價格自不致跌落，而其價值與價格亦不致大不相同，此則由於貨幣予米以出售性之所致也。前此米之所以跌價者，以米缺乏出售性也；今之所以能維持其價者，則以米從貨幣中得一出售性也，由此觀之，貨幣有改無出售性的物品爲有出售性的物品之能力，使其價值與價格不致大相懸殊，此即貨幣能永久存在之原因也。

第二次

余上次演講時，已詳述價值與價格之異點及貨物非盡有價格之理由，想諸君已經明瞭，茲再進而研究前述之出售性。在古代物物交換之世，貨物之出售性較應用貨幣之世爲弱。例如某甲有雞卵若干枚，除一家食用外尚餘若干枚，此所餘之數，則須以之調換他物，蓋某甲祇生產雞卵一種，而其餘日用之物，固待他人之供給也。茲設某甲日用所缺者爲米，於是某甲必覓米之生產者而易之以雞卵矣。惟世人非盡有米者，而有米者未必有餘糧以供給他人也，即有餘糧矣，又安知其必欲雞卵乎？惟某甲需米之程度甚高，則決不因困難而中止也。設甲當第一次所遇者爲乙，乙則無餘米以供給他人者；第二次遇丙，丙則有餘米而不願以之易雞卵者；第三次遇丁，丁則雖有餘米而其需卵之程度不及甲需米之程度爲高，（即丁所需之物不定爲雞卵，而對於雞卵之需要則極平常）需要雞卵之程度既低，則丁要求雞卵之數必較往時爲多，（設當時一升米之價值與十個雞卵之價值相等，則此時之一升米之價值必較十個雞卵之價值爲高。）因甲歷受挫折之故，至此亦祇得勉強容納丁之要求矣。雖然，甲若再忍耐片刻，或有人願以相當米糧交換雞卵者，惟以甲急待應用之故，每有不能忍耐者耳。此物物交換時之困難，亦卽雞卵未能合乎人人之需要也。換言之，卽雞卵之出售性甚弱也。貨幣之應用發明後，卽以貨幣作交易之媒介，物與物交易之價格則由貨幣之價值以定其比例。設每個雞卵之價格爲四分，每升米糧之價格爲十二分，則卵與米價格間之比例爲三與一之比。在物物交換時，物與物之比例未能一定，在貨幣時代物與物之價格可藉貨幣己身之價值以定其比例也。人民當交易之先，可將其欲出售之貨物變易貨幣，再由貨幣調換其所需要之貨物，因之貨物之出售性雖弱，經此貨幣間接交易之手續後，則由弱而強矣。故知貨幣非獨己身之出售性甚強，且能使他物之出售性弱者變強，此卽貨幣之唯一職務也。貨幣之能永久存在者，實以貨幣能盡此唯一之職務也。余演講國際貿易時，嘗謂各國間之物價不致過度差異者，以交通便利之故。（設英國貨貴，中國貨賤，則中國之出口必多；反之，中國貨貴，英國貨賤，則英國之出口必多。）要知此可以移動之貨物爲然，而不動產未能以此爲例也。設浙江之地價賤，江蘇之地價貴，則浙江之土地決不能運至江蘇明矣。要知土地雖不能移動，而代表土地之契約則可轉移也。賣主購買土地時，並非實在將土地搬去，其所購買者祇爲一紙契約。換言之，卽所有權耳。美國之抵押公司，其所抵押者卽爲不動產之契約，而公司之動金則恃乎公債之發行也。設江蘇有此種抵押公司一所，則浙江之地主可將其契約抵押於該公司，而江蘇之人民則可購買公司所發行之公債票。由此觀之，土地原係一種不動產，一旦抵押於公司作爲債票之根據，卽可流轉，蓋債票爲土地之代表，債票之流行於社會猶土地之流行於社會也。換言之，債票爲信用之一種，信用亦爲交易媒介，信用（債票）既能使土地流通，其出售性之強大與貨幣相同，可知貨幣以有出售性而存在，信用亦以出售性而存在也。再如商人所發行之期票，一方面以期票貼現而得現金，他方面則以現金購買貨物，此期票亦為信用，故其出售性亦頗強大也。若無期票，則無現金，無現金則貨物亦不能為其應用矣。以上對於應用貨幣與信用之利益殆已詳述，茲再討論以金銀鑄造貨幣之理由。貨幣雖有存在之理由，然何以必須用金銀以為貨幣，此問題不可不研究及之。根據經濟學家卡利(Carlile)所著貨幣之進化(Evolution of Money)一書，茲將其新主張之學說簡略述之如下。

古代人民，茹毛飲血，智識未開，故對於裝飾一層，多以自然出之。近時非洲之黑人，南美洲之紅人，其未開化者，每呈有原人狀態。人種雖愚笨野蠻，而於裝飾則未之或缺，每見探險家之記載，或飾植物，或飾羽毛，此雖簡單，要皆裝飾也。再觀印度安南等國，其人民雖覺愚蠢，然論飾物則恐較文明國之人民為多，西人嘗謂印度為吸收金銀之國家，良有以也。人類之需要裝飾品，其重要原因有三：

(一)慾望(Love of approbation)；

(二)兩性衝動(The sex impulse)；

(三)競爭(Love of rivalry)。

凡人莫不有慾望者，衣服則惟恐其不美，飲食則惟恐其不甘，而於裝飾為最甚，蓋裝飾品多較他物為美，而人之慾望為甚也，此裝飾發生於慾望者一也。

兩性衝動為萬世不滅之原素，獸類兩性相悅時，則以極自然之形式表示之。至於最高等之人類，則自然厭其不足，於是每想種種方法以維持兩性間之愛情，藉裝飾品以表示愛情者其一也。人類愈文明，則需要裝飾品之程度愈高，吾人見歐美人民當其兩性相悅之時，每備種種貴重物品互相贈送者，及其結婚時，尤有交換飾物之禮節，其明證矣，此裝飾品發生於兩性衝動者二也。

世人見他人住華屋者，每想自己所住之屋較他人者更美；見他人乘華美車輛者，則又想自己所乘之車較他人爲尤佳。裝飾品之種類愈多，好勝之心愈烈，蓋裝飾品實足增高個人在社會之地位，以博他人之讚美，故人類日重裝飾而甘爲其奴隸也，此裝飾品發生於競爭者三也。

有此三種原因，則裝飾品之用途愈廣，而人類需裝飾品之心愈強矣。裝飾品之種類甚多，金銀在裝飾品中則佔最重要之位置，鑽石珠寶，美則美矣，惟不能完全將鑽石珠寶作裝飾也。設以鑽石珠寶作耳環或手鐲之時，則必須先以金銀造成耳環或手鐲之形式，然後方以鑽石珠寶鑲之，此以比例定律(The law of proportion)而發生；蓋裝飾品必須慎加配合，不然則失去固有之美麗也。於是裝飾需要金銀愈多矣。

在上古時代，人類以欲博他人之讚美及增進個人在社會之地位起見，於是不得不力求裝飾之華美。及至人類智識進步，則思想增高而眼光愈遠，因欲預防疾病老死之需用，因之而發生儲蓄觀念。此時裝飾品不僅作博人讚美之用，且含有儲蓄之意，人人需要裝飾，即人人需要金銀，金銀可以當裝飾，亦可以當儲蓄，是一舉而兩善備也。既可以當儲蓄，便可以當貨幣，此金銀用爲貨幣之原因也。然則金銀之價値，何以不發生極大之變遷乎？其理由有二：

(一)人類對於金銀之慾望無限，故價值因之不致過於降低；

(二)以人類收納金銀之能力有限，故價值亦因之不致十分升高。

因此自然趨勢，故金銀價值不若他物之起落無常，此人類所以樂用金銀所鑄成之貨幣也。

信託公司 十年六月在上海浙江興業銀行與暨南學校商科演講

第一次

各國信託公司之事實

近日以來，滬上信託業勃興，以一二星期之時間，驟然組織偉大之信託公司七八家，其資本自數百萬以至一千五百萬不等。就一國經濟上之進步而論，此種事業當爲社會所歡迎，蓋一國之事業，其種類務求其多，其範圍務求其廣，斷不能墨守舊章，養成一種故步自封之習慣，此吾人研究經濟學者，對於新設事業所以非常歡迎者也。但天下之事業種類繁多，不勝枚舉，凡可以行之於甲國而有效者，未必可以行之於乙國而亦有效；即或行之有效，亦必經過一試辦時期，試辦而有效，再出全力以經營之，試辦而無效，則所損無幾，有資本者可以改就他業，庶幾資本與人才二者不致用之於無用之地。美國之信託公司即經過一種試辦時期（詳後），及至今日已有一百年之歷史。其進步緩而穩，非如吾人懸想中之信託公司可以一蹴而幾者。今日滬上七八信託公司之發起人，類皆商界之巨子，或有才具，或有經驗，或有學問，倘以如是之人才而辦目下所急需之國外貿易，或各種實業

（如紙業等類），則其有益於社會者豈淺鮮哉！今乃以六七千萬之資本，數百俊才之精神集中於一種未經試驗，成敗得失未定之信託事業，難免有耗費資本濫用人才之慮，殊為中國可惜。爰不揣冒昧就平日研究之所得貢之於世，以促社會之覺悟；並期發起諸君之指教焉！茲請分別說明之如下：

（一）信託之性質　信託云者含有信任之意也。吾人對於信託公司必先信任，而後始願以財權資產委託公司代為保管整理。美國信託公司之發達，以人民對於信託公司有一種信用也。譬如美國某甲欲赴歐洲遊歷，一時不克回國，以各種產業委託公司代為保管，或整頓，如其財產為公債票與股票，則抽籤還本分期取息，以及買賣等事均託公司為之。如其財產為不動產，則修理等事，亦請公司為之。又如美國之大資本家往往捐鉅資於慈善事業（如學校醫院等），以為基金。但不願將全數交付以免流弊，故以基金委託公司掌理之。此皆個人委託公司代辦之事也。又如美國各種實業公司，亦有委託信託公司代理事務者，例如鐵路公司以全路作抵，發行債票，其抵押契據以債權者人數甚多，勢不能直接交債權者，故不得不請信託公司代為保管。如鐵路公司倒閉，信託公司代表債權者沒收其抵押品，此實業公司委託信託公司之一例也。

（二）美國信託公司發達之原因　美國信託公司發達之原因，約略言之，計有三端：（甲）美國信託公司係照各州法律而組織，各州法律，絕不統一，中央政府，不得干涉。其立法稍嚴者，稍加限制；其不嚴者，則予信託公司以種種權利，故信託公司之營業種類甚多。種類既多，獲利自厚，此其發達之原因一也。若夫英國則法律統一，對於信託公司取締甚嚴，是以不能發達。吾國法律素稱統一，將來對於信託公司必有以取締之，如以美法為根據，尙有發達之望。如以英法爲根據，則必受種種束縛，安有發展之一日？（乙）美國幅員遼闊，蘊藏豐富，開闢以來，國富民殷，私產增加，投資之觀念自然發生。但投資之事極爲煩瑣，從事於各種事業者，（如教員，醫生，律師，工人，孤兒，寡婦等。）幾無暇顧及之，故不得不委託信託公司代爲料理，此美國信託公司發達之原因二也。若夫中國，則兵匪爲患，水旱交災，易子以食者有之，析骸以爨者亦有之，民窮如是，安有餘資以從事於投資？即有餘資，或當留在內地，以供各種需要，決不能流入上海，以爲投資之用。吾並非反對信託公司之成立，將來吾國實業發達，各種公司林立，信託公司自有設立之必要。但以今日而論，偉大信託公司之設立，未免太早耳。（丙）美國實業發達，各種公司林立，即以鐵路公司一端而論，已非各國所能望其肩背。各種公司既多，其委託事件亦必甚多，此美國信託公司發達之原因三也。若夫吾國，則鐵路多係國有，無所委託；其他實業公司成立者雖不少，然其資金皆以發行股票而募集之，無所謂債券之發行，蓋中央政府之公債尙不能推行盡利，何況公司之債券耶？公司既不發行債券，信託公司何從而得其生意，即以股票而論，亦多由發起人分別承受，如有溢出之數，則向至親至友分配之，何必委託信託公司向內地各界人士銷售之耶？由此觀之，美國信託公司發達之要素在吾國均未之見，未識今日之發起人究有何種把握也。

（三）美國信託公司發達之順序　美國之信託公司，以一千八百二十二年成立之信託公司爲嚆矢，八年之內，無人與之競爭，蓋爾時工商業均不發達，一般人士均抱旁觀態度，不敢冒昧投資以與之競爭。十四年之後，始有三公司成立，以後於一千八百五十年左右，開掘金鑛，建築鐵路，國富增殖，舉國氣象爲之一新，於是於一千八百七十五年，始有多數信託公司成立。可知美國之信託公司，已經過試辦時代，試辦而有效，始出而爲多數之組織，其多數之組織，在國富增殖之後，此非吾國之毫無把握冒險從事者可比。不寧惟是，美國之信託公司，於開辦之始，其資本多在五十萬以下，即在今日各州法律對於資本亦有相當之規定，規定其最低額，或規定其最高額，其最低額自五千元至十萬元不等；紐約省之最低額，則自十萬至五十萬，（小城十萬，大城五十萬）其規定公司資本之最高額者，共有十一省；十一省之中，二省以一百萬爲最高，四省以二百萬爲最高，二省以五百萬爲最高。今日吾國之信託公司，於成敗得失未定之前，貿然以一千萬與一千五百萬相號召，眞令人百思而不得其解也！

（四）其他各國之信託公司　（甲）澳洲土地遼闊，商務實業皆極發達，但其已成立之信託公司，祇有十四。其最大者，以首都爲所在地，已繳資本只有九萬鎊，其公積與未分淨利爲二萬六千八百二十六鎊，其所經理之委託事件，計共値八百七十五萬鎊零（據一九〇六年之報告）。（乙）加拿大亦有信託公司，據一九〇九年之報告，共有十三家，其資產總額（包括委託資金在內）計共八百萬元（美金），但公司於成立之前，必先向政府註册，取得執照，方可營業；如政府以爲無設立之必要，得以拒絕之。（丙）墨西哥亦有以信託之名義組織公司者，但多爲美人所經營，其目的在投機，不在正當營業，以故全數失敗，今無一存者。今日墨西哥唯一之信託公司，爲墨西哥信託公司，係按照墨西哥法律而組織者，其資本額爲二十五萬元（墨洋）。（丁）日本之信託公司有偏於投機之趨勢，更不足道。（戊）英國之信託公司，其進步異常遲緩，其阻力有二：一爲人民辦事謹愼，不肯輕信，且富於保守性，二爲法律上之束縛綦嚴，使之無活動之餘地。(已)歐洲大陸，更無信託事業之可言，其在德國，則有類似信託之事業，但爲銀行所組織，以爲銀行之附庸物者，以性質而言，與美國之信託公司，相去不可以道里計也。由此觀之，信託公司，除美國外，幾無成績之可言，彼崇拜美國者，必以爲凡美國可行者，在吾國亦可行之，此乃推測之詞，豈可輕信。

(五)信託公司之利　一般無智之徒，以爲信託事業，在吾國爲創舉，公司稍有犧牲，安知日後不獲利百倍，是以不惜金錢，盡力購買。殊不知信託公司之利，不能超過其他事業者，否則美國人將不開鑛，不築路，不辦銀行，不設百貨商店，皆以資本改辦信託公司矣。查美國之信託公司，獲利雖厚，然自一九〇三年以來，屢遭損失。澳州信託公司之官紅利，自百分之四半至百分之十一，平均官紅利爲百分之八。其他各國，尙有不及澳洲者。我國對於信託事業，既無經驗，又無需要，所得利益，豈能獨厚，况資本如是之大，社會之信仰又如是之薄，試問何從而得巨大之利耶?

(六)關於信託公司之法律　凡辦一種事業，必先有法律以爲根據，信託公司雖可依據公司條例而成立，但其性質與尋常公司迥不相同。蓋信託資金，極爲重要，國家對之，加以特別保護，故信託公司自己之資產，不得與委託人之資產相混合，理應分別登記，不得合而爲一，如尋常公司然，此美國法律所最注意者也。苟不注意及此，萬一信託公司倒閉，則委託人之資產，難免不蒙其害。今日吾國對此一層，尙未有何種保障，未識信託公司將何以救其弊而補其偏也。

（七）結論　以上所述，係根據美國與各國之事實立論，不得謂之爲紙上空談，深望信託公司之發起人謹慎從事，毋蹈墨西哥之覆轍！以諸君之才具學識經驗，何事不可辦，何必以六七千萬之資本數百俊才之精神集注於未經試辦之信託公司。吾亦望各界人士，拋棄其發橫財之僥倖心，蓋信託公司之利益，其厚薄與尋常公司相等，有時且一轉而爲損失，如美國之信託公司然，利益旣屬有限，斷無股票飛漲之理也。

第二次

信託公司之學理

（一）自由經濟與法律，道德，政治，宗教，風俗，習慣，歷史之關係　上海公司熱，勃興，交易所固盛極一時，而信託公司最近亦有風起雲湧之勢。此項問題與吾人極有關係，亟宜研究之，至於各國信託公司事實之調查，余已在上次講過，今請述其學理。

經濟與法律，道德，政治，宗教，風俗，習慣，歷史有連帶關係，試設例明之。

例一妓女　妓女賣淫，係因生計所迫。女子非生而爲妓女者，講道德則不可賣淫，欲求錢則不得不賣淫，然亦有因法律禁止之寬嚴與夫風俗之良惡而使之然者。法律嚴，則賣淫少，風俗敗壞則自多，故妓女賣淫雖係經濟問題，然實與風俗法律道德有關係也。

例二工人　工人貧者居多，欲提高其地位，則不得不受職業教育。待地位一高，收入工資自多，收入多，則賭酒等不良習慣必將因之發生。故提高工人地位，雖係經濟，然與道德習慣亦有關係也。

例三食物　（甲）如殺牛，牛肉本係經濟，然有爲法律所嚴禁者，亦有因道德關係而禁止屠宰者。（乙）如津人食蝗蟲，粵人食田鼠，紹興人食蠶，而上海人則因風俗習慣之不同，絕少食此種食物者。（丙）如中國之鹽，全係官辦，人民不准私售，鹽雖係經濟，然與政治有關係。由此觀之，食物表面係屬經濟，而實與政治習慣道德，法律有關係也。

例四物件　（甲）如教堂，不能作商店寓所或學校之用，亦鮮出售，故無價格，但不得謂其無價值，教堂爲教會所用，故其價值實因宗教而發生也。（乙）如北京之太和殿，亦不可作商店或學校之用，亦無願買者，故無一定之價格，然其以歷史上之關係，故依然存在，且有價值，此足證經濟與歷史宗教亦有關係也。

（二）今日之信託公司　經濟問題與政治，法律，風俗習慣，歷史，宗教有連帶關係，已如上述。反觀今日上海之信託公司，則祇求發財（經濟）不顧道德，法律，政治，與夫風俗習慣，其與經濟原理相背馳，將來必致失敗，不言可喻。蓋此種商業雖亦係自由競爭（Free competition）然自由競爭有範圍，越乎常範，鮮有不敗。照公司條例所載，公司須先成立註册，註册後始得發行股票，實行買賣，此係法律所規定。今信託公司大半未經成立，股票權柄單即行買賣，然先期定價，實爲法律所不許，今且有以信託公司之收條高價出售者，不特中國無此法律與習慣，美國恐亦無之。不特此也，今日信託公司之資本，每規定數百萬，甚至千萬以上，以壓服社會，社會見其資本之雄厚，亦不敢加以批評，然其股票每股僅定十二元餘，則無非欲藉此以搜集無智識階級之資本耳。蓋票價低小，購買者自必易而多，彼經營信託公司者，對於信託公司之性質與業務，絕鮮研究，置法律，道德，習慣於不顧，而祇求「壟斷」與「不勞而獲。」第其手續亦甚繁，如設立事務所，開董事會，爲一種假面具，以欺社會，此種不顧法律，道德，習慣之自由競爭，終必趨於自殺之一途。蓋其第一步係欲求得不勞而獲之目的，尚有一種手續，具一種假面目，其第二步卽除去一切手續與一切假面具，而實行刦掠是也。試觀最近武昌兵變之事，長官雖不勞而獲巨利，然具一種假面目，致兵士都除去此種假面具，直截了當的刦掠。原因何在，誰尸其咎，諸君當已瞭然！

(三)自由競爭之來歷　自由競爭始於美國，因大托辣斯盛行於美，以壟斷爲目的，例如；美國小商人每賣煤油售價二元，煤油大王僅售一元八角，小商人貶價，則煤油大王更貶至較賤之價。價賤，則消費者自必趨之若鶩，小商人資本有限，終至倒閉或停止營業，斯時煤油大王卽取而代之，增加市價，經濟界遂受無窮之影響。美國學者因見托辣斯之不顧道德法律，專以壟斷爲目的，乃提倡自由競爭，以免壟斷。近且亦有提倡共產主義者，然華商程度較低，不知共產主義爲何物，其變相之共產主義，卽爲搶刦，故其結果必趨於自殺也。

第三次

六月二十三日商報載有來論一篇，其題爲『美國信託公司營業成績之一斑。』綜觀篇中各節，無一不注重於美國信託公司營業之盛，獲利之厚，與夫票價之漲，藉以引起社會對於信託公司之信仰。著者自謂『美國信託公司先後成立者，竟有二千一百七十三家之譜。』但其所舉贏利最厚之信託公司，只有九家，以九比二一七三，猶如一比二四一零，是二百四十一家之中，只有一家能獲最厚之贏利者也，其成績不良可知。而著者猶以爲美國信託公司之成績，大有可觀，先後語氣，自相矛盾，此種文字適足以證明美國信託公司成績之劣，倘閱者諸君一取其文而讀之，其感想必與吾同。

著者又謂『據一九一六年之調查，美國農業信託公司之資本不過一百萬元，而其公積金與未分紅利竟有八百萬元之多，每年紅利至五分，股票市價自一百元漲至一千八百元，紐約人壽保險信託公司之資本爲一百萬元，而其公積金與未分紅利亦至四百萬元，每年紅利爲四分五，股票市價漲至九百七十元云云』。綜觀全篇文辭，其自相矛盾之處，不一而足，請分別指出之：（一）美國最發達之信託公司，其資本不過一百萬元，則將發達未發達之公司，其資本當在一百萬元之下。何以今日吾國成敗得失未定之信託公司，其資本竟有定爲數百萬或千萬者？就論理學而論，豈不失策，其自相矛盾之處，此其一。（二）美國最發達之二家信託公司，其公積金與未分紅利所以能積至八百萬與四百萬元者，以其資本額甚小故也。蓋資本小，股東分紅必少，分紅少，則公積金與未分紅利必大。反之資本大，股東分紅必多，分紅多，則公積金與未分紅利必小，可斷言也。由此推論，今日吾國之信託公司，其資本既比美國大數倍或十餘倍，則其將來之公積金與未分紅利，亦必較美國小數倍或十餘倍。倘其營業不能與美國公司相媲美，其成績必較劣，尚不止小數倍焉，其自相矛盾之處，此其二。（三）美國兩大公司之資本各定爲一百萬元，其紅利一爲五分，一爲四分五，是所分之贏利一爲五十萬元，一爲四十五萬元，假定此兩大公司各增加資本一倍，定爲二百萬元，則所分之贏利亦必增加一倍（一爲一百萬，一爲九十萬）方可使其紅利不跌，仍爲五分與四分五。倘其資本增加一倍，而其贏利依然如故，仍爲五十萬元與四十五萬元，則其紅利必跌落一倍，一跌至二分五，一跌至二分二釐半，可斷言也。如著者所云，『自一八二二年紐約農業信託公司成立以來迄於今日，』又云，『據一九一六年之調查，農業信託公司之資本不過一百萬元。』可知美國最發達之信託公司，於一百年之間，未曾增加其資本至一百萬元以上。其所以不敢增加者，必以其贏利不能如意增加也。贏利不增，紅利必跌至五分之下，倘贏利可加，豈有不添資本之理？可知信託公司之資本額即在美國，亦不宜太大，何況在未經試辦之中國？乃美國最發達之農業信託公司，於百年之內，尚不敢增加其資本在一百萬元以上，不料吾國毫無把握之信託公司，竟於一二星期之間組織成功，定其資本為八百萬，一千萬與一千五百萬元。以美比中，豈不大相懸殊，乃著者猶欲援美國以為例，眞令人百思而不得其解也。就論理學而言，美國百萬資本之信託公司，僅得紅利五分，則中國千萬資本之信託公司，只可得紅利五釐，一千五百萬之信託公司，只可得三釐三零，豈不太薄。紅利既如此之薄，股票豈能飛漲，今日之所以飛漲，必別有原因，其自相矛盾之處，此其三。(四)著者又云：『股票市價(農業信託公司之股票)自一百元漲至一千八百元。』可知美國信託公司之股票定為一百元，何以吾國信託公司之股票，定為十二元？其目的豈不在使信託股票散佈於社會，使無智人民與小資本家皆爭相賣買，以有智識而欺無智識，以大資本家而欺小資本家，謂之不道德。著者之文，直認信託公司之行為為不道德，其自相矛盾之處，此其四。(五)著者又云，『每年紅利至四分五，(指紐約人壽保險信託公司)股票市價漲至九百七十元。』云云。可知美國信託公司股票之漲價，其原因在四分五之紅利，不知吾國信託公司股票之漲價，其原因何在？如在紅利，紅利何在？不但紅利無着，即公司之房屋，尚未動工，辦事之人才，亦未養成，試問其票價何從漲起？則今日之漲價其故可思，其自相矛盾之處，此其五。(六)著者又云：『邇來吾國信託公司相繼設立，多至十數』云云。試問何以一霎時多至十數，非投機而何？其自相矛盾之處，此其六。（七）又云，『一般社會，或震其新奇，視爲無盡金藏，紛紛競買，致股票價格，有高出面價數倍者』云云。試問公司尚未成立，股票何從而來？於未成立之前，竟將股票私相賣買，豈不與法律大相背馳，此種違法行爲，著者直自承認之。夫一般社會，紛紛競買，確係事實，但既有競買，亦必有競賣，否則賣買交易不能成立。競買者爲社會，則競賣者，必爲公司之發起人，且必先有競賣，而後始有競買，發起人必先願以高價賣出而後始有人願以高價買進，此即發起人違法之明證，著者自己承認之，其自相矛盾之處，此其七。鄙人對於信託公司之設立，極爲贊成，豈敢反對，但每辦一事，必先經過一試辦時期，試辦而有效，再出全力以經營之，亦未爲晚，在未經試辦之前，偉大信託公司之設立，未免太早耳。且創辦一事，宜注重法律，尤宜注重道德，故鄙人所反對者，爲違背法律，不講道德，與未經試辦之偉大信託公司耳。至其反對之理由，請專篇論之。

吾國信託公司前途之推測　十年七月在上海浙江興業銀行演講

近日以來，滬上信託熱勃發，於一二星期之間，驟然組織偉大之信託公司十餘家。其資本小則二百五十萬元，大則一千五百萬元，其目的或在投機，將認股之權柄單（非股票）高價出售，以遂其發橫財之僥倖心，或在抵制，（如某某錢莊幫合組一信託公司，以抵制其他信託公司。）將固有之存款，加意保留，以防其撥充其他信託公司之資本。無論其目的何在，其願創辦信託事業，實事求是，以謀社會之幸福者，則絕無僅有。社會中無智識之階級，雖不知信託爲何物，然咸以爲無盡之金藏，爭先恐後，紛紛投資，用於生產之活資，於是移用於投機之事業，不但擾亂金融，且亦引起恐慌。倘不竭力抑制，以弭隱憂於無形，吾恐一旦暴發，勢必束手無策，商務實業同歸於盡，爲害之烈，將十倍百倍於橡皮風潮也。靜而思之，能勿寒心，乃有一二研究經濟學之人，竟爲提倡之文章，以鼓吹之，不謂美國信託公司營業成績，勝於銀行多多，卽謂將來中國信託公司，亦能如美國信託公司，獲利百倍，種種妄談謬說，不一而足，不得不辯而闢之。吾對於信託公司極爲贊成，豈敢反對，不過對於不講道德（如以認股單高價出售）違背法律與資本額太大之信託公司，頗抱悲觀！心所謂危，豈敢緘默，爰草是篇，將吾對於信託公司之推測，詳細述之，以待閱者諸君之批評焉。

（一）美國信託公司之發達，其原因甚多，約略言之，則有數端。美國國民銀行，大抵不能收受不動產（如地皮等類）以爲抵押品，而信託公司則可收受之。以此之故，信託公司之不動產抵押放款，極爲旺盛，此其營業成績之由來一也。若夫中國則不動產抵押放款，殊難着手，全國測量局，對於各省田地，尙未開始測量，以故內地田地，有有稅無地者，有有地無稅者，舊地被水冲倒，而賦稅未曾免除，故有稅無地。泥沙積成汚土，而賦稅未曾徵收，故有地無稅。況吾國田地之買賣，雖立契據爲憑，然主權究屬何人，殊難憑契據而定，故時有因買賣而起爭端而起訴訟者。倘信託公司能爲不動產放款於農夫，未始無益，不過所冒危險甚大，利未獲而害先見，尙有營業成績之可言乎？假令不動產放款，異常穩健，毫無危險，亦當先將信託公司分佈於全國內地，而後始可調查內地情形，積極進行。乃今日之信託公司，皆集中於上海一埠，安得在內地營業。卽欲在內地營業，亦當得政府之許可，受官吏之保護，但今日之信託公司，並未註册，在法律上不得謂爲正當營業機關。况照公司條例，非註册不得對抗第三者，非註册不得爲營業之準備，且股票上必載註册之年月日。茲信託公司，既不照公司條例成立，豈能在内地營業。由此觀之，美國信託公司之可爲者，吾國信託公司未必能爲也。豈能謂美國信託公司之營業成績如是，將來中國信託公司之成績，亦必如是。此吾人對於信託公司之前途，未可抱樂觀者一也。

（二）美國信託公司對於保險事業已多不願經手，蓋保險事業異常危險，當由專辦保險事業之公司承受之。事貴乎專，不專必敗。以信託公司而承受保險事業，豈不侵入專門保險機關之營業範圍，况信託公司所掌管者，爲委託人之資金或財產，理應加以保護，不宜投之於不甚穩健之事業。夫委託資金在外國視爲最重要之一種信託，以故法律予以種種保護。今吾國之信託公司，不但不謹慎運用，亦且登報聲明，水火人壽保險之事，亦在其營業範圍之内，豈不與信託之精神，大有懸殊耶？此吾人所以對於信託公司之前途，未可抱樂觀者二也。

（三）美國信託公司營業成績，以視銀行之成績，無甚出入。自一千八百二十二年以迄今日，信託公司之先後成立者，約二千數百家，而全國銀行則在一萬以上。以家數言，銀行超過信託公司；以成績言，銀行未必在信託之下；假令信託成績較好，亦有原因在焉。請述一二以例其餘：（甲）按美國國民銀行條例，凡國民銀行之股東，須負兩層重任。例如銀行倒閉，所有資產不足以賠償債務，則爲股東者有繳納第二批股款之義務，所繳之數，以原有之股數爲限。若夫信託公司，則因其在各省省政府註册，無須負此兩層責任，此信託公司之比較的利益也。至吾國之銀行與信託公司，則均無負此兩層責任之規定。以視美國情形，確有不同之處。故吾國信託公司，未必能得此比較的利益也。既無比較的利益，安見其能比銀行尤爲發達。(乙)美國國民銀行約分爲三類：(A)鄉村銀行，其準備金不得少於百分之十五。(B)準備市銀行，其準備金不得少於百分之二十五。(C)中央準備銀行，其準備金亦不得少於百分之二十五。立法森嚴，違者重罰。至按照各省法律所成立之信託公司，則無此笨滯之規定，其準備金有小於百分之十者。準備既小，獲利自厚，若銀行亦享受此種優待，而與信託公司立於平等之地位，其獲利未必較薄，或且過之。若夫中國則政府對於銀行，無此種笨滯之規定，對於信託公司，亦不予以特別優待，銀行與信託公司立於同等之地位，無此疆彼土之分，試問信託公司何從而得比較之利益耶？既無比較的利益，安見其比銀行尤爲發達，此吾人所以對於信託公司，未可抱樂觀者三也。

(四)美國信託公司，雖多至二千幾百家，然未聞有爲交易所操縱之信託公司。茲吾國強有力之某某信託公司，確爲交易所中人所操縱，推其結果，勢必串通舞弊，一面以交易所股票在信託公司抵借款項，一面以信託公司股票在交易所買賣，此種推想，雖未成爲事實，然就目下之情形而論，有成爲事實之趨勢。何以言之？滬上華商銀行對於交易所股票，已有不收受之表示，錢莊中之穩健者，亦必取同樣態度，故有不得不在信託公司抵借之理。但揆諸學理，委託之資金，應投於極穩健之事業（如公債票）不宜移用之於投機之途。至於某某信託公司與某某交易所之關係，固已昭然若揭，路人皆知也，此吾人所以對於信託公司未可抱樂觀者四也。

(五)吾知有多少信託公司之發起人專注意於公司股票之賣買，其目的不在操縱，而在頓發橫財，故日待股票之漲價，藉博厚利。彼收買者，亦無保留之觀念，一俟市價較高，卽行出售，如是公司之股東，時有更換，今日爲甲，明日爲乙，及至後日又變爲丙丁。既無永久之股東，必無一定之方針，其爲公司經理者，不知何所適從，而公司之失敗可翹足而待也。此吾人所以對於信託公司之前途，未可抱樂觀者五也。

（六）信託公司股票與銀行股票同其性質，其市價之漲落，關係於公司之信用至深且鉅。例如股票飛漲之時，人必察其飛漲之理由，如理由不能正當，人疑其偏於投機，對於公司大減其信任。反之如股票暴落，無智識者流，必以爲公司內容不甚可靠，亦減却其信任。故飛漲與暴落二者，均當力避。美國銀行與信託公司之股票，不准在交易所有行市者，良有以也。乃今日吾國之信託公司，於未註册或未開始營業之始，其股票在市面上已有行市，且其行市時有漲落。某某信託公司股票，漲至每股三十八元，不數日即跌至十七八元，其漲落可謂大矣。以漲落如此之大之股票，尙欲求其公司信用之昭著，基礎之鞏固，不亦南轅而北轍耶？此吾人所以對於信託公司之前途，未可抱樂觀者六也。

綜合以上六端而觀，可知吾國信託公司將來之營業成績，決不能與美國相媲美，而一二理想家竟以兩國相提並論，噫，何不思之甚也！

中國的經濟問題

十年八月在上海商務印書館暑期國語講習所演講

陸伯祥筆記

——評『資本萬惡勞動神聖』說——

中國的經濟問題就是資本不足的問題。歐戰以來，我國學者盛唱資本萬惡勞動神聖之說，一唱百和，聳動一時。鄙人殊不以爲然，但鄙人對於我國經濟狀況無精細的觀察，不敢倡反對之說，今日雖沒有考查明白，然覺得有些把握，故敢在此倡此反對之說，以爲第一次之發表。

這『中國的經濟問題』一個題目，範圍很大，所以不能講一個底細；但就表面上看來，總可說資本不足，唉，這又奇了！現在最文明最和平的美利堅正在排擠資本主義，而中國也把『勞動神聖資本萬惡』的旗幟，高高懸起，我這話如何配在現時代說的，豈不是矛盾嗎？其實美國的資本家實在大極了，什麼鐵路大王，什麼鋼鐵大王，什麼煤油大王，把全國與社會的金融，歸入幾個人的掌握，那自然有『資本萬惡』的議論發生。我們中國的所謂資本家，不過是幾十萬幾百萬，要與美國資本家比擬，正是有天壤之別呢。美國資本家總要在幾萬萬以上，所以我說資本不足，或竟可說中國沒有資本。資本既然不足，那有不思增加之理，爲甚麼呢？因人工與資本是相輔而行，是不相背而馳的，所以我說『勞動果是神聖，資本也是神聖』，現在設幾個譬喻在下面：

（一）打虎的本是一個勇有力者，但是沒有器械，也是不行。他拿了一把刀，便可殺一隻虎，拿了一枝快槍，便可殺幾隻虎，用了一架機關槍，當然殺虎越多了。這許多器械，等於資本，器械愈大愈利，則殺虎愈多，正和資本愈充足，則收到人工的功效也愈大愈完全一樣。

（二）實業上所用的打字機，也是一種增加人工效力的東西。在沒有打字機以前，假使要寫同樣的十封信，不知要用多少時間，或要用十倍的人力，就要花去十倍的工資，有了打字機以後，只要有一人起稿，一人打就行了。又快又整齊，與前兩兩比較起來，自然要合算得多，這打字機便是資本，有了資本，收到人工的效力，豈不大嗎？

(三)中國商店計算帳目一定要用算盤珠逐粒打起來，雖比筆算快得多，但是錯誤也不能永保沒有的。現在西人新發明一種運算機器，不拘什麼數目，都可按了數字號碼，任意加減乘除。不要說運算敏捷，便是錯誤也從來沒有的。與其零星費時間費工資，不如買了機器，一勞永逸。

(四)上海地方榨油廠很見發達，都是用機器的，不論豆油，菜油，花子，花生油，一天的產額，總要在一萬箱以上，銷行到外國去，利益很厚。內地榨油方法，仍用三五隻水牛，拖了重笨的石珠慢慢的碾動，一天只能榨得十多箱油，成效自然不能與用機器者互相比例了。這因為他沒有資本購買榨油機器，只得坐看他人獲利，自己徒呼負負罷了。

(五)南洋素以產糖和橡皮著名，但是到了現在，也是不行。為甚麼呢？因橡樹那樣植物，自種之後，一定要歷五六年纔有收穫，而僑居南洋的人，沒有鉅大的資本，以買機器，以剗除橡樹下的野草，（若以人力剗除，則地位很大，決非可能的事）所以土壤中的肥質，都被野草吸去，橡樹便不能發育，當然沒有良好的效果。我以為該地當設立銀行，接濟他們的資本，利源定是很大的。講到糖，因我國沒有出駛外洋的輪船，不能自己推銷到外國去，所以不能取得重價。

以上五個例子，足以證明資本不足的害處。現在我可斷言一句，資本越大，人工的功能越見增加，就是各人的俸給越多，而國家財政也越見充足，所以我說『資本神聖』。

不但如此。有了資本以後，物價自能平衡起來。譬如舊式開礦，都用人工開鑿搬運，假使煤礦每方開十丈深，每噸費工資十元，運費六元，那麼一噸煤的成本共十六元，再除去辦事人薪金，總要賣到十七八元纔有一點利息。倘在十丈以外的，那麼成本增大，賣價自亦因之增大。如此，礦質的價豈非沒有限量嗎？現在用了機器，就是一百丈以下，也不難開鑿搬運，成本既輕，賣價自廉了，這豈不是『資本神聖』嗎？

近來南通張季直先生發起五百萬公司債，他要把海濱不毛的鹹地，變爲能生產的良田，成功以後，便可供給六七百萬人的生活，我可斷定，該地有了五百萬元，或可有成功的希望，沒有五百萬元，永遠是不毛的鹹地。所以無論什麼事業，一定要有資本去輔助他的，假使講了資本萬惡，中國再不要想有富足的一日。

從理論上講經濟，一定要有下列兩個原素：

經濟的二大原素
- 生產

- 分配
  - 資本
  - 人工
  - 企業家
  - 地主

假使生產有餘，而生產下來的東西，被資本家，企業家，地主幾乎完全佔去，人工只佔得其留下來極少數，那是經濟的支配太不均勻，所以工人有大罵資本家爲大強盜的聲浪。美國現已超過生產階級，而在分配階級，有這麼不均勻的分配，自然要有『資本萬惡』的議論發生。中國現在生產的階級還沒有達到，講甚麼分配呢！說甚麼『資本萬惡』呢！

試繪一圖以明資本的重要。

如下圖甲乙爲固定的資本，毫無增減，乙己爲工人，時有增加。如由乙丙而增至乙丁，又由乙丁而直增至乙己，在此情形之下，（資本不增而工人遞增，工人之效能遞減，以致成一甲己之曲線，甲爲效能之最高點，己爲其最低點。由此可知欲使一國之生產力增加，必先使資本與人力同時增加。若資本絲毫不增而人力遞增，則生產之總額，雖可以增加，但每人所分得之數必遞減，此即中國今日之實在情形，可有什麼事實以證明他呢！譬如有兩個農人耕一塊地，每年可穫二石米，假使叫四個農夫耕此同大的地（資本不加）決不能得四石米，或僅得三石半，叫八人耕，決不能得八石米的，或僅得六石。所以資本不加而人工加倍，其生產額雖可增加，但各人分得之數減少，爲什麼呢？因這地的生產有限，不像人數的可以倍增的。從此可以知道，資本固定而人數增加，人數越多，則各人所得的平均功能越少。以二人耕地，每人可得一石，以四人耕地，每人只得八斗七升半，就是生產越少。生產越少，則越貧越苦，所以資本決不是萬惡的東西，就中國而論，簡直談不到此。

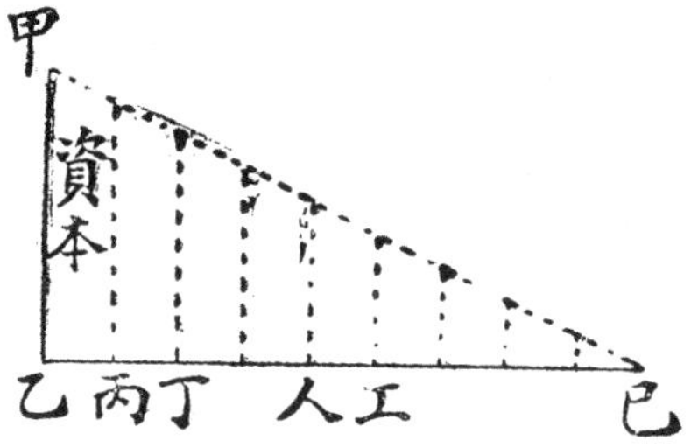

現在可以斷定，中國有地產，有人工，有辦事人材，只缺少資本。假使有了資本，拿他來振興實業，充裕國用，那軍閥自不能永遠滋擾，中國定有富強的希望。

資本既然這麼重要，中國又這麼貧乏，將從什麼地方取得呢？我以爲取得資本，可有二種方法：（一）取於國外的；（二）取於國內的。取於國外的，便是借外債，諸君要知道借外債不是一定壞的。美國起先也借英國的款子，以振興工業商業，到現在竟成世界上第一富國。至於中國的借款，專供幾個督軍的享用，那自然是有損而無益的。

中國常常向日本借債，其實日本也沒有錢可以借給人家，他也是從美國轉借來的，現在把中日，日美的借款條件揭出來比較一下。

	日美	中日
實得	99%	94%
利率	4%	8%
抵押品	無	土地路礦……

日本向美國借款，打一個九九折，利率四釐，且無條件，亦無抵押。借到之後，即以借到之款轉借於中國，打一個九四或九五折，利率八釐，有條件亦有抵押品，且其條件極酷，所以中日借債成立一次，日本已坐得若干利息了。既如此，中國爲什麼不直接向美國借款呢？這因美人不信用我們，沒法借他，現在要使外人信用，先要使社會和平有秩序。但是要使社會和平有秩序，一定先要打破軍閥，軍閥不去，社會國家萬不能和平而有秩序，決不能得外人的信用。外人不信用，則經濟決不能集中，中國的資本決不能充足。那是中國的人工決不能收到完善的效果，得充分的工資，則人民仍是一個貧苦的人民，國家仍是一個貧苦的國家。講到取自國內的，便是設立銀行，逐漸儲蓄起來，這是大家知道的，也不用我說得，所以我說『勞動果是神聖，資本也是神聖』。

評今日我國之講社會主義者

十一年三月十日在北京朝陽大學演講　萬鍾瑞筆記

今天承諸位請我來演講，覺得非常慚愧，不過姑妄言之，自己也不知對不對。

演講的題目，要極普通而有趣味的才好。今天所講的這個題目，乾燥無味，似乎不甚相宜，但是我想近來報紙上的文章，關於社會主義之討論者，汗牛充棟，讀之令人欽佩。但據我所見，以爲中國的現狀，對於經濟上之討論，固不可少；不過吾人民之痛苦不在工人受資本家之壓迫，而在軍閥之專橫。無論爲士爲農爲工爲商，靡不受其損失和侵害，所以現在亟待研究的問題，就是想一種什麼方法，可以對付軍閥，推倒軍閥。諸位要知道中國是沒有資本的，要是有資本，中國何至於窮到這樣地步；以致八校停課，發行九六公債等種種窮策。至於人民方面，稍有些積蓄的，大半拿去存在外國銀行裏邊，作外國人的資本去了。

茲逐條分說其理由如下：

（一）社會主義不是絕對不應研究的；但是目前的經濟問題，比這個尤其重要的還有。譬如上次程振基先生演講的幣制改良問題，就是一種。此外如公債問題，財政問題，銀行問題，運輸問題，國際貿易問題，關稅問題，銅元問題，金融問題，新銀團問題等等，都是亟待討論的；而社會主義的問題，不過其中的一種罷了。但是現在學者的著述，和報紙的記載，對於具體的經濟問題和政治問題，簡直略而不談。除了晏才傑君所著的公債論與北京銀行月刊所討論的各種問題外，眞是未之再見。

（二）現在談學問的人，非特思想極新，且亦志願甚大，此一層眞係好現象。不過其言論太偏於學理，不是論歐美，就是談馬克思，其實多看外國書籍，何嘗沒有益處。但是置本國切身利害於不顧，那却是不對的。我以爲研究經濟學的方法，可以分爲二種：

(A)統計學，會計學，保險學等，不外是用數字的計算法，那末無論中外，都是彼此相同的，就是專看外國書也就可以夠用了。

(B)貨幣學，銀行學，財政學等，已經是各國有各國的情形了；而談到社會主義，則尤其不相同。各國關於社會主義學說，雖是各有眞理，但是我們怎樣能夠不酌量自己國內的情形，而依樣畫葫蘆的去仿效他們；況且我們中國沒有那種程度，眞是不配去仿效他們呢。

(三)現在談社會主義的人，完全不考究事實。譬如說資本家虐待勞働者，必得知道某某工廠工人死傷多少，工作時間規定幾點鐘，賃銀多少，男女工人多少，並且他們的待遇如何，衛生如何，對於此種證據，既經調查確實，那末可以說某工廠是好，某工廠是不好。而今談社會主義者，動不動就是說勞働神聖，資本萬惡；其實他們又何嘗有證據呢。陳獨秀先生在新青年裏邊，曾論及湖南女工在上海工廠中受虐待的情形，處處都有確鑿的考證來證明，這種文章，令人非常佩服，實在未嘗看見過第二篇的。

(四)中國現在的富人致富的途徑，不外三種：(甲)由做官刮地皮而來的。民國以來的闊綽人物，大半屬之，諸君試看一看，上海交易所的發起人與董事，多是做過官的人。(乙)由應運而來的。歐戰期中，經營顏料錦的商人，因供求關係而居奇致富者。(丙)由投機而來的。自從交易所企業勃興，破產者固然不少，而因此致富者亦大不乏人。那末中國雖然有貧富的階級，但是這些富人，並不是像歐美資本家由絞取勞働者的血汗而自肥的了。吾國最富的人是督軍團，但其財產亦非盡取之於勞働者。

（五）據我的觀察，中國工廠裏邊的工人，他們的生活，較之普通一般的勞働者，總算強得多。據最近江南造船廠工人每天的賃銀列下。

機匠九角至二元，車匠七角至一元八角，汽匠八角至一元七角，模匠八角至一元六角，升火四角至六角。

又各地工廠規定之賃銀如下。

洋灰公司　唐山啓新分老廠新廠，每廠工人一千人，每月賃銀十七元至二十元。

紗廠　天津華新紡織公司，男女工人平均每天每人賃銀三角。

麵粉廠　上海福興資本一百萬，工人每天賃銀五角。

元豐同上。

我對於這種調查的材料很多，以上不過就每一種實業之中舉一個例罷了。照這樣看起來，他們較一般拉洋車的人，終日拿血汗換幾吊銅子者，其優劣何如。

（六）要增加勞働的能力須先普及教育及增加資本。譬如江南造船廠，總工程師每月薪資二千元，而此席必聘用外國人，這是因爲中國無此技術上的能力，固無須諱言。這樣看起來，要提高賃銀須有充分之學識與經驗，提高賃銀，又須增加資本。譬如我國木工解木，費盡許多氣力，而外國木工借重機器，每日所解之木百倍千倍於吾國，這豈不是增加資本的好舉例麼？又如上海有電車而北京沒有電車，但洋車的價錢反不及上海昂貴，這是什麽緣故呢？因爲上海地方有了電車交通更方便了，往來的人也因之加多了，有跳不慣電車的人，和往不通電車地方去的人都非去坐洋車不可。況上海工廠林立，需人甚殷，工資因而提高，所以增加資本去修電車，設工廠，而間接可以增加洋車夫的工資。那末要說資本增加，勞働就要倒霉，眞是完全沒有的事呢。

(七)要說工人們如何被虐待，如何受痛苦，也得區別爲某種職業某處地方，却不可一概而論的。譬如某埠的電車工人的賃銀不爲不優了，而他們每用種種神妙不測的舞弊方法，蒙蔽稽察員，去得不正當的利益。長江輪船上的水手，以及旅館銀行中的茶役，他們的賃銀都不在少，而長江水手，多不免於偸竊，總核他們每月的收入實數，簡直比我們在北京做教員的還好，那末我們可以說他們是被虐待受痛苦麽？

(八)中國無論貧富，都受軍閥之害。假使沒有軍閥，就可將軍餉的款項來辦些裨益社會的事業。譬如北方水災，直接由於黃河決口工程不修，卽間接的由於政府的收入和借款，都作了軍費，這是貧民受軍閥侵害的地方。又如幣制的改良，也因軍費浩繁，不克實行，匯兌上吃虧甚大，例如向英國定貨時，一兩銀可買九先令，及貨到時，一兩銀祇換三先令，商人損失達三倍或三倍以上，必至立時破產。去年上海天津之疋頭商，因此損失五六千萬。假使幣制改良，或用金本位制，或虛金本位制，則幣價變動，必不若是鉅烈，這不是富人亦受軍閥之害麽？又如去年上海的絲廠，國外銷路停滯，商人血本攸關，不得已而停工，這些工廠裏邊幾千幾萬的工人，都成了失業的遊民。同時日本絲業的情形也是一樣；但是他們的政府，出來維持，收買生絲，工廠得以不停——政府收買後，俟絲價好再行賣出——設當時中國政府，也有數百萬的款子拿出來，上海的工廠何至於停工，工人又何至於失業呢？現在的問題，非資本對勞働的問題，乃軍閥對國民的問題，由是觀之，欲使政府整頓財政，贊助實業，非除去軍閥不可。至於中國內地的富人，是住在貧民的中間。貧民又在匪盜的中間，富人平日施衣施粥，對於貧民，極端的救濟，因為盜匪來時，可以得他們的幫助去抵禦。試看一看各地的鄉團，都是富人出資，貧民出力，貧富間很有睦誼的，我們又何必來講社會主義去離間他們呢？又談到近來各地的兵禍蔓延，有資產者多不敢安心投資，以致實業凋敝，一般勞働者無處做工去維持他們的生計，當然是愈演愈窮了。試就杭州的例子來看，富家不可謂不多，但其活資不存在杭州的銀行與錢莊，多存在上海，無非是怕兵變搶刦的緣故。可知內亂與實業有重大關係，那末對於為內亂主因的軍閥，無論貧富，應該共同團結來對付他才是。

（九）中國勞働者生計困難的緣故，因為人數太多，分配就少了。那末要增加勞働者的收入，就應該增加資本，從事生產。例如甲工廠獲利一千元，資本與勞働兩股均分，則資本得五百元，勞働亦得五百元，不過勞働者人數太多，每人祗得五元（共一百人）。若同時再有乙工廠，則此時甲工廠中工人必有一半從事勞働於乙工廠，獲利也是一千元。此時甲乙兩工廠各有勞働者五十人，利益兩股均分，資本主仍得五百元，而甲乙兩工廠的勞働者，每人各得十元，可見資本從事於生產者多，則工資自然提高。所以說，勞働固是神聖，但一旦資本加多，勞働必定尤其神聖呢。（關於分配問題的研究，可參考 Clark 或 Carver 所著的 Distribution of Wealth 兩書）。

現在一般經濟學者研究將來勞働者與資本家衝突的結果，受其害者以中級社會的人為甚。因為中級社會的人，進款不多，而消費與上級社會差不多是相同的。譬如做銀行行員及做教員的，何嘗是資本家，然而他們的應酬闊綽，和資本家無異，一旦失業，簡直是不得了。再進一步說，人類慾望，也是有階級的，譬如坐汽車的坐了馬車，就覺得苦了，坐了洋車，就覺得更苦。所以勞働者並不以勞働爲苦，而我們中級社會失業，才是眞正的苦呢。現在應該最先解决的，就是叫有資本的人，拿資本出來去辦生產事業。譬如棉紗一項，每年由外洋輸入者值價247,000,000元。假使我們有了資本來辦這種生產事業，那末國家的漏巵，可以減少，一般勞働者及我們中級社會的人，都有職業可做，豈不是眞正的幸福麽?

(十)吾國目前的大患，非資本主義，乃武力主義。民國十年以來，兵連禍結，歲無寧日。揭而出之，則有辛亥之役，癸丑之役，洪憲之役，復辟之役，南北之役，直皖之役，與直湘直川之役，凡此不過舉其犖犖大者。他若黔蜀之爭，粵桂之戰，湖南之刼掠，陝西之騷擾，湖北之糜爛，其他各省之殘殺，皆足以擾亂治安，破壞金融。影響所及，商業衰落，實業不振，交通不能發達，教育不能普及，其結果富者轉貧，貧者愈貧，飢寒交迫，不得不流爲盜匪，或投身行伍，以爲苟延殘喘之計，兵匪並增，兵禍相循，且兵匪愈多，人民愈窮，人民愈窮，兵匪愈多，因果相循，靡有底止。或云人民之痛苦，由於資本主之橫暴，眞隔靴搔癢之談也。

銀行及交易所與社會之關係

十年四月一日在上海紗布交易所演講

近來吾國實業勃興，商務發達，大有一日千里之勢，於是銀行與交易所，均應時而起。不知者以爲交易所與賭場無異；銀行以利用別人之存款爲目的，詎不知此兩種機關，在此競爭劇烈之世界，爲社會所决不可少者。吾不敢謂交易所之中無人賭博，其理事與經紀人皆不舞弊者；吾亦不敢謂銀行之中，無一投機者；但其弊雖多，而其利亦甚大，利害相較，利大於害，此可斷言也。至銀行及交易所與社會之關係，則交易所爲社會之寒暑表，銀行爲社會之命脈。請詳細說明之。譬如戰爭開始，百業之中，首先受影響者，厥惟交易所，因交易所爲商人經紀人集合之公共市場，互易意見，互換智識，故消息靈捷。一旦戰事發生，交易所各種行市，遂受影響，物價與股票均跌落，其願買進者，不敢買進，而已買進者，設法賣出。於是買者愈少，而賣者愈多，物品證劵之價益落。若夫交易所以外之各種市價，如地皮市價，小菜場中之各種零賣物品之市價，於戰爭發生之時，皆不受何等影響。其先受者，厥惟交易所也。銀行一見交易所之行市向下跌落，對於放款，咸有戒心，決不敢多事放款，但此時銀根異常緊急，要求通融者必紛至沓來，銀行大有進退爲難之勢。然於此市面動搖之際，不得不謀自衞之計，於是對於信用素著之顧客，仍願放款，不過提高其放息；對於信用不著之顧客，則當謝絕。無論如何，於此市面恐慌之時，銀行放款漸漸縮小，已放出者設法收回，未放出者不敢輕放。去年吾國進出口貨皆呆滯不動，進口商如疋頭商，洋貨商等，均以先令驟縮關係，不敢出貨，錢莊銀行，均以其損失太大，不敢放款，以故一般進口商更無維持之希望；而進口業之沈寂，依然如故。可知商人不得銀行錢莊之援助，非特其新事業不能創設，卽其舊事業亦不能結束，而經濟界遂大受其累矣。由此觀之，世界一有擾亂，其影響先及於交易所，以交易所消息靈捷故也。銀行雖能自得各種消息，然對於交易所異常注意。（今日吾國交易所尚在幼稚時代，對於各業股票各種物品，尚無行市，故銀行與交易所之關係，不甚密切。但今日各銀行賣買公債票，悉聽交易所之行市。）一旦交易所行市暴落，銀行收縮放款，商人有貨而不能作押，向銀行借款，於是社會上之活資甚少，活資少則辦貨者亦少，而貨價必日益跌落也。今日之絲，茶，繭各業所以如是不振者，職是之故。反之，和平恢復之後，各國互相通商，經濟界漸呈活潑之氣象矣。數年之內，各業勃興，交易所各種股票漲價，銀行以股票漲價多事放款，市面活資增多，籌碼流通，於是有貨即有活資，有活資即可以辦新貨，貨價漲高，盈餘較大（價高始有盈餘），社會各級人民，咸喜形於色矣。此即銀行及交易所與社會之關係，可知銀行與交易所，在社會有一定之地位也。

批評普通人對於銀行與錢莊之心理 十年四月八日在上海紗布交易所演講

吾國南北大商埠之貿易，日益發達，往來交易，多以信用券爲媒介。其大焉者，以銀行本票支票與錢莊莊票等；其小焉者，則以鈔票。於是用之者，遂以爲空紙可以代現洋，其利百倍；且有人謂錢莊與銀行，不過一以虛換實之機關也。人以有價値的現洋存入於錢莊銀行，而錢莊與銀行乃以一片空紙付出，非以虛換實而何。杭州寧波紹興之錢莊，往往收現而不肯付現，付出之時，多憑劃賬。北京中交兩行停兌之後，票價幾跌至四折左右，凡此皆以虛換實之鐵證也云云。以上所述，足以表示吾國一般人民對於鈔票等之心理，吾今日在此演講，並非爲錢莊與銀行辯護，吾亦知其中有不就軌道而行者；但『以虛換實』四字，在表面上視之，似不無理由，一經研究，則有大謬不然者。請述其理由如下：

譬如上海先施公司向杭州緯成公司購辦各種綢緞，照中國商業上習慣，緯成將貨送出之後，即在賬上付先施之賬（假定五萬元），先施收到貨物之後，如查無錯誤，即在賬上收緯成之賬（亦係五萬元）。此款或由先施陸續付還，或由緯成將此數劃入別人之賬，或向先施發出一票（上票），囑其將此款之全部或一部交付於第三者甲。如所出之票爲卽期票，先施卽當照付，如係遠期票（假定出票日爲二月一日付款日爲三月一日），則甲不能立卽向先施取款；但甲因有急需不及待至三月一日故必設法另謀資金之通融。於是持此票向銀行要求通融，銀行知甲之信用極優，並知先施與緯成均係可靠之公司，遂將此票收下，一面派人持此票請先施照過；如先施無煩言，卽將此票買進，並由此票面額扣去二月一日至三月一日之利息，（如票額一萬元，年息一分二釐，則每月應扣一百元）此息扣去之後，尙餘九千九百元，或由甲悉數取出或由甲暫存於銀行，或取一半存一半均可。至甲之所以願將此數存於銀行者：（一）以甲信用銀行；（二）以甲可以免保管之煩防遺失之險；（三）藉此可以稍得存息。此種存款，謂之往來存款，甲可以隨時憑支票去取。銀行見其支票之時，必須先查其支票號碼，（譬如銀行發給甲之支票簿號碼自一號至一百號）復查其留存銀行之印鑑（圖章與簽字）是否與支票上之印鑑相符；又查其存款之數是否足以付支票上所開之數，如完全無缺，則可照付；否則將支票退還，並附以一紙片，說明退還之理由（如印鑑不符存款不足等）。由此觀之，以支票爲交換之媒介，危險極少；倘收受者（甲將支票給乙，乙爲收受者），以爲支票不足靠，則甲或乙可以向銀行請求保付，謂之保付支票。何謂保付？當甲或乙請求之時，銀行卽由甲之存款內，扣去支票上之數，另爲保存，以俟乙之來取。銀行對乙負完全之責任，將來付與不付，與甲無涉。查保付支票盛行於美國，吾國亦仿行之。保付卽承受，凡經銀行承受者，銀行必須負責。但保付支票雖甚可靠，然一旦遺失，則必掛失，手續甚繁，欲防危險，須劃兩橫線於支票面上，謂之劃線支票。盛行於英國，但不行於美國，中日兩國採用之。吾國洋商銀行，以英商銀行最爲有勢力，吾國銀行界之採用劃線支票者，亦意中事也。此種支票，非銀行不能代收，假令支票遺失或被盜竊，其拾得者與盜竊者不能親赴銀行取款，必委託銀行代收，如是則不難追究矣。劃線支票有兩種：其祗劃兩線者，謂之普通劃線支票；其於兩線之內，註明某某銀行者（例如中國銀行），謂之特別劃線支票。前者可以經任何銀行代收，後者必經指定之銀行代收，是後者較前者尤爲妥當。上海商界使用劃線支票者甚多，例如匯豐向華商銀行收款之時，先派人將應收單據送到華商銀行，送到之時，只將單據在櫃上一擲，並不交代清楚，萬一遺失，誰任其咎。但此種習慣行之已久，向無遺失者，何哉？則以送來單據，皆係劃線支票性質，即有遺失，亦無危險也。

以上所述，足以證明存款非皆係現洋存款，亦有由貼現放款而發生者，則所謂以虛換實者，不知其實（現洋）在何處，因其存入者，並非現洋也。一般普通人之心理，以爲存入者係現洋（實），取出者係紙票（虛），詎不知支票（紙票）由存款而來，存款可以由貼現放款而來，貼現放款由甲所持之票據而來。甲之票據，爲緯成公司所發出，經先施公司承認者。至緯成何以發出，先施何以承認，則以緯成有綢緞交易與先施，是票據從綢緞而來；苟無綢緞，則無票據，無貼現放款，無存款，無支票矣。是支票之來源在綢緞，綢緞是眞貨，支票爲眞貨之代表，豈能以虛物視之。由是觀之，一般普通人以爲實者，未必盡實，其以爲虛者，反是實物。

普通人以現洋爲實物，殊不知現洋不可以當食物，亦不可以當衣服；不過可以當交換之媒介耳。反之，綢緞可以製衣服，吾人之目的，並不在現洋，而在貨物（綢緞其一），不過用現洋以取之也。倘現洋爲實，則綢緞較現洋尤實，支票爲綢緞之代表，似較現洋爲實，豈得以虛物視之耶？總之，以虛換實四字，應改爲以實換實；不特此也，文票非特爲眞貨之代表，且用之亦無危險，即有危險，亦有預防之法（如保付與劃線）。

吾國貼現風氣雖未開，然銀行之中，亦有行之者；不過爲數甚少耳。一日吾與某錢莊經手談論貼現之業，一小時之久，彼云：上等票據（如先施綽成所出者），錢莊中亦願貼之；不過票面之數甚小耳云云。無論貼現之有無，鄙人所說，仍近於事實。譬如吾國銀行所做者，多係抵押放款。先施以綢緞押於銀行，銀行予以本票一紙。先施收到之後，即交與甲，甲復以之存入於銀行，作爲存款，可以用支票提取。是存入者，仍非現洋，而所用支票，仍根據於已抵押之綢緞，亦非虛物。

但有一事，吾人當注意：倘銀行與錢莊濫事放款（譬如收入之抵押品無價值），則眞正成爲虛物矣。此種銀行錢莊，吾人當力避之。

吾國商界與銀行界須注意於商業票據 十年四月十九日在上海紗布交易所演講

國內貿易與夫國際通商，其目的皆在乎有無相通，能織布者或不能種稻，能種稻者未必能織布，於是以布換米，交易起矣。既有交易，必有票據，故國無中西，時無古今，莫不有票據以爲流通受授之物。查票據共有兩大類，即期票與匯票是也。期票爲出票人所發出交與受票人（領款人），許以某某日付款者也。故期票之關係人，只有出票人（付款人）與受票人（領款人）兩方；例如錢莊之莊票，銀行之本票與鈔票，財政部發出之期票與夫繭行發出之期票，皆屬於此類。前四種之性質，諸君已知之；後一種之作用，恐有未知之者。當繭行收買繭子之時，洋元尚未解到，或已解到者不敷應用，故對於賣出之人發給一種票據，許以某某日照付，如鄉民對於繭行頗有信用，極願收受此期票之大概也。若夫滙票，則其關係人有三方；譬如乙欠甲洋一萬元，甲欠丙洋一萬元，甲卽可作成滙票一紙，囑乙將欠款一萬元悉數交付於丙。甲爲出票人，乙爲受票人，丙爲領款人；但此種票據發出之後，必須呈示於乙，請其承認（俗名照票），其所以請其承認者，蓋欲防甲之濫發票據也。譬如乙並未欠甲，或乙欠甲之數不及一萬元，則甲不得向乙發一萬元之票，倘不請乙承認，則甲可以濫發，危險甚矣。滙票一經乙承認之後，則變爲乙之期票，因乙允許按期付款也；（例如銀行之支票匯票，內地商人對於內地錢莊所發之三聯票，卽上票）皆屬於滙票一類。支票爲存款人所發出，令銀行（受票人）支付票上所開之數於第三者（領款人），如銀行不承認，（或因存數不足）則將支票退回，但一經承認，則必照付。若夫滙票（銀行所發），則爲甲地之銀行所發，令乙地之銀行（受票人）付款於第三者（領款人）；倘乙地之銀行不承認，亦不照付。若夫三聯票，則其作用與支票匯票等；譬如內地甲商與錢莊（乙）素有往來，甲商向別人收買貨物，不克卽刻出售，變爲現洋，以還貨價，故對於別人（賣貨者）發給一種三聯單，一紙交與別人，一紙送錢莊作爲通知書，一紙留存店內，備查。此種票據，卽係甲商命令錢莊（受票人）將面票所開之數於到期之日交付第三者（賣貨者）。此種票據，多係期票，於未到期之前，甲商已將貨物全部或一部買脫，以所收現洋交與錢莊，以備到期之日照數支付。

以上所述兩類票據，性質稍有不同，期票係屬允許性質，錢莊之莊票係錢莊自己允許於某日付款之票也。

匯票係屬命令性質，存款人發出之支票，係存戶命令銀行，於其存款內提取票上所開之數，交付於第三人之票也。支票面上所開者，爲『見票祈付洋若干元等』字樣。夫支票既係命令劵，則囑銀行見票卽付足矣，何必書一祈字，外國支票上，無此祈字，吾國人用此祈字者，則以表示謙遜之意也。

吾今日在此演講票據，因一般普通人對於票據，多不知其爲何物；且票據法迄未頒佈，可知政府中人，亦不知票據之種種作用，至票據法之所以不可緩者，尙有多少理由，容後詳細說明之。

綜觀以上所述，可知期票與匯票，非泰西各國所獨有者，吾國亦有之，其不同之處，不在期票匯票之有無，乃在期票匯票之種類。吾國期票，其在市面流通者，大半由錢莊與銀行發出，如莊票本票鈔票等類；其由商人發出而在市面流通者則不多見。錢莊之莊票（如上海之五日期七日期兩種）可以在銀行貼現，而商人所發出之期票，未見有在銀行貼現者。是出票人爲錢莊，銀行願許以貼現，如出票人爲商人，則不願；換言之，商人之信用，遠不及錢莊也。錢莊之信用所以優者，因莊票爲錢莊之第一債務，萬一錢莊倒閉，必須首先淸理莊票，況錢莊之東家，對於營業負無限之責任，故其信用較厚。若夫商人，則良莠不齊，往往有一二出空票者，故銀行不敢貼現。銀行對於商人既不敢貼現，則商人向銀行請求通融之時，惟有出於抵押放款之一途；但抵押放款，手續綦繁，期限較長，其運用遠不如貼現之活潑。故欲使商人與錢莊享同等之權利，必須注重於信用，尤須注意於道德。

今日在市面流通之期票，幾盡係錢莊與銀行所發出者，卽今日在市面流通之匯票，如支票銀行匯票等類，亦皆係向錢莊與銀行發出者。其向商人發出而在市面流通者，又不多見。譬如信用頗著之甲公司，向乙公司買綢，乙公司將貨送至甲公司，則乙公司爲債權人，甲公司爲債務人，乙公司可以向甲公司發出一匯票，令其付款於第三者。此種匯票係商人向商人發出（非向銀行發出）但以之求銀行貼現者甚少，而在市面流通者尤所罕見。夫以甲乙兩公司之信用向銀行貼現，銀行或不之許，其以錢莊之莊票向銀行貼現，銀行或不拒絕，豈甲乙兩公司之信用，不及一錢莊耶？推厥原因，則錢莊對於莊票極爲重視，而甲乙兩公司對於匯票肯重視與否，事前決不可必，此其大異也。由此觀之，欲使吾國銀行實行商業票據貼現，必先使商人注重於信用，尤須使商人重視票據。今日殷實之華商銀行，不敢對於商人做信用放款者，亦以防商人之不注重於信用耳。

外國之期票，其由商人發出者，多於由銀行發出者。外國之匯票，其向商人發出者，亦不少於向銀行發出者，可知商人與銀行雖不能立於平等之地位；然相差不遠；不過以向銀行發出之匯票，請他銀行貼現之時，其貼現率較低，向商人發出之匯票，其貼現率較高，可知銀行之信用，較商人稍高也。

今日中國商人買賣貨物，多以計賬爲憑；譬如甲商向乙商辦貨，乙商將貨送於甲商，在賬上即付甲商之賬，甲商收到貨物之後，即在賬上收乙商之賬，逐月攤還若干，然不還清，至端午節始將未結之賬付清，如不能付清則至中秋節再付。其在六七八三個月中所辦之貨，如有未清之賬，亦一併在中秋節收訖。無論如何，一屆年關，所有欠賬，必須清結，然亦有不能清結者。由此觀之，吾國商人互相往來，皆以計賬爲憑，債權人可以向債務人收賬，未聞有向債務人發一匯票屬其支付於第三者。故吾國商人，如有急需，只能向債務人收賬，不能作成一匯票，請債務人承認，又請銀行求貼現。但收賬極爲遲緩，而貼現可以隨時籌得資金，兩者孰得孰失，不言可知，故吾國商人時有周轉不靈之苦。聞今日之大公司，亦感收回成本之不便，（營業極爲發達，名譽亦極好，不過收賬微覺稍緩耳。）思有以速之，可知吾國之收賬方法，於商人極爲不便，苟能改收賬爲貼現，豈非商界之幸。但習慣如此，殊不易改革耳。美國亦有收賬之習慣，不過商人得以應收未收之賬作抵押，向銀行借款，（此種借款不甚普通，不過有行之者，）吾國無此辦法。由此觀之，吾國商人既不能貼現，又不能以未收之賬向銀行抵借，則不得不另行設法，於是有所謂抵押放款。但以貨作押，必設棧房，以公債票股票作抵押，則可靠者甚少。其有不動產者竟無從抵借，欲求資金之活潑，不亦戞戞乎難哉。故爲將來計，不可不改收賬爲貼現；或謂貼現之風氣未開，恐不易辦到云云。鄙意以爲苟商人能重視票據，如錢莊之重視莊票，則貼現之風氣不開而自開。從前上海市面上之紙幣，皆係外國銀行所發行者，近來日本銀行之兌換券幾絕跡於市，其餘外國銀行之兌換券亦不多覯。市上所有者，幾皆係中交兩行所發行者，可知苟銀行能注重信用，則用中交兩行鈔票之風氣不開而自開耳。鈔票如此，貼現豈能獨異；倘商人能重視票據，注重信用，則貼現爲當然之結果。

商業票據非特有益於商人，且亦爲銀行家所應注意者。蓋今日之信用券，以兌換券爲最普通，然照民國三年取締銀行紙幣條例，發行兌換券，必須有五成現洋五成公債，以爲準備；但於市面有急需之時，籌碼不足行用，欲使銀行多發兌換券，又受條例之束縛，決無伸縮之能力。故歐美日本各國兌換券之利益，在乎其有伸縮力，而其伸縮力則由商業票據得來。蓋於市面有急需之時，商業銀行可以票據向中央銀行重貼現，而中央銀行得以票據爲準備，增發兌換券，以濟市面之急。此卽商業票據之效用也，望吾國銀行家注意及之：

國鈔擠兌不合乎經濟原則

十年十一月十六日在北京大學演講

近來中交兩行忽有擠兌之問題發生，推厥原因，雖不一而足，然以某國人（並非日本人）欲推倒吾國之金融界領袖以實行其共管吾國財政之主張爲最大。某國人雖係吾國政府所任之官吏，而對於吾國之財政，屢欲乘機破壞。聞其上星期曾發一電，致某處屬員，囑其對於稅收不受中交鈔票，此消息傳出之後，一般無智識之庸人，遂驚惶萬狀，紛紛持票向中交兩行及兌換所兌現。於是一唱百和，以訛傳訛，釀成今日擠兌之風潮。某國人之行爲，固極卑鄙，吾國人之智識，未免太淺，以致易受人愚。今日演講之目的，在使人人知鈔票有自放自縮之能力，無所用其擠兌。請申述之。

國家銀行發行鈔票，約略述之，可分四層，說明之如下：

（一）鈔票如何發出；

（二）鈔票如何收回；

（三）現洋與鈔票之關係如何；

（四）國家銀行與全國之工商業相依爲命。

（一）鈔票如何發出　吾國上下人士對於鈔票之性質，頗有不甚明瞭者，或謂銀行庫存現洋不足，故發鈔票以代現洋，於是鈔票愈多，獲利愈大，而其利之大，在使一片空紙流通於社會，以代現洋也。此種談論，易動人聽；

但無根據。何以言之？夫銀行之鈔票，不能憑空而發出也，必其有商人或製造家向銀行借款以用之於生產之途，而後始能發行；否則縱欲強發，無人受領，請設例以明之。譬如某某米商，欲赴某處辦米，必帶鉅款前往，於是向銀行借款，以米為抵押，銀行於是發出鈔票，給與米商，米商以之付米價，付工資以及一切開銷。數日之間，此項鈔票，遂分散於四處，流通於社會，不知者以為此項鈔票係一片空紙，毫無價值，實則其所代表者為米。苟商人不向銀行借款以辦米，銀行何從而發行鈔票耶？由是觀之，鈔票為物質之代表，凡米布油煤各種日用之物，皆社會所必需之物，因其為社會所必需，故能滿足人類之慾望。（布能禦寒，米能充饑）以其能滿足人類之慾望，故其必有價值。由是觀之，鈔票所代表者，為有價值的物質也。物質存在，鈔票必無成為廢物之理。

（二）鈔票如何收回　鈔票既代表物質（財富）而發行，則必隨物質而收回；譬如前例之米商，向銀行借鈔票以辦米，俟米運至北京之後，始能陸續將米賣出，人民買米多用鈔票；故米商一面將米出售，一面將鈔票收回，待其積有成數，即送銀行以償還昔日之借款。而銀行一面取消借款，一面取消兌鈔票之義務，蓋鈔票已為發行之銀行收回矣。由是觀之，為正當營業所發行之鈔票，有自放自縮之能力，不必假手於現洋以收回之也。蓋鈔票所代表者並非現洋，乃社會自有史以來所生產之財富也。人類一日存在，財富一日不滅，而鈔票亦一日不失其價值；即無充分之現洋，亦無妨也。

（三）現洋與鈔票之關係如何　至此吾不得不將鈔票與現洋之關係說明之。或者問曰：『鈔票既為物質之代表，則以物質兌鈔足矣，何必為相當之現金準備以充兌鈔之用云云』。應之曰：鈔票因正當營業而發出；但商人營業，必有一定期限，今日買進之米三千包，決不能卽日出售，變爲現洋，必須經過一定時期（一月或三月不等）而後始能將米悉數出售，出售之後，方能償還銀行之借款。故商人向銀行借款，必訂立契約，訂明借款之期限（一月或三月不等），於借款未到期之前，銀行不能向商人收回。故銀行之資產（借款係銀行之資產）係有期限的，不能隨時收回；但銀行發出之鈔票係無期限的，凡持鈔票者，可以隨時持鈔向銀行兌現。銀行有要求卽付之義務，故吾國國鈔面上載有『見票卽付國幣幾元』等字樣，從可知銀行借出之款，不能隨時收回，而其因借款發出之鈔票，則不能不隨時兌現。既不能以借出之款隨時收回以兌鈔票，則不能不另設法以盡其要求卽付之義務。厥法維何？卽設現金準備以代借出之款，此現金準備之由來也。故現金準備，雖爲隨時兌現所必需，然非鈔票根據之所在。蓋鈔票之根據，在有價值的財富。苟假以時日，此種財富（如上例之米）可以悉數出售，借款可以收回，而鈔票自有自縮之能力（收回借款卽收回鈔票），無所用其現金也。今日所以必需用現洋以兌鈔票者，因商人不能將有價值的財富立刻出售，變爲現洋，以償還銀行之借款也。故今日吾人應注意之問題，並非現金多寡之問題，乃財富存在與保管之問題。倘京師秩序大亂，盜賊乘機而起，則有價值之財富，或變爲無價值的財富。房屋焚燬，土地跌價，卽有貨物，亦無人來買。於是有人將物產貶價出賣者，財富的價值因此大減，價值大減，鈔票之根據失矣。故徒有現金亦不足使鈔票不跌價，必使財富的價值不減方可。但欲使價值不減，必先維持秩序，欲維持秩序，必先停止擠兌。

（四）國家銀行與全國之工商業相依爲命　銀行爲工商業之輔助機關，苟無銀行，則前例之米商，必用自己之資本前往各鄉辦米。但中西各國之商人，其能用自己之資本以營業者幾何。吾國商人，往往以一萬元之資本而做十萬元生意者，全賴錢莊或銀行之援助耳。北方商人之辦雜糧皮毛與南方商人之辦絲繭茶棉，全賴銀行與錢莊之接濟耳；譬如甲商赴浙江採辦絲繭，即向銀行借用一款，如銀行對於甲商不甚有信用，則可由銀行派人同往浙江；所有款項悉歸銀行所派之人自管，俟貨辦到之後，即將貨運上海，擱入堆棧，以待西人來買。但西人何日來買，不能預料，或須待至二三月後，方能售脫。於貨物未售脫之前，甲必無還款之能力，如銀行急於收回放款，日日促其償還，則只有貶價出售之一法。貶價出售，甲商之損失甚巨，甲商如是，乙丙丁亦如是，破產之案層見疊出，而社會大受影響矣。甲乙丙丁既宣告破產，其與甲乙丙丁相往來之戊己庚辛，亦必受累。推而論之，彼與戊己庚辛相往來之子丑寅卯，亦不能不受其累。倘前例之甲商為絲廠，則絲廠或不能維持，其時絲廠謀生活之數萬男女工人，亦將失其依靠矣。如是一而十，十而百，百而千，社會上下各級，幾無一不蒙其害矣。彼外人欲以經濟的手段亡中國者，其方法即如此，而其結果亦如此。蓋以兵力滅國，易於覺察，以經濟亡國，則其道甚遠，不易窺破也。故智識甚高之外人，往往欲用之於智識薄弱之華人。今日之擠兌，其用意在此也。

以上所述，已足以證明擠兌之不合乎經濟原則；倘吾人必持票向銀行兌現，銀行為自衛計，只有收回放款之一法。但商人於未售貨之前，必無償還之能力，不得不貶價出售。於是破產之事發現矣，工廠倒閉矣，社會之秩序大亂矣。故為今日計，惟有停止擠兌之一法，况現金並非鈔票所代表者，倘能維持秩序，使財富的價值不減，則鈔票必無成為廢物之理。此種學說，係完全根據事實，吾願負完全的責任。不知彼欲推倒中交兩行者之學說如何，甚願聞之。

世界最大之國家銀行如何維持

十年十一月二十日在北京大學與北京法政專門學校演講

近來中交兩行發生擠兌風潮，就各方面之情形推測之，確有外人從中搗鬼，欲乘此太會開幕之際，將吾國金融界領袖推倒，以達其共管財政之目的。一般人民於不知不覺之中，遂墮其術中，紛紛持票向中交兌現。以爲鈔票爲現金之替代物，如持票請兌之時，銀行不克立付，顯係無力支付之明證。要知鈔票並非現金之替代品，乃係有價值的財富之代表。此層吾已於十一月十九日的晨報，新社會報，與京報詳細說明之。今日所欲討論者，即世界最大的國家銀行如何維持。今日文明各國，皆承認英蘭銀行爲最大的國家銀行。但其氣脈雖大，亦不難乘機推倒之。歐戰時代，英蘭銀行所以能保其地位者，全恃人民之愛護；否則早已倒閉矣。可知世界最大的國家銀行，尚有賴於人民之愛護，又況吾國在幼稚時代中之國家銀行乎？欲明英蘭銀行如何維持其地位，必先研究英國的銀行制度及發行制度，請申述之。

（一）英國的銀行制度　英國通商，大半皆憑票據。票據分爲期票與匯票兩種。譬如甲爲棉花商，賣棉花一千包於布商乙。交貨之時，乙必付款。但乙無現金支付，在中國則甲可以上乙之賬。在英國則不登賬，先以票據爲支付之具。或由甲商乙發出匯票，囑乙將款於一月或三月之後交與甲或第三者，如乙承認，即簽字於票面之上，到期乙必付現，此爲匯票。或由乙予甲一紙期票，應允一月或三月後付現，此爲期票。此兩種票據，在英美德法，均甚通行。但票據有一月或三月之期限，甲需款孔亟，不克久待，故必設法將票據變爲現金，以充營業之資金，遂持票向銀行貼現，貼現者，卽銀行買入票據之謂也。但銀行不必以現金付甲所貼之款，卽作爲甲之存款，以待甲隨時開支票來取，因此，支票盛行於英美兩國。

但票據之優劣，銀行無暇調查，於是有票據經紀人出焉，以調查票據介紹於銀行爲專職。前例甲商之匯票或期票，或可委託經紀人賣與銀行，經紀人所得之利，卽佣金。日後經紀人有鑒於貼現之利，願自己爲貼現之業，於是籌募資本，設立貼現店，如資本不足，則向銀行借用，以補其缺，此經紀人與貼現店之由來。

此外又有所謂承受店者，以承受票據爲專職。譬如前例之甲商，向乙發出匯票，請乙承認到期支付。乙承認之時，必須簽字於票上，倘甲對乙之簽字，不甚有信用，則乙可以請承受店代爲承認，承受店所得者亦係佣金，此承受店之由來也。

此外又有所謂合組銀行者，與吾國之商業銀行相同，資本充足，魄力極大，其最大者，足與中央銀行相頡頏，可知英國之金融機關，亦以分工爲要素。經紀人之介紹票據，貼現店之貼現，承受店之承受，合組銀行之爲各種銀行業，皆係分工之結果。英國之金融機關，所以爲世界各國之冠者，良有以也。

立於各種金融機關之上者，爲英蘭銀行。平時雖亦在市場中活動，以與商業銀行相競爭，然其唯一之職務，則爲免除各機關之困難。倘商業銀行與貼現店遭遇不幸，或市面稍呈杌楻不安之象，可以乞援於英蘭銀行，未有不得其援助者也。吾人稱中央銀行爲銀行之銀行者，卽以此也。由此觀之，於市面不穩之時，中央銀行所負之責任，實十倍百倍於普通銀行。如故意將中央銀行推倒（推倒甚易）全國金融界尚能維持於不敝乎？其依特金融界之工商界，豈不瀕於危險乎？故爲英國計，決不能使英蘭銀行之地位動搖。

（二）英國之發行制度　欲知英蘭銀行之地位如何維持，非先研究其發行制度不可。英國之鈔票發行權，於一八四四年已集中於中央銀行，自此以後，英蘭銀行所發之鈔票爲數甚巨，其中有一部份（一千八百四十五萬鎊）可以政府之借款與公債券作擔保，其在此數之上者，必須有相等之現金準備。如發行額爲七千八百四十五萬，則必有六千萬鎊之現金存於庫中，其一千八百四十五萬之差數，可以公債券抵之。因之英國之鈔票，毫無伸縮之能力。蓋欲多發，非有現金相抵不可也。由是觀之，英國之鈔票與現金無異，於是英蘭銀行以國鈔爲現金準備。但於恐慌之時，不易取得現金，即不能多發鈔票，現金準備不能增加，殊屬危險，故政府下令，暫時停止一八四四年之銀行條例，許中央銀行以證券準備之發行。（不必以現金相抵，以證券爲擔保足矣。）此其發行制之大凡也。

（三）國家銀行如何維持　明乎上述兩層，可以知國家銀行如何維持其地位矣。嘗如前例之甲商爲美商，乙商爲華商，美商向華商買絲，華商可以對美商發出匯票，但華商不信任美商，故美商必須先請美國銀行轉請英國承受店承受支付，始肯送貨。於是美商商之美國銀行，請其轉請英國承受店代爲美商承受，如有危險，美銀行願負責任，一面電知華商，請其將貨運至美國，並向英國承受店發出匯票（附以輪船之提單與保險單），華商得電後，即照此辦理，一面運貨，一面將匯票連同提單與保險單賫與香港之外國銀行（如匯豐），而匯豐即以三種單據郵寄英國之滙豐銀行請其轉呈於已經指定之承受店承受，承受店承受之後，對於滙豐銀行，負完全支付之責任。但滙票有期限（一月或三月）未到期之前，無支付之必要。承受店承受（簽字）之後此種滙票即可在市場中出售，貼現店合組銀行以及各外國銀行均願收買之。所貼之款，卽作爲存於合組銀行或貼現店之款，可以隨時支取，在銀行或貼現店方面當以買進之票據爲資產，以存款爲負債。

蓋票據到期，可以收回，屬於資產，存款須隨時支付，屬於負債。在英美兩國，存款多由貼現發生，不如吾國之以現金作存款也。貼現根據於票據，票據根據於眞正交易（如前例之中美貿易），故存款所代表者非現金，乃有價值的貨物也（如前例之絲）其性質與鈔票相同。

合組銀行與貼現店買進之票據，到期之時，必須向承受店支取現金，承受店有立刻支付之義務。但承受店不過代爲擔保而已，當負支付之責者爲美國，如美商到期不付現款，則承受店必自墊款，如爲數過巨，承受店惟有坐以待斃之一法。但美商係美國銀行所介紹者，在承平之時，自無到期不付之理，但在歐戰發生之後，各國通商，頓形停滯，美商應付之款，不能依期匯到，美商如此，德奧法意之商人，亦如此。故外國商人應付承受店之款，均不能依期送到，而合組銀行與貼現店所收買之票據，皆將到期，到期之時，必向承受店兌現，承受店一面有支付之責任，一面失其向外國商人索債之機會，已陷於破產之境，此承受店之兩難也。

承受店既陷於危險，而貼現店與合組銀行，亦未嘗不陷於危險，蓋承受店既無力支付，其買進之票據到期不能變爲現金，而其欠人之存款，則可以隨時來取。所謂我欠人者人將來取，人欠我者無法收回，豈能免倒閉之危險乎？此貼現店與合組銀行之困難也。合組銀行既不能向承受店取得現金，只有向顧客（借款者）追取現款，但顧客多係商人，大戰劇烈之時，商人卽有貨物亦無從脫售，自無還款之能力，倘銀行迫其還款。除宣告破產外，別無良策，此全國商人之困難也。在此情形之下，英國全國工商界已呈一種麻木不仁之現象，蓋承受店貼現店合組銀行與商人，皆缺乏支付之能力，已無活動之餘地。實業不振，商務停滯，國家之命運有如千鈞一髮，危險甚矣。在此之時，幸有英蘭銀行出而維持市面其對人曰，『各機關所收買之票據，到期不必向承受店要求付現，亦不必向商人追還欠款，可以將票轉賣於我，我願收買之，我應付之款，作爲存款，爾可以用支票來取云云』。此種消息傳出之後，承受店可以安然渡過難關，合組銀行與貼現店卽以買進之票據轉賣於英蘭銀行，作爲存於英蘭銀行之款。如有存戶來行提取存款，可以支票給之，令其向英蘭銀行支取，從前停止支付之困難，已免除矣。

合組銀行與貼現店既無困難，自無向商人追款之必要，於是商人亦不至宣告破產矣，全國工商界氣象又煥然一新，豈非中央銀行之賜乎？

至此吾當問中央銀行何以能當此重任乎？所有合組銀行與貼現店，對於存戶，均以中央銀行之支票予之，則所有付款之責任，均加於中央銀行身上，試問中央銀行何從而得此現款耶？中央銀行之準備金，多係國鈔，而其準備金，亦不過等於存款總額百分之四五十，倘存戶咸來提取，必無支付之能力，況其準備金以國鈔充之，而國鈔之擔保品，非盡係現金（見第二段）若存款來提取，可以國鈔予之，若再以國鈔來兌現，試問能否支付。非特準備金不足以應支付之急，卽準備金之全額，亦非盡係現金，倘於此時有搗亂派出而搗鬼，英蘭銀行可以立時推倒。但英蘭銀行何以有此膽量，願爲全國工商界負此重大責任，則有政府爲其後盾。政府向英蘭銀行曰，『爾放膽去做，有我在，爾不必躭憂，如有損失，政府願如數賠償云云。』但政府何以有此能力擔此重任，則以人民有納稅與買公債票之能力，換言之，中央銀行如有損失，當歸政府，政府一面增稅，一面發行公債，將所有損失推之於人民。如搗亂者爲人民，則最後負賠償之任者亦爲人民，則人民何苦而出此哉？此世界最大的國家銀行如何維持之秘訣也。

由是觀之，英蘭銀行在歐戰期內所以能維持其地位者，全賴人民之愛護心與責任心，無健全之人民，必無健全之國家銀行，可斷言也。當此吾國國家銀行受擠之時，深望全國同胞效英人之法，亦表示其愛護心與責任心斯可矣。

關餘與國鈔擠兌之關係

十年十二月在北京清華學校演講

本月十七十八兩日，中交鈔票忽有擠兌風潮發生。該時中行準備金集中於他處，一時不易調回，況北京中行，並未發行鈔票，市面上流通者，均係天津中行所發，故無準備金集中於北京之必要。但一般人均不知其眞相，多以爲北京中行所發紛紛向中行兌現，中行處於四面包圍之中，不能不設法兌換，以免墮其信用。爾時因滬漢現金，一時不易運到，遂向總稅務司安格聯交涉，請其由關餘項下撥還中交兩行爲內債基金所墊之款（約六七百萬）以充兌現之用。乃安氏謂關餘已經本年三月三日大總統命令撥充整理內債基金，此項擔保品已爲稅務司所簽字。萬一整理公債本息無着，則無以保持有內國債劵者之權利，如將關餘撥交兩行，試問將如何解除違背大總統命令之困難云云。安氏之主張，似屬持之有故，而其對於內國債權者之責任心，亦堪令人欽佩；不過在法律上似有不能成立之理，請申述之。

欲明此次與稅務司交涉之原委，不可不知整理內債之計劃。吾國內債，除三四兩年七年短期外，其餘皆爲社會所不甚信用。如元年公債，截至民國十年二月止，已發至一萬三千五百萬左右，其市價跌至二折以內；五年公債，其原額爲二千萬元，除已抽還一次外，尚有一千八百七十五萬左右未曾抽還，今日市價在三十餘元；八年七釐公債，原發行額爲三千四百萬元，原定自第六年起每年抽十五分之一，該時市價約二三折；此外尚有七年長期公債，原定自十八年起，抽籤還本，八釐軍需公債，原額爲七百三十七萬左右，除已抽還四百萬元外，尚餘三百三十七萬左右；愛國公債，原定額爲一百六十四萬左右，除已抽還外，尚餘末次應還本銀三十二萬六千餘元。

以上各種公債，或因抽籤之期尚遠，或因還本付息誤期，或因無切實之擔保，在市面上均不能爲社會所歡迎，即以之向著名銀行做押款，銀行亦不願收受。因之用途甚小，信用愈失，而價愈跌矣。若不早爲之圖，非特大不利於持有債劵者，亦且陷中央財政於愈不可收拾之境。爲政府計，爲人民計，不得不有以整理之。倘徒託空言，而不從根本上着想，則徒有整理之名而已。根本之法，在確定本息基金，按照三四年公債及七年短期公債辦法，認眞辦理，庶有切實成效之可期。蓋基金確定之後，還本付息，均不致如從前之誤期也。

此項本息基金額，定爲每年二千四百萬元，可以分爲兩筆：第一筆係以除出三四年公債及七年短期公債本息外所剩之鹽餘充之，如此數不足，則在鹽餘項下提撥，每年總數以一千四百萬元為度；第二筆係以由烟酒收入項下提出之數充之，每年總數以一千萬元為度，如烟酒收入不足此數，擬由交通部每月借撥五十萬元，將來即以烟酒整理後收入餘款償還。

基金成立之後，應歸何人保管一層，亦為整理公債辦法第九條所規定。此項基金，應照三四年及七年短期公債辦法，由各機關商定撥款手續撥交總稅務司安格聯。總稅務司收到各項基金應如數存入中國之銀行，以資應付；由是觀之，內債基金之保管處，必為中國之銀行，並非外國之銀行也。吾故曰：安氏之主張，無法律上之根據，況中交兩行，已為整理內債墊付六七百萬元，尤應如數撥還。安氏屢以債權者之保障為藉口，詎不知中交兩行所為者，比安氏更進一步矣。蓋安氏只知保障，而中交已實行墊付矣。

今日洋商銀行之勢力 十年十二月在北京清華學校演講

日前中交票擠兌風潮陡然發生，識者謂有外人從中搗鬼，證據確鑿，莫可掩飾。吾以為外人此舉，不但有損於中交兩行，亦且無益於洋商銀行。蓋華商自辦之銀行，多半存現款於洋商銀行，以備隨時提取。（上海市面上所用現款，有劃頭銀與匯劃銀之別。洋商銀行之款，可以即日支取，謂之劃頭銀。若夫錢莊之款，則隔日可取，謂之匯劃銀。因此華商銀行多存款於洋商銀行，以備即日提取或劃撥。）萬一中交倒閉，華銀團亦瀕於危險，不得不紛紛向洋商銀行提款，試問洋商銀行能應付裕如乎？苟不能焉，試問其能否維持於不敝乎？今日洋商銀行之勢力，遠不如昔日，此洋商銀行固不自知之。卽與華商銀行素少往來之華人，亦以爲華商銀行之信用，終不如洋商銀行之卓著，一旦謠諑繁興，或市面恐慌，遂紛紛向華商銀行提款，以轉存於洋商銀行，此種現象，屢見不鮮，此無他，實由於不知實情之所致也。吾故不憚費辭爲諸君一一陳述之。

（甲）前清末葉上海之外國銀行勢力極大，因該時吾國銀行寥寥無幾，且其勢力薄弱，不足與外國銀行相競爭。其勢力與外國銀行相等者，則爲吾國之錢莊。因吾國商人均與錢莊相往來，上海市面之安危，與錢業有密切關係，故每日商拆洋釐，均爲錢業所議定。至今日吾國銀行之勢力，雖日益澎漲，而定銀拆洋釐之權，尙在錢業手中，銀行惟有聽其行市而已。該時上海南市北市之錢莊，不下一百幾十家，魄力雖大，然有時亦依賴外國銀行之援助。於是有所謂拆票者，英文謂之 Chop loans。此項拆票，係外國銀行拆與錢莊之短期借款，大抵以二日爲期，與英美國之卽貨借款（Call loans）相類似。故該時之外國銀行，對於吾國錢莊，似立於中央銀行之地位，以後橡皮恐慌發生，吾國錢莊倒者，不知凡幾，大半皆係錢業之領袖。外國銀行，對於已經做出之拆票，不能到期收回，故從橡皮風潮以來，外國銀行不願再做拆票。不料吾國銀行，自民國以來，發達甚速，大有駕而上之之勢，今日之拆票，由吾國著名之銀行做出者，不在少數。此種接濟市面之責任，一轉而移之吾國銀行，責任既來，勢力隨之，直至今日，吾國銀行與錢莊日益發達，外國銀行勢力日薄，遂不得不仰求於吾國銀行。故今日之短期借款，非由外國銀行做與錢莊者，乃由吾國銀行與錢莊做與外國銀行者。借款之性質不變，而其方向適與前相反，可知外國銀行，已失其從前之地位矣。今日外國銀行，遠不如昔日者，此其一也。

（乙）從前吾國政界闊老，多以外國銀行爲可靠，所有現款，多爲其所吸收。不料歐戰時，日本取得青島，存於德華銀行之款，均不能提取政界中人，對於外國銀行，大失其信用。近來上海之費利賓銀行，因受外國貨幣買賣之損失，停止營業，此案迄未了結，數月之後，又有中法實業銀行之倒閉。吾國上下人士；從此多知外國銀行亦有不可靠者，紛紛將存款移存於華商銀行。上海之華商銀行，除中交兩行外，其著名者，有浙江興業，上海商業，浙江地方，金城，鹽業，中孚等，皆能博社會之信用，故其營業大有蒸蒸日上之勢。其放款之安全，辦事之認眞，殆與英美之大銀行無甚差異，因此吾國之銀行，聲勢日隆。近來吾國銀行團爲中法代兌鈔票之舉，尤足以增吾國銀行界之聲譽。査費利賓銀行倒閉之原因，在多做空頭，請設例以明之。譬如甲向乙買進美金，買價爲九十五（即上海規元一百兩買美金九十五元）訂明下月交貨，但乙賣出之時，並無美金，故必設法買進以相抵，否則冒極大之危險。故一面以九五賣與甲，一面卽以九五半向費利賓銀行買進，一買一賣，獲利半元（美金）所有危險，均由費利賓銀行負之。而費利賓以九五半賣出之時，亦無美金，但不肯做乙之方法，立刻補進，希冀下月交貨之時，再以低價（如九七，九八）買進，此謂之做空頭。不料金價步漲，直漲至七五或七六，於交貨之時，甲向乙取貨，乙必向費利賓取貨，而費利賓以金價太貴，無力補進，不得不宣告破產矣。

至中法實業銀行倒閉之原因，則在投資之不安全，傳聞在中國各分行實未虧損，徒以巴黎總行停閉之關係，亦竟聯帶停業。如以其所有資產抵償其負債，綽有餘裕，但在法國之債權人，擬將所有分行之資產負債通盤合算，將予我國債權人以一大不利。幸我國債權者多係存款人，皆稍有積蓄，卽受損失，亦不至大感痛苦。若夫鈔票則散佈於細民之間，一旦停兌，試問向誰申訴，其所受痛苦爲何如耶？我國銀行固有鑒於此，故出而維持，毅然代兌，始能解細民之倒懸。今日外國銀行之勢力遠不如昔日者，此其二也。

（丙）近來上海交易所與信託公司勃興，外國銀行之存款，大受影響。蓋存款者，或以存款購買交易所信託公司之股票，當其未開辦之時，此項股金，不必由外國銀行取出移交於交易所信託公司，只須在外國銀行帳簿上作一轉帳，由存戶之帳轉入交易所之帳足矣，故於存款無甚影響。及至今日，上海之交易所日多一日，已增至一百幾十家，上海市面，不免動搖，於是各交易所不得不提存款，以爲種種準備，首當其衝者，爲外國銀行。近來法領事有取締交易所之說，在表面視之，似從農商部之請，實則欲藉此以保護外國銀行之安全矣。從此可知外國銀行之內容，亦不甚穩固。今日外國銀行之勢力，遠不如昔日者，此其三也。

（丁）近來上海銀根奇緊，銀拆暗盤已漲至一兩或一兩以上，按上海錢業定例，日拆不得漲至七錢以上者，今竟漲至一兩五錢（每千兩拆息一兩五）則一年之拆息，必爲五百四十兩，年息在五分以上，不可謂不大矣。至拆息漲高之原因，雖不一而足，而其最大者，必爲進出口業之不振（交易所之浮與濫設亦一大原因）。何以言之？上海現銀，多由商人移至內地，以辦各種貨物，俟貨運至滬上後，則搬入堆棧，以待外人之來出貨，乃外人以外國市面不振，多不願出，於是堆積之貨，不得變爲活資，而固有之現洋，已流入內地矣。以故銀根日緊，金融界大起風波，中外銀行，咸受影響，而以外國銀行所受者爲尤甚。今日外國銀行之勢力，遠不如昔日者，此其四也。

（戊）從前上海通行之鈔票，皆係洋商銀行所發出者，而以匯豐之鈔票爲最多。該時此種鈔票，在人民眼中，幾與現洋無異，以後中交兩行之鈔票日益加多，遂侵入洋商銀行之範圍。自五四運動以來，日商銀行如正金台灣等之鈔票盡爲人民所拒絕，現幾絕迹於市場矣。匯豐鈔票，雖尚通行，然比較中交爲數無幾，此吾國銀行界之勝利也。至外國銀行少發鈔票之理由，言人人殊，約略言之，則有三端：（一）外國銀行有感於擠兌之不利，與假造鈔票之危險，不願多發，免受損失，此一說也。但此說不甚可信，蓋發行鈔票，既屬危險，何以新辦之中外銀行，皆向政府要求發行權。（二）外國銀行鈔票，只能在通商大埠流通，決不能流入於內地，其用途甚小，獲利有限，故不願多，此又一說也。但此說亦無根據，蓋十餘年前，外鈔盛行之時，亦未聞有外鈔流入內地爲內地商人所樂用者也。（三）吾國商界，對於外鈔之信用日減，而對於中交鈔之信用日堅，遂予中交鈔以一可乘之機會。上海各外國銀行對於他行鈔票，皆相互收用，如欲互換，則於營業時間終止後行之。譬如甲行所收之乙丙丁各行鈔票，可以整理清楚，持之向乙丙丁兌現，但丙丁並不給予現洋，仍以他行之票換之，如至乙行，乙行可以丙丁之票換自己之票，至丙行，而亦可以乙丁之鈔換之（以鈔換鈔，並非以現洋兌換）其結果不但不能兌現，並且以整齊之票換極不整齊之票（換進之票種類複雜），則何必多此一舉（此係上海某某等中外銀行收支主任所告我者）可知外國銀行之庫藏，並不十分充足，而知其內容者，對於外鈔大減信用，但外鈔減縮，與中交行發展之理由，尚不止此。洪憲時代，申漢中行不奉中央停兌之命令，照常兌現，大博社會之信用，至五四運動，日商銀行鈔票被吾人拒絕，竟絕迹於市場，中交鈔得乘隙侵入，遂有今日之結果。

中國之九大經濟問題

十一年一月在北京法政專門學校經濟學會演講

今日余之所欲言者，非世界經濟之大問題，而中國經濟之大問題也。法專與北大者，中國研究經濟之最高學府也，對於此等問題而不研究，則中國經濟之改良，何所恃乎？此余今日之所以將此等問題提出於諸君之前也。至於余所認爲經濟界之大問題者，其數有九，請得一一言之。

（一）外債　中國之國債，共計約三十萬萬，誠不可謂不多。但其中除二萬四千萬之內債外，所謂外債者，僅二十七八萬萬耳。此二十七八萬萬中，有鐵路借款十二三萬萬，此等借款，均有各鐵路爲抵押，無可憂慮之處，而在非鐵路借款之十五萬萬外債中，又有所謂英德洋款，俄法洋款，庚子賠款，善後借款等，皆有確實之擔保——關稅鹽稅等——亦無危險之可言。此等外債，若合鐵路借款而計算之，其數約二十五萬萬。由外債全額中除去此二十五萬萬，所餘者僅三萬萬耳。雖然，是三萬萬者，中國最困難之問題也。蓋此三萬萬之借款中，有無抵押者，有抵押不確實者，一旦期屆，其應付必均感困難無疑矣。然以中國之國債而論，較之他國尙屬不及，其必有法以整理之，自不待言。前者外人曾有中國行將破產之說，夫中國縱極困難，然以是三萬萬之外債，卽謂其將淪於破產，無乃一大笑話乎？至於整理之道，則不外籌相當之基金耳。以中國之現情而論，籌此基金，亦未嘗無策，若提高關稅，整頓烟酒稅，運動退還庚子賠款，均是也。

日前美國芝加哥借款到期，中國不能償還，迄於今日，猶無相當之辦法，此眞中國之危險而應謀所以救濟之者也。中國研究經濟學者，對於此等外債，若不預謀所以救濟之道，則此不能爲害之問題，或且終至於爲害，亦未可知矣。此經濟學會亟應研究之問題一也。

（二）內債　中國之內債，僅二萬四千萬耳。此二萬四千萬中，若三四兩年公債各二千四百萬元，國中因對德奧宣戰之故，兩國應得之庚子賠款，概行收回，今以爲三四兩年公債之擔保。夫庚子賠款之擔保，乃中國之關稅，今既以是爲擔保，是即以關稅爲擔保也。若七年短期公債——四千八百萬元——以延期賠款爲擔保，其擔保均甚確實。若元年公債，愛國公債，軍需公債，七年長期公債，八年七釐公債，九年金融公債，已經整理，以鹽餘一千四百萬及煙酒署與交通部擔任之一千萬，年共二千四百萬爲基金，故亦無慮。惟今後國家之財政困難，其仰給之途，不外借債，於是對於內債，亦不能不有相當之研究。此經濟學會亟應研究之問題二也。

（三）幣制　中國幣制不良，世人多能知之，然其改良之法，則至今猶未決定也。前者金琦博士主張中國應即採用虛金本位制；然余實不贊同。蓋所謂虛金本位制者，其準備金實存於國外。中國之與各國，乃對等之關係，非若印度之與英國也。以此之故，中國苟將準備金存於外國，一旦失和，不亦危乎？且以中國今日之情勢言之，中國之準備金若決定存於外國，則各強均勢之結果，必分散於各處。此不特須多額之準備金，且其危險，亦因之加大也。

此外有衞斯林者，主張鑄造等於庫平三分之一之金幣，以爲本位貨幣。鑄造之前，發行兌換券以吸收金貨，而在本國不兌現，以金貨存於外國，以爲對外匯兌之用。匯款至外國者，可以兌換券繳納，待將來金貨之款已足敷用，則改爲金本位制。此等主張，較有價值；惟以中國今日之情勢而論，政府之收入，鹽務署之徵稅，上海各銀行之出入，已均用袁頭洋爲本位。且其他各處，亦重視之。故已有統一之勢，何必另鑄等於庫平三分之一之金幣以統一之耶？

前者梁任公先生曾發表其對於幣制之意見，主張先將銀幣統一，然後再改爲金本位，余甚贊同之。今既有可以統一之勢，則愈易爲力，然其進行之若何，亦不可不有相當之籌畫。此經濟學會亟應研究之問題三也。

（四）銀行　我國之業銀行者，可以大別爲三：外國銀行，錢莊，華商銀行是也。彼等各有其勢力，而無聯絡，故易有恐慌。

外國銀行之勢力，已漸就衰頹。日前余已有所發表，今不再贅。至於錢莊與華商銀行之勢力，以現在之實際言之，似不分軒輊。但所謂華商銀行者，除北京，天津，上海，漢口外，殊無勢力之可言。且即京津滬漢之間，錢莊之勢力，固仍存在也。彼等以社會需要增加之故，不克供給，於是乃以低利向銀行借款，而以高利轉貸之於一般小商人。現在各銀行對於一般小商人之是否有信用，尚不能判別，故不敢直接與之往來。錢莊因之遂得左右於其間。經濟界之此等現象，不足以使企業發展。蓋低利之資金，非一般小商人所能得也。由是言之，中國之銀行業不欲發達則已，苟欲發達，勢非在內地多設銀行不可。在銀行問題之中，尚有一事須注意者：即中央銀行之整理也。我國之中國交通兩銀行，雖亦可謂之中央銀行，但其勢既分，氣魄因而薄弱，故不能盡中央銀行調劑金融之職務。兼之兩行並立，其利益時必相反。以如是之兩銀行擔負中央銀行之責任，此其不能收效，亦易明矣。至於今後救濟之道，余意以爲宜將兩行組織，仿日本之制，以中國銀行爲中央銀行，而專事對內，以交通銀行爲匯兌銀行，而專事對外（如日本之正金銀行），則事務既各有所不同，而分勢之弊，或可革乎。此經濟學會亟應研究之問題四也。

（五）國際貿易　國際之間，其貿易之結果，彼此必有支付，而兩用金國之貨幣不一，故時有差異（如英美然）因之商人之貿易，不能絕對的不因其高下而受損失；然此差異固屬有限，且亦現在國際間必有之事實，其關係尙不爲大。至於我國之對外貿易，則以金銀本位之不同，已多一金銀比例變動之危險，且上海之記賬，以貨幣之不統一，不得不用規元，於是各種銀幣與規元比例之變動，又時與商人以危險矣。由是言之，各國國際貿易之危險一，而我國國際貿易之危險三（匯兌上之漲落，金銀比例之變動，與夫銀兩與銀元比例之變動。）欲其發達，不亦難乎？前者疋頭商之因金鎊騰貴而破產者，其明證也。夫以正當之營業，而使之具投機之性質，其於商業之前途，必有不利明矣。且中外人之交易者，外人多不明中國市場情形，不得不使用買辦，而洋商與華商不能直接交易矣。此等買辦，常假報行市於雙方，而取其利。因是之故，市場行市因之時有不測之變動，而危險遂易於發生，故不可不有以改革之。此經濟學會亟應研究之問題五也。

（六）交易所　上海之交易所，已有百四十家。其已交之資本，共約五千萬元，然上海市場之上，實無若許之交易。故其資本不免無所用，遂相競而出於投機之一途。轉瞬年關一至，市面須用現金，股票因而跌價，必多歸於倒閉矣。交易所倒閉之結果，則與之有關之錢莊，必且因之而不能維持。錢莊不能維持，而銀行亦將受其累矣。余對於交易所已有論著發表，今日不必多談。此經濟學會亟應研究之問題六也。

（七）信託公司　上海之信託公司，已有十餘家。此等事業，完全出於理想。蓋彼等鑒於美國信託公司之發達，遂以上海亦有相當之希望也。然以余觀之，信託公司之在中國，斷無發達之理。美之信託公司，可以作不動產抵押放款，而中國之信託公司則不能。蓋中國之所謂不動產中，有有稅而無地者，判別之頗屬不易，一旦接收，則危險隨之矣。不動產之抵押，其接收既若是不易，則此等事業何能發達。上海之信託公司，其股票已有跌價者，由是推之，其必多歸於倒閉，實無疑義。此經濟學會亟應研究之問題七也。

（八）會計　中國所用之銀行簿記，簿册既多且不適用。其中有年寫一二筆者，實屬不經濟之至。又若收入傳票與支出傳票等，在銀行之出納上，實無必要。且因是之故，手續頗繁，美國銀行數分鐘可以竣事者，中國銀行竟需半點餘鐘，虛耗光陰，頗屬不值，故宜謀所以改革之。

夫美國銀行之辦事手續，不特此點較中國便利，出納與營業合而爲一（登賬與收付款項均歸一人辦理），其一例也。惟以中國現在之民情論之，苟採此法，則百弊叢生矣。故仍宜傚日本之制，使出納科與營業科分立，方不致演此等怪狀也。由此觀之，中國今日之制度，誠非盡善；然苟不分別而一律更易，亦非至當也。

又吾國商界所用之簿記，多係舊式，故無新式簿記之可言。其比商業簿記尤要者，爲成本會計。吾國大公司與大工廠之設成本會計者，實自商務印書館始。該館營業發達，但每年之贏益中，究係何種商品之所獲爲多，而每年耗費，究以何部爲最大，彼實不知。故於今後之計畫，究應從何方擴充，亦毫無把握。於是乃知成本會計之重要，而欲有以易之。現方聘楊端六先生爲之整理，夫楊氏者，中國今日稀有之經濟家也。經彼整理之後，則商務印書館將來之振興改革，可以瞭然矣。商務印書館爲吾國今日之模範公司，此次改革，必有可觀，深望他公司之步其後塵。此經濟學會亟應研究之問題八也。

（九）關稅問題　關稅有國定協定兩種。吾國關稅，完全係協定的，一切均須與各國商酌，得其許可，乃能實行。此非特進口稅如此，即出口稅亦然。夫協定稅率，猶可言也，至協定貨價，則不可解矣。按照一千八百五十八年之協定，原議每十年修改一次。今日之徵收，按當時物價值百抽五，現時物價大漲，彼時值一百元者，現已不止二百元，故所謂值百抽五者，一變而爲值百抽二・五矣。不特此也，吾國進出口稅，概爲渾一稅，各種貨物，無論其爲奢侈品，爲日用品，爲利益品（如書籍儀器等），一律課以值百抽五之稅，可謂不良極矣。此外尚有所謂子口半稅者，凡洋貨運至內地，無論運至何處，僅於進口正稅值百抽五之外，再納值百抽二・五之子口半稅，計共納百分之七成五，可以通行無阻，遇卡逢局，不必再納釐金。進口貨如是，出口貨亦如是也。若夫華商之運貨，其負擔之重，不可預知。吾國稅法之不公平，有如是者。此經濟學會亟應研究之問題九也。

一千四百萬鹽餘國庫劵之利息如何計算（十一年二月在北京大學演講）

徐光蓀筆記

政府財政困難，已達極點，際此年關，實不易過，乃有一千四百萬鹽餘國庫劵之發行；由內國銀行團承募，分二十個月還淸，每月攤還七十萬元。票額爲每張一萬元，無萬元以下者，按現在面價爲六八九，即每萬元劵一張，財部實收六千八百九十元，利息先扣在所餘之三千一百十元以內。此種庫劵，實爲財部之期票，向銀行團貼現者也。與平常商業票據貼現之性質相同，試問此國庫劵之利息如何計算？

我國市面上之計算法爲肚算，即在腦子上推算，甚不確實也。其利息每至逐漸增高，先後不等。余則算其每月之平均數。

例如某甲有洋一元，以月利三釐計算，現在爲正月初一，則至二月初一變爲一元零三分。試問二月初一之一元現在値多少？由比例式，推算如下：

$$1 : 1.03 :: x : 1$$

正月　二月

即 $1.03 : x = 1$

$$x = \frac{1}{1.03}$$

$$= .970874$$

故二月初一之一元，現在只値九角七分強。設表如下：

(1) 期間	(2) 1元之現在價値	(3) 1.03元之現在價値	(4) .03元之現在價値
五月一日	.888487	.915142	.026655
四月一日	.915142	.942596	.027454
三月一日	.942596	.970874	.028278
二月一日	.970874	1.000000	.029126
總値	3.717099	3.828612	.111513

又利上加利計算，現在一元，至三月一日將值多少？

$1·03 \times ·03 = ·0309$ 利息

再加本利

$1·03 + ·0309 = 1·0609$

此爲本利合計

故現在一元至三月初一值一元零六分零九毫。試問三月初一之一元，現在值多少？設爲比例式計算之如下：

$1 : 1.0609 :: x : 1$

正月　三月

$$即\ x = \frac{1}{1.0609}$$

$$= ·942596$$

故三月初一之一元，現在只值九角四分強。

1·0609爲1·03之平方卽 $(1·03)^2$

故三月之一元之現在價值，爲 $\frac{1}{(1.03)} = ·942596$。四月之一元之現在價值，爲 $\frac{1}{(1.03)^3} = ·915142$。五月之一元之現在價值，爲 $\frac{1}{(1.03)^4} = ·888487$。如甲表之(2)行所列。

銀行存款之零存整取，卽照此法計算。故甲表二月三月四月五月之各一元，其總值不能爲四元，只值三元七角一分七釐強。

二月初一之一元零三分，現在只值一元。三月初一之一元零三分，現在只值 ·970874。照此則四月者只值 ·942596，五月者只 ·915142。此爲甲表（3）行之數，與（2）行差一月之時，則數相同。其所以如此者，因二月之一元零三分，現在之值爲一元，則三月之一元零三分，其現在之值，卽等於二月之一元之現在價值也。故甲表（3）行之總數，不能爲 1.03 之四倍，只爲 3.828612 元。

甲表第四行之 ·03，卽（3）行減去（2）行之餘數。二月初一之 ·03 之現在價值，爲 ·029126，三月初一之現在價值，爲 ·028278，四月初一之現在價值，爲 ·027454，五月初一之現在價值，爲 ·026655。其總值爲 ·111513。此爲複貼現。因 $\frac{1}{(1.03)}$ 爲單貼現，則 $\frac{1}{(1.03)^2}$ 自爲複現貼。

甲表第三行之總值 3.828612 減去第二行之總值 3.717099，則得 ·111513。因爲 ·03 之來歷，卽 1.03 減 1 所得也。又（3）之四個數，與（2）行四個數，各各相減，將其餘數相加，亦得 ·111513。因爲兩總數相減之數，等於兩總數之各個數相減之和。例如有 4 減 3 及 4 減 2 兩數，若以總數相減，則爲 8 減 5 等於 3，若以兩個數先減，再以餘數相加，則爲 4 減 3 等於 1。又 4 減 2 爲 2，然後以 1 與 2 相加爲 3。故其兩者之結果相同也。

（3）行之四個數中，有三個數與（2）行之四個數中之三個數相同。則以同者相消，而以所餘之 1.000000 減 ·888487，亦得 ·111513。所以 ·111513 之複貼現，爲第三行之 1.000000 減第二行之 ·888487。3.717099 之來歷，爲以·03去除·111513之所得，卽爲比例式：

1 : ·03 : : 3 ·717099 : ·111513 今設 3.717099 爲 x，則 $x=\frac{\cdot 111513}{\cdot 03}$ •

若上述之算法能明白了解，則今日所問之問題亦易了解。例如一萬元之庫劵賣六千八百九十元，則與百元之賣六十八元九角者相等。現在有一千四百萬元，每月付七十萬元，與一萬元之每月付五百元，或百元之每月付五元者相等。

二月初一之五元，現在之值爲 5 乘 ·970874，等於 4.85437 元。三月之五元，現在所値爲 5 乘 ·942596，等於4.712980 元。今以二十個月計算。

二十個月之各五元之和，現在只值六十八元九角。

上述之3.717099，爲以·03去除·111513所得。但 ·111513之來歷，爲 1 減去 ·888487，故欲查出 ·111513，只要查出 ·888487之數卽可。此須看期限之多少以爲定，如爲四期，則 $\frac{1}{(1.03)^4}$ 等於 ·888487，$(1\cdot 03)^4$ 之算出，須看對數表。如此例所示，則須先於對數表中查1.03之數，而後乘 4，然後找出數目，去除 1 卽得。

例如以一元計算，分二十個月還淸，則爲 $\frac{1}{(1.03)^{20}}$ 查對數表，則爲 $\frac{1}{20\times \text{Log }1\cdot 03}$ = ·553675。從 1 減去 ·553675，等於 ·446325，以 ·03去除，則得 14.8775 元，此以一元計算也。現在爲 5 元，則以 5 乘之，得74.38 元。以月利三釐計算，一年之利息爲三分六釐，現在以月三利釐計，每百元須七十四元三角八分。但吾人所欲得者，爲六十八元九角。可知月利猶不僅二釐。

又以月利三釐半計算，則 $\frac{1}{(1.035)^{20}}$ 查對數表爲 ·522565。從 1 減去得 ·497435 用利率 ·035 一除，得 14.2124 元，再以 5 相乘得 71.06 元此數猶比68.9元大，可知月利猶不僅三釐半。

再以月利四釐計算，則 $(1.04)^{20}$ 查對數表爲·45638695，從1中減下得·54361305，以·04去除得 13.595326，再用 5 相乘，得 67.9516 元，此數則比 68.95 少一元。故月利不及四釐。

四釐與三釐半相差爲五毫，則差 3.11 元（71.06 與 67.95 相減）。可見差一毫，則所差者爲六角二分（5除3.11）67.95。可知國庫券之月利爲三釐八毫強，則以此計算爲年利四分六釐。利息如此之重，與歐美之市面利率相比，相去不知幾何矣！欲飲酖止渴，財政安得不陷於困難之境耶？

故此次國庫券利息之計算公式爲，$\frac{\frac{1}{(1.038)^{20}}}{\cdot 038}$

但 $\frac{1}{(1.038)^{20}}$ 須從對數表中找出，以省計算之時間。找出之後，從本一減，再用利率去除，卽得此以本一元并月利三釐八毫計算者也。

中國國際貿易之眞相

十一年三月在北京法政專門學校經濟學會演講

劉家鉘筆記

中國之國際貿易，若僅就其輸出與輸入之總額計之，則亦未始不可謂爲進步。當一八六四年之際，其總數僅爲一〇五三〇〇〇八七；至一九二〇年，其總數爲一三〇三八八一五三〇；前後五十七年之間，相差至十三倍之鉅，吾人自表面言之，雖欲否認其進步，亦難以措辭。然苟欲究其所以致此之故，及增加爲輸出抑輸入，則不徒使吾人失望，且難免陷於煩惱之境矣。蓋中國國際貿易總額之增加，非輸出增加而爲輸入增加，非英國式或英國式之輸入增加，乃中國式之輸入增加，換言之，此種之輸入增加，實足致中國於亡也。夫中國國際貿易之關係，既若是重大，則吾人之研究經濟學者，安可不詳析而碎剖之以示國人乎？吾人欲剖析此問題，不能不從學理與事實雙方觀察之。蓋捨學理而言事實，則事實之當否無由判；捨事實而言學理，則學理之眞僞無由明，兩者相依，不可偏廢也。今請本斯旨而說明之於次：

（A）學理　輸出與輸入非國家之所特有也，個人亦然。工人輸出其時間與勞力，爲其雇主服務；輸入俸薪或工資，以維持其生活。今以年入萬元之工人譬之，彼年輸出價値萬元之時間與勞力於雇主，而自己領受萬元之工資。然此工人之日常生活，年有五千元卽已足，故彼必將自其所得之萬元中直接輸入五千元以供日用，而其餘之五千元，則必以之存入銀行或投諸生利之途，而不輸入以存諸無可增殖之私囊。由是以推，此工人之輸出年爲萬元，而輸入年僅五千，兩者相較，輸出多於輸入者五千元。若以貿易上之術語言之，則謂之曰出超。設此工人年出超五千元，則以二十年計之，其餘款當爲十萬元；若再加以逐年之利子，則約可得十六七萬元。至是之後，此工人年長而血氣衰，累多而費用鉅，致其輸出僅及四千元，而輸入反增至七千元；以兩者相較，輸入多於輸出者三千元。若以貿易上術語言之，則謂之曰入超。夫入超之不利，略具常識，卽能言之；然此工人殊無憂也。蓋其二十年出超之積已至十六七萬，以年利一分計之，年可入一萬六七千元，以資彌補，固綽然有餘也。

余之瑣瑣與諸君言此，非爲諸君言日常生活之計，蓋以譬英國之國際貿易也。英國者，現世入超之國也，然未嘗損其富非徒不損其富也，其富且日增（在歐戰以前）諸君亦欲知其所以致此之由乎？蓋彼之在十八九世紀也，實爲出超之國，彼以之貸於德法諸國，而尤以美爲最。諸君必知美國鐵路遍於鄉僻，然其所以致此者，固全恃英國資金也。英國當前此出超之時，其資金不特以之貸於他國，且兼營保險而製商船，故今日雖爲入超，然貸款之利息，營業之所得，實足以彌補而有餘；此非余所譬工人之情事乎？亦卽余所謂之英國式輸入增加也。

中國之在今日，雖亦爲入超之國，然自南京條約成立後，與各國開始通商，迄於今日，其間之爲出超者，僅數年耳，而其所超又甚微，故無蓄積可資彌補。今之當國者，乃濫借外債以濟其窮；來日之困難，良足令人不寒而慄。今論者不察英之歷史，徒藉口於英之亦爲入超國以自慰；此眞可謂不揣其本而齊其末矣。

美國之在今日也，固爲出超之國，考其所以能致於出超者，實原於實業之發達。當其實業之未發達也，亦年爲入超，其所以彌補入超者，亦全恃債券。由此論之，中國之今日頗似美國之昔日。然吾人若詳究之，則美國昔日之所以爲入超而借債者，實爲謀實業發展之故；其借債既純爲實業，則不待今日，卽能推知其有今日而無所顧慮也。至中國今日之入超，雖亦恃借債彌補，然其用途非實業也，乃軍事也，轟然一發，則鉅萬之資已隨黑烟飛去矣。若是，則不待來日，亦能推知其困難之必甚於今日而不能無所憂也。此美國式之輸入增加之所以異於我國也。

（B）事實　中國國際貿易之眞相，不若英美式之安全，其學理上之根據，已略如上述，今請進而以中國之事實證明之。

中國之國際貿易，始於一八四二年南京條約成立之後，迄於清末，其間雖多爲入超，然尙有數年可稱爲例外者。自民國成立以來，迄於民國九年之間，則無年而不爲入超。至其逐年入超之數，則如左：

1912年（民國元年）	102,576,828
1913年（民國二年）	166,857,011
1914年（民國三年）	213,014,752
1915年（民國四年）	35,614,555
1916年（民國五年）	34,609,629
1917年（民國六年）	84,587,144
1918年（民國七年）	68,910,051
1919年（民國八年）	16,188,270
1920年（民國九年）	220,618,930
共計	942,977,170

由右之各數觀之，則民國四，五，六，七等年之貿易，雖仍爲入超，但其所超之額，較之民國元，二，三等年減少甚

巨。以吾人前之所論推之，入超既不利於我國，今竟能減少，豈非一可慶之事乎？然余對於斯言，實不敢贊同；蓋此數年減少之原因，非我國貿易有若何之進步，實以歐洲大戰，外貨之來者銳減耳。此等低減之勢，至民國八年而極。及至民國九年，則驟然增加，遠出戰前之上。今將八九兩年輸入輸出之總數開列於左，而比較之：

	輸入	輸出
1920年（民國九年）	762,250,230	541,631,300
1919年（民國八年）	646,997,681	630,809,411
差額	115,252,549	

由右表可知八九兩年相差之巨；至其驟增之原因，則約有四端：

（一）投機事業之勃興　當歐戰之時，銀價日昂，至民國八年猶然，而中國商人因之競往國外定貨。蓋其時之銀價，約高戰前三倍；例如戰前以銀一兩，僅易金幣三先令；八年則銀一兩可易金幣九先令。因是之故，以同等之銀數，可購三倍之商品；而以售於人也，復可照原價計算。蓋中國國內之消費者，因前後固以同等之銀數，購同等之貨物，不致感受痛苦也。中國商人以是而坐享厚利，故咸趨之。

中國商人之投機者衆，故外貨之來也多，此實爲入超增加之最大原因也。其後金價日昂，竟恢復舊日之價值，中國商人之前往訂貨者，至是遂以不能清償而破產矣。

（二）物價騰貴　因物價騰貴之故，則入口之貨量雖未增加，而其計算之價值必須增加。蓋價高一倍，則計算之價值自高一倍故也。

（三）戰後貿易恢復　此甚易知，不須詳述。由右所述三原因論之，則九年之較八年增加者，非盡中國國際貿易之發達可知矣。

自民國成立以來，中國之國際貿易，無一年不爲入超，已如前述。其所恃彌補者，厥爲借債，故今日苟復若是，則勢必有無力償還而淪於破產之時。然則謀所以救濟之者，實爲今日之急務。吾人專攻經濟，對此問題尤不能不注意也。至於救濟之道，以余意言之，可分積極的與消極的兩種。請分言之於次：

（甲）積極的　中國輸入之大宗，首推棉製品，年計值二四七〇〇〇〇〇〇元左右，以來自日本者居多，約當輸入總額十分之三。設以九年之入超二二〇，六一八，九三〇與棉製品輸入總額二四七，〇〇〇，〇〇〇比較，則棉製品輸入總額多於九年入超者爲二六，〇〇〇，〇〇〇有奇。設吾國對於棉製品能不仰給於外國，則雖入超最高之民國九年，亦可以一變而爲出超也。既已出超，則無所待於借債，而國家無危亡之虞，故曰實業足以救國也。

夫吾國人之欲以實業救國，計誠當矣，惟尚有宜注意者，即吾人當擇實業之關係最大者，而謀其所以發達之道；蓋成功速而著，非瑣瑣者可比也。以此論之，居今日而言實業救國者，捨整理棉紗等業將何由乎？

且以吾國之製棉較之日本之起棉，其便甚多，卽言其大者，亦有四焉：

(一)中國製棉，其原料可取給於本國；不若日本之仰給於外國。

(二)中國人工較日本人工賤。

(三)中國自製之品不須運輸卽可在中國市場銷售。

(四)中國自製之品不須繳納關稅。

有右述之四種原因，故中國自製之品，其成本必較外貨低廉；一旦發達，自可驅外貨於中國市場之外，一變而爲出超之國。

諸君尙有疑吾言而以爲不可企及者乎？請再以一事證之；中國之麪粉，昔亦爲入口大宗，近因吾國麪粉業發達，已一變昔日之輸入而爲輸出矣。夫麪粉業之可以至於是，吾人旣不能否認，則對於棉紗業之前途，又何疑乎？

中國棉紗業發達之結果，則中國國際貿易卽可一變而爲出超國，此其功效之偉大，良足令人驚異。然余視之，則其功效當不僅此，請以民國八年而論，是年入口之洋布約二萬萬疋，以每疋價洋十元計之，共值二十萬萬元；又是年入口之洋紗約五百八十萬包，以每包值洋一百六十元計之，共值九萬二千八百萬圓；二共約值三十萬萬元。中國困於國債，危殆已難言喩；然內外債之總額，亦僅三十萬萬元之國債，又何難言一舉而淸償之乎？由是觀之，苟能使實業發達，非特入超一變而爲出超，卽三十萬萬之國債問題亦將迎刃而解矣。

今之當國者，不咎己之無能，而徒事借債，乃每言吾人之偏於學理。不知余之所論，固根據於若輩之報告；故報告之事實，苟無錯誤，則余之所論不容懷疑。若輩苟能仍疑吾之言，則是自疑其報告之不實，而不能不自負其責也。

於此余附帶一言中國之關稅，以其與中國之國際貿易關係頗鉅也。此次華盛頓會議之結果，吾國關稅，第一步可實行值百抽五；第二步可值百抽七・五。我國之論此決議者，多欣欣然有喜色。以余之所見，則第一步之所謂實行值百抽五者，其結果無大關係；蓋於修改稅則委員會中中外人之根據必不一致，故中國委員之以為未至值百抽五者，各國委員將以為已值百抽五；如是爭議之結果，其所能增加者，確屬有限也。惟至第二步值百抽七・五時，則稅率既已增加，無論物價之若何，外人均不能有所藉口，故其結果，關稅之收入自可因之增加。只以最近中國之關稅收入計之，但抽百分之一，年可得一千四百萬兩；今加抽二・五之結果，其勢將可增收三千五百萬兩。苟至此時，則日本之業棉紗者，將發生甚大之恐慌；蓋其棉製品因加稅之故，成本過重，不能與中國競爭也。我國入口之棉紗粗者多來自日本。夫粗者為我國所能製，而細者則否，故異日增稅之結果，蒙其不利者，惟日本耳。雖然吾人尚須嚴防之也。蓋日本之業棉紗者，知此危險之終必實現，近已力謀所以維持之道。其維持之策，即來中國製造而以之售於中國。其計劃一旦實現，則前途中國製棉之各種便利，必與我共之矣。當是時也，以中國經濟之幼稚，資力之薄弱，技術之拙劣，則中國棉紗業欲不處於失敗之地位，尚可得乎？以是，吾人不可不謀所以抵制之道。本乎愛國之熱忱，積極的奮力整理棉紗業，消極的不售原料於日本工廠，不代日人作工，則或可挫其鋒乎？

（乙）消極的　中國輸入品之中，除棉製品等外，鴉片一項爲數亦鉅。此害人之毒物，吾人斷不能用積極的手段以抵制外人，當採消極的手段而絕對的禁止入口；苟能達此目的，則於中國國際貿易上或必發生良好之現象也。

上之所論，乃余對於實業足以救國之意見；至軍閥之足以亡國，請言之於次：

中國既年爲入超之國，則年欠外國若干萬，此等欠款，多由上海之華商銀行撥交上海之外國銀行。外國銀行之出入多用銀兩，故銀兩大部入外國銀行之手。外國銀行之得此，非即運回本國；蓋各國用金而不用銀，運回亦無可用也。以是，彼等收入之銀兩，盡以存於上海之外國銀行，是謂之存底。以乙卯年而論，各外國銀行之存底，計銀六千餘萬兩，而洋僅一千餘萬元，中國各銀行各錢莊之存底，計洋一千餘萬元，而銀則僅二百餘萬兩，較之外國各銀行，相去之鉅若是其大。夫中國之銀兩，既日流入於各國銀行之存底中，而外國各銀行復不以之運回本國，則數年之後，各外國銀行恐將無地以存之矣。且中國之銀兩非無限也，今逐年入超，逐年支付若干於各外國銀行，然終不覺中國市場缺乏銀兩，其故又何在？夫此實賴借債以爲救濟也。中國最近之借債，爲數甚鉅；今僅以日本而論，民國五六七三年之間，已共借一萬五千五百萬日金。中國之借日金，名雖以日金計算，實則並不以日金運來我國，且即運來，我國用銀而不用金，亦將無所用也。以是，中國之借日金，日本即電知其上海之正金，朝鮮，台灣各銀行，將其存底中之銀兩，撥給我國，我國逐年入超，銀兩逐年入於各國銀行，逐年借債，銀兩復逐年出於各外國銀行，此中國市場之上所以不覺銀兩之缺乏也。雖然，此一往復之間，而中國之債台又高數倍，一旦崩壞，不知將何以善其後也？

夫中國之借債苟爲國家之必要，則吾人雖多一重負擔，亦無可如何。然吾國之借債，多爲軍閥之爭鬬，故其一部以飽私囊，一部以購殺人之軍械。然則我國逐年之所以入超，軍械之輸入亦爲一大原因。吾人苟不謀救濟之道，則此日增不已之政治借款，雖實業振興，或將無以濟之，况以彼等之爭鬬，直接間接均足妨礙實業之進展乎？

十一年公債之市價如何計算（十一年雙十節演講）

各種公債之市價高低不一，同種公債之市價漲落靡定。推厥原因，則有下列五端：

(一)擔保之確實與否或發行者之信用如何；

(二)公債之週年利率若干；

(三)購公債者所要求之利率若干(例如公債利率週年八釐，但購買者欲求得年息一分六釐)；

(四)公債之期限若干年；

(五)公債抽籤還本時發行者應付之數若干(例如每一百元只付九十八元或付一百零二元)。

以上五項除第一項外，餘皆可以照數學公式計算其變更之程度。例如公債利率(第二項)高，市價亦高，利率低，市價亦低；反之購公債者要求之利率(第三項)高，市價必落，利率低，市價必漲。又公債分期還本之期限長，市價必落，期限短市價必漲。凡此諸端，皆爲一定原則所支配，一切變更，均可以推測之。惟第一項（擔保與信用）係一種心理作用，不可以數學推算之。以故擔保不確信用不優之公債，時有劇烈之漲落，適合投機者之心理。吾國公債除七年短期三四年公債外，皆屬之。歐戰前英美之中央公債，變動極微，易於計算，適合投資者之心理。蓋擔保確實信用優越，自無劇烈之漲落。其所以有極微之變動者，則以上述之第三項爲主因，不難一算卽得。故歐美之銀行，幾無不以投資會計（Accountancy in Investment）爲重要。（有譯此爲高等利息者，但不確切，因投資會計所包含者，不止高等利息一項也。）而在吾國，則反以爲無關重要。何以故？以吾國之公債，視擔保之確實與政府之信用以爲轉移（第一項），縱有極精細之計算，亦無所用也。

此次政府爲籌付中央緊急政費起見，頒佈十一年八釐短期公債條例，發行十一年八釐短期公債，以一千萬元爲額，年息八釐，每年付息兩次，債額用抽籤法分五年還淸，每年抽籤兩次，每次抽還十分之一。故第一次（十二年五月三十一日）應付之息爲四十萬元，應還之本爲一百萬元，合計一百四十萬元。第二次（十二年十一月三十日）應付之息爲三十六萬元（卽九百萬公債之半年息金）應還之本爲一百萬，合計爲一百三十六萬元。第三次爲一百三十二萬元，第四次爲一百二十八萬元，餘可類推。

此項公債與去年一千四百萬之鹽餘國庫券，稍有不同之處。去年之一四庫券，係分二十個月還淸，每月攤還七十萬。此次公債係分十次還淸，每半年爲一次，每次攤還一百萬元。此其不同者一。去年一四國庫券，並未附帶利率，此次公債則附帶週年八釐之利率。此其不同者二。去年一四庫券應付之利息，於發行時，預先扣去，此次公債，則每半年付息一次，此其不同者三（此爲最大之區別）。查一四庫券售價爲六八七，即萬元券一張，祇售六千八百七十元，所扣之利息，在三千一百三十元空額之內，此次十一年公債售價爲九折，一部分利息已先扣去，已在空額一折之內，其餘利息，則每半年隨本付清。查此項公債之利率，爲週年八釐，半年四釐，此外又加以先行扣去之一部分利息，則應募者實收之利息，必在八釐以上。今茲問題，卽欲將此超過八釐之實收利息，按照數學算出。

一四庫券之週年利息，已經鄙人算出，約在四分五六釐之間。全文登於今年一月下旬之京報，新社會報，晨報，一月一二三日之上海時事新報，及北京銀行月刊第二卷第二號專載欄內。其計算方法，與此稍有不同，請閱者參照可也。

十一年公債條例，規定還本付息之日期及數目如下：

年例	付息還本期	付息數	還本數	本息總數
第一年上半年	民國十二年五月三十一日	四十萬元	一百萬元	一百四十萬元
下半年	民國十二年十一月三十日	三十六萬元	一百萬元	一百三十六萬元
第二年上半年	民國十三年五月三十一日	三十二萬元	一百萬元	一百三十二萬元
下半年	又十一月三十日	二十八萬元	一百萬元	一百二十八萬元

第三年上半年	十四年五月三十一日	二十四萬元	同上	一百二十四萬元
下半年	十四年十一月三十日	二十萬元	一百萬元	一百二十萬元
第四年上半年	十五年五月三十一日	十六萬元	同上	一百十六萬元
下半年	又十一月三十日	十二萬元	同上	一百十二萬元
第五年上半年	十六年五月三十一日	八萬元	同上	一百〇八萬元
下半年	十六年十一月三十日	四萬元	同上	一百〇四萬元
		二百二十萬元	一千萬元	一千二百二十萬元

欲就上表所列之數目，計算十一年公債之實收利率，不可不先研究投資會計中之所謂『現值』。例如某甲以現洋一元貸與某乙，訂明年息一分，半年五釐，則半年之後本息合計有一元零五分之多。是今日一元，即半年後一元零五分之『現值』。蓋今日之本位幣一元，與半年後之本位幣一元，其值決不相等。欲使其相等，非加上半年之息金不可。現洋一元之值，與半年期期票一元之值亦不相等，欲使其相等只有二法：(一)在期票上加上半年之利息，使半年後之一元零五分，與今日之一元相等；(二)或由今日之現洋一元，扣去半年之利息五釐，即得九角五分二零（即 $\frac{1}{1\cdot05}=\cdot95238095$。是現洋一元扣去利息後祇得九角五分二零）。使今日之九角五分二零，與半年後期票一元之值相等從可知半年後之一元，在今日祇值九角五分二釐零，而此九角五分二釐

零之數，即半年後一元之『現值』也。此可以下列之比例式推得之。

今日		半年後		今日		半年後
1.00	:	1.05	:	x	:	1.00

$$x=\frac{1}{1.05}=\cdot95238095$$

半年後之一元，以年息一分（半年五釐）計算，今日只值九角五分二零，則半年後之一百四十萬元（此次公債第一次應付之本息）在今日只值一百三十三萬三千三百三十三元二角六（1400000×·95238095＝1333333.26）。

今日之一元，以五釐計算，半年之後，既可增至一元零五分，則一年之後，必可增至一元一角零二五（1.05×1.05＝1.1025）。可知一年後之一元一角零二五，在今日只值一元；換言之，今日之一元，即一年後一元一角零二五之『現值』也。

一年後一元一角零二五之現值，既爲一元，則一年後之一元，其現值必小於一元。可以下列比例式推得之。

今日		一年後		今日		一年後
1.00	:	1.1025	:	x	:	1.00

$$x=\frac{1}{1.1025}=\frac{1}{(1.05)^2}=\cdot9070294$$

一年後之一元，在今日祇值九角零七，則一年後之一百三十六萬（此次公債第二次應付之本息）在今日，祇值一百二十三萬三千五百五十九元九角八分 $(1360000\times.9070294=1233559.984)$。

一年半，二年，二年半，三年，三年半，四年，四年半及五年後一元之現值，均可按照上述之比例式推算得之如下：

一元之現值

（以年息一分計算）

半年後	$\frac{1}{1.05}=\cdot9523809$
一年後	$\frac{1}{(1.05)^2}=\cdot9070294$
一年半後	$\frac{\;}{(1.05)^3}=\cdot8638376$
二年後	$\frac{1}{(1.05)^4}=\cdot8227024$
二年半後	$\frac{1}{(1.05)^5}=\cdot7835261$
三年後	$\frac{1}{(1.05)^6}=\cdot7462154$
三年半後	$\frac{1}{(1.05)^7}=\cdot7106813$
四年後	$\frac{1}{(1.05)^8}=\cdot6768393$

四年半後 $\frac{1}{(1.05)^9}=\cdot 6446089$

五年後 $\frac{1}{(1.05)^{10}}=\cdot 6139132$

此次公債之利率，定爲週年八釐；但以九折發行，應募者實收之利率，必大於八釐。可用上列之一元現值計算表推得之如下：

十一年公債之現值（即市價）

（以年息一分計算）

第一次	1,400,000×·9523808＝1,333,333.260
第二次	1,360,000×·9070294＝1,233,559.984
第三次	1,320,000×·8638376＝1,140,265.632
第四次	1,280,000×·8227024＝1,053,059.072
第五次	1,240,000×·7835261＝971,572.364
第六次	1,200,000×·7462154＝895,458.480
第七次	1,160,000×·7106813＝824,390.308
第八次	1,120,000×·6768393＝758,060.016
第九次	1,080,000×·6446089＝696,177.612

第十次　1,040,000×·6139132＝　638,469.728

12,200,000　　　總數9,544,346.456

據右表，可知十一年公債一千萬元，連同息洋二百二十萬元，兩項合計共一千二百二十一萬元之『現値』爲九百五十四萬四千三百四十六元四角五分。以一千除之，即得萬元票一張之現値爲九千五百四十四元三角四分。故十一年公債之市價，以年息一分計算，爲九五四折，超過此次公債條例所規定之折頭（九折）可知應募者實收之利率，必在年息一分之上。茲再以年息一分二釐（半年六釐）計算如下：

十一年公債之現値（即市價）

以年息一分二釐計算

第一次　1,400,000×·9433962$\left(即\frac{1}{(1.06)}\right)$＝1,320,754.680

第二次　1,360,000×·8899964$\left(即\frac{1}{(1.06)^2}\right)$＝1,210,395.104

第三次　1,320,000×·8396192$\left(即\frac{1}{(1.06)^3}\right)$＝1,108,297.344

第四次　1,280,000×·7920936$\left(即\frac{1}{(1.06)^4}\right)$＝1,013,879.808

第五次　1,240,000×·7472581$\left(即\frac{1}{(1.06)^5}\right)$＝　926,600.044

第六次	1,200,000×·7049605	(卽$\frac{1}{(1.06)^{6}}$)=	845,952.600
第七次	1,160,000×·6650571	(卽$\frac{1}{(1.06)^{7}}$)=	771,766.236
第八次	1,120,000×·6274123	(卽$\frac{1}{(1.06)^{8}}$)=	702,701.776
第九次	1,080,000×·5918984	(卽$\frac{1}{(1.06)^{9}}$)=	639,250.272
第十次	1,040,000×·5583947	(卽$\frac{1}{(1.06)^{10}}$)=	580,730.488
	12,200,000		9,120,328.352

據右表，可知十一年公債之市價，以年息一分二釐計算，爲九一·二。比較公債條例所規定之折扣（九折），尙高出一·二。可知應募者實收之利息，必在一分二釐之上。約略計之，似在一分二釐五六左右（算法太繁，恕不登錄。）

聞財政部已以八八折出售，由原定之折扣（九扣）又扣去二元，其原因在第一次應付本息之期在明年五月三十一日，距今尙有八九個月，故於原定半年（六個月）利息之外，尙須扣去二三個月之利息。

創設農工銀行之必要 十一年十月在北京農工銀行講習所演講

今日鄙人至貴所講演，榮幸之至。講題爲創設『農工銀行之必要』。略述鄙人對於農工銀行之意見。

銀行制度在德，法，日等國，均爲有系統的組織。如日本現制，對外金融機關，則有正金銀行；國內上有中央銀行，下有商業銀行；如不動產抵押放款機關，則有勸業銀行，農工銀行，界限分明。如美國則只有國民銀行之一種，係商業銀行性質但兼做農工放款故無系統之可言。現今美國人士亦深知其制度之缺陷，擬即採取德國制度，逐漸改良。由此可見現在世界之趨勢，對於農工銀行已認爲有獨立之必要。吾人在生活上原有貧富之不同，業農工者多屬於貧窮之人，富人需用現金隨時均可向銀行要求放款，而貧乏之務農工業者，則大非易事。即如從前歐美工人對於資本家，均係個人自訂契約，認爲個人之自由，以爲與工黨無關，工黨亦不能加以干涉。現今此種心理已完全打破。因工人方面，多屬貧乏，如個人與資本家交涉，其結果必不能佔優勝。譬如勞動者個人，對於資本家要求勞銀之增加，及工作時間之減短，其結果必歸失敗，蓋其強弱不同也。現今工黨制度勃興，由個人行動，一變而爲團體行動，以團體而與資本家交涉，比較個人交涉多佔優勝。大勢所趨，既已如此，則創辦農工銀行，以救濟貧乏之農工業者，實爲必要之圖。蓋農工銀行成立以後，貧乏之農民均可至農工銀行借款，其便利於農民者，約有二點：（一）從前農工以個人名義，向資本家借款，頗爲不利；現在農工銀行以團體之名義向其借款，不致受資本家之欺凌，其利與工黨向資本家交涉所得之利相等；農工銀行借到之後，再行轉借與農工；（二）農工銀行爲信用團體，其借款條件，必較個人借款條件爲優。

農工銀行與商業銀行性質上實有不同之點，茲略舉其事實如下，於此可見農工銀行實有特設之必要。

（一）商業銀行之營業一方面爲資產，而一方面爲負債。其在負債方面者，如存款鈔票均完全屬於流動的，銀行負有要求即付之義務。是以商業銀行對於放款，均爲短期，萬不能延長期間至一年五年或十年之久。存款須隨時付出，放款即須隨時收進；否則即將無法應付，勢必致於停業。農工銀行之放款，均爲長期；如森林之經營，勢非十年或二十年不能收效，則對於此種放款，亦非有十年或二十年之期間不可，此專做短期放款之商業銀行所不能辦也。必須設立特種銀行，以當其任。創辦農工銀行之必要，此其一。法國農工銀行對於放款，有多至三十年或五十年之久者我國農工銀行條例，規定爲五年，三年，一年。此則就我國現時情形，特爲減短，將來農工業發達，需用長期放款之時，亦不能不增加年限也。

（二）價值之發生，學者主張不一，有主張價值乃勞動之結果，有主張價值由資本與勞動相合而成，有主張由心理發生者。其主張價值由勞動而生者，即謂茶杯一物，非經過製造之勞力，用泥土製成茶杯之型，再用火燒固，即不能成功。可見茶杯成爲一物，乃勞動之結果。故謂價值由勞動而生，但此說亦不確定。即如紹興酒，新者之價值與陳舊者不同，如吾人將新酒置於潮濕之地，存儲二三十年，其價值自然增高。此種增高之價值，原係時期之關係，與勞動無關。又謂價值係由資本與勞動合併而生者，即如桌子一物，若無資本購買木材，並用人工製造，亦不能發生價值。又謂價值之發生，完全由於個人之心理者，例如金剛石，在蒙古西藏等偏僻之處，可謂毫無用處。人之重視之者，係由於心理之結果，可謂價值乃由心理發生。學者對於價值之主張立論，雖有不同；但承認價值之存在則一。商業銀行，係就已成價值之生產物而經營之，即如棉花係有價值之物，甲有棉花賣之於乙，作爲棉紗，在乙則以棉花紡紗，即爲生產；但乙當時無款交付，必俟紗成之後，始能付款。在美國則由乙發行期票，交甲執收，期票上訂明何日付款，到期甲向乙取款。在英國則由甲發行匯票，令乙付款，無論期票與滙票，均有到期付款性質。甲若於到期之前，需用款項，卽可將滙票或期票至銀行貼現。銀行一面買進票據，一面予以現金或鈔票。我國期票及滙票制度，並未發達；如遇此種生意，則由乙將棉花存之貨棧，再向銀行作抵押借款，以借款所得之錢付甲。故英美有貼現，吾國則有抵押放款。總之各國辦法雖各有不同；但均係以有價値之棉花或棉紗作爲保證。棉花棉紗，均係已成之物，有已成之物（卽已有價値之物）以爲保證，商業銀行方肯投資。若夫農工銀行則不然。農工銀行放款之時，貨物尚未造成，無價値之可言；不過預料將來可以生產，先爲投資。其所爲者，乃超越於商業銀行以上之事。卽如農工銀行放款於農民，農民以之種稻；待播種之後，將來收穫生產物，是其物品之生產，當待諸將來，其在放款之時，並無生產物，更無價値之可言。由此點觀察，則知農工銀行比較商業銀行，責任尤爲重大煩難。若稻已成熟，販買至他處，方可向商業銀行押債，因此時之米已有價値也。由此可見農工銀行與商業銀行之目的不同，自應分別設立。創辦農工銀行之必要此其二。

（三）農工銀行以輔助農工事業之發達爲目的，非以專營利殖爲目的。至於商業銀行對於放款，如無利益可求，必不樂爲之。農工銀行制度，德法二國最爲完備，大約可分爲二種：一爲大規模之組織，可以發行公債票投資於墾植諸事，因銀行一時不能收入現金，故發行債票以資運轉；二爲小規模之組織，多由私人發起，由政府加以補助。法國小規模之組織，放款於農工有三種方法：一爲農工有聯合會，其會員借款，可自出一種票據，由保人保證簽字，再由聯合會保證簽字，則此票據已有三人之擔保，借款人可持向中央銀行之分支行貼現，以爲營業之用；二由儲蓄銀行以儲蓄金借給農工銀行，復由農工銀行轉借於農工業者；三由資本家捐集。現在我國對於長期放款，既辦不到，惟有短期放款爲較妥，此可以發行債券。大規模之組織所以不能適用於我國也。至於小規模之組織，與我國情形亦相鑿枘。

第一，中國尙無工商聯合會，又無健全之中央銀行，雖欲自出票據，誰肯爲之保證？即令有保證者，而無中央銀行，又向何處貼現耶？且如上海之先施公司，商務印書館等各大商業組織，尙無可以貼現之票據，況其他公司乎？第二，中國之儲蓄銀行，多做有獎儲蓄，其利率高至三四分；若借款於農工業，利率不過三四釐，安能棄其大而圖其小？第三，中國資本家極少，即有一二資本家，亦未必樂於捐助。故中國採用大規模之組織既不能，採用小規模之組織又不能，故我之意見，不如先由政府補助，助辦小規模之農工銀行，辦理有效，然後招集商股，必易成功。至於中國之商業銀行，不特在學理上不能兼辦農工銀行之事業，且在事實上亦不敢做農工銀行之放款。請申其說。從前上海有一銀行家，主張採用德國商業銀行兼營各種實業放款之辦法。殊不知德國之銀行，其資本類皆千數百萬，不必盡恃存款。乃以其資本之若干，充實業放款之用，亦無何種爲難之處，不致發生運用不靈之危險。中國之各銀行，大者三五百萬，其小者數十萬而已。資本既不多，存款來源又少。試問此區區之數，一經放作長期放款，能不受危險乎？此不能仿行德制之理由一也。且德國各銀行俱設有調查部，社會情況，調查詳確。中國最近雖有上海一二銀行設立之者，然而調查不易，恐難收良好之效果。此不能採用德制之理由二也。又德國各銀行設有技術部，放款之時，可派其技師一一查勘，對於農工業所欲舉辦之事業，某者可行，某者不可行，俱足以供可否放款之參考。中國各銀行並未設立此部，何由而查考之。此不能仿行德制之理由三也。由此觀之，德國商業銀行有此三種長處，當然可以兼辦實業銀行與農工銀行之業務；中國則不能。故愚之主張，商業銀行與農工銀行，應截然劃分。此在學理上不能兼辦之理由也。又中國各銀行因交通部車輛借款問題，尚未解決，南通之鹽墾借款，額定五百萬元，已付過三百萬，事業失敗，還款無望。上海造幣廠借款投資一百九十餘萬，尚不足半數。此種長期放款，現在均歸失敗，殷鑒不遠，以後商業銀行斷不敢再做長期放款之事業。此在事實上不能兼辦之理由也。創辦農工銀行之必要，此其三。

(四)中國內地近年以來，天災兵禍，民不聊生，於是內地現金，悉集於各商埠，投機之事頓熾。於是上海去年有一百四十餘交易所，釀成金融界極大之風潮。試一反觀內地，如河南之鄭州，江蘇之江陰，均為商業要區，乃銀行不敢在兩地設立分行，故現在吾國之銀行，均不敢深入內地，不得不集中於京津滬漢四處。其所吸收之現款太多，無從放出，不得不存入本埠之錢莊，謂之同業放款。錢莊乃以八九釐之息，向銀行借入，以一分四五貸出，從中得利，而經營實業者與銀行業者，中間相隔一層帳幕。錢莊乃得居中操縱，使兩者各不得發展其本能。上海如此，其他如漢口等處亦然。故欲使商業銀行赴內地兼辦農工銀行，決無此事。若欲令錢莊兼辦，又苦於取利太高。為今之計，非另設特種銀行不可。創辦農工銀行之必要，此其四。

以上所述，不過大概而已。因時間有限，不能多所陳述，即至此為止。尚望諸君批評指正！

馬克斯學說與李士特學說二者孰宜於中國

十一年五月在北京中國大學商學研究會演講

童蒙正　劉榮卿　筆記

今日所講者，爲馬克斯（Marx）學說與李士特（List）學說二者，孰宜於中國。然在未講之前，尙有所說明者，卽余對於此二學說並非抱極端之反對與主張，乃以中國之情形而爲比較之論耳。『評今日我國之講社會主義者，』余在朝大已講之矣。想諸君早已閱及，滬漢各報均有登載。夫馬氏學說，固有良善之處，惟在中國現在，非其時耳。中國所最切要解決之問題，乃在軍閥，而非資本家勞働問題也。蓋現時貧富皆受軍閥之害，非勞働者受資本家之害，證之事實，洵不誣也。上海，漢口，天津爲吾國之大商埠，而工廠無幾；餘如甘肅，新疆，陝西等處，一如古時閉關，謂之無資本可也。故現時與其談馬氏之學說，無寧研究李氏學說之爲愈也！

馬氏與李氏，均爲德人。馬氏之學說，乃根據於先哲亞當斯密。亞氏所倡之價值論有二（一）以效用爲準者，卽所謂 Value in use。物有效用，然後有價值；否則無之。但亞氏對此未加詳細研究，於是遂倡第二說，卽（二）所謂 Value in exchange 以交換而得價值者也。如此商品與彼商品，能以交換，蓋以其所費之勞動量相同，勞力愈多，價值愈大，是勞力爲價值之原因。後又覺此說之不足深信，乃倡生產費說，卽謂價值之原因，不在勞力而在生產費（Cost of production）。但生產費所包含者，不祇勞力；勞力之外，又有資本與土地二者，故亞氏之學說，頗多混雜，茫無系統。然後世經濟學者，卽主生產費說，而馬氏卽主勞力說也。兩派何者爲是，此在吾人之研究；惟僅以勞力爲決定價值，實不敢贊同者也。謂余不信，以例明之：（下列各例，先哲已舉之矣。）如釀出之新酒，其價本不甚貴，若陳至十年，則其價高倍，二十年，更倍之，時期愈長，其價愈大，豈有勞力加於其間哉？又如樹木之長大，卽可得若大之價值，此又何勞力之關係也？再如古今名畫，並非加何等之勞力，而其價甚高，此乃供求之關係耳。故以勞力爲價值之說，因理由之不足，而研究之者，亦愈少矣！

迨歐戰後，其說重興其所以興之原因，吾人亦不能不爲之研究。馬氏嘗有資本主義自殺政策之說，夫資本主義自殺政策者何？即謂現在實業發達，一切產業集營於公司，而公司換以股票，是昔日有形之產業，一變而爲一張紙片，一切權利，皆可以過度之方法轉移之。以此之故，主張共產者，謂若欲實行共產，惟在公司賬戶上劃之而已。手續異常簡便，如張某之戶可以劃入共產之戶是也。並無如昔時有物質上之產業移轉困難。此說一出，又兼歐戰後俄國之實行，世勢因之巨變，而馬氏社會主義之說，亦以之大勃興也。

中國現時，人人高唱馬克斯之學說，研究經濟學者論之，殆又可說而不識經濟學者亦如之。以余所知，學教育者，亦作高談闊論。即研究化學者，亦作此談，豈非可笑之甚乎？豈化學中亦有馬克斯者在耶？故此種研究，不但無益，反而有害，蓋其所識者皮膚之論耳，安能知其究竟也。讀報上幾篇社會主義之文，而即高談社會主義，比比然也。即研究經濟學者，又安能言之不慎乎？以其與貨幣財政國際貿易公司理財種種問題，均有密切之關係也。故欲眼光之放大，必先多讀經濟書籍；若僅一書以求，必爲此書所束縛。如讀一資本論，而不閱他書，則吾人之腦髓，必爲此資本論所束縛矣。而欲研究學術，行用於社會，宜乎難也。故欲免此弊，惟在多閱經濟書籍，否則，爲一書之奴隸也。

余非有所反對馬氏，亦非主張李氏；況自知學問不足，豈敢妄談？故今日演講之目的，無非欲使吾國學子，知有李氏之學說而已。以余之所知，馬氏良處固有，無奈中國非其時耳。蓋現時無論貧富，皆受軍閥之害，何能與美國資本家虐待勞工，同一而語哉？且中國之有資本者，皆係括地皮而來，並無虐待勞工情事，故最宜注意研究者，尚在目前切實之問題耳，無如一般學者，於社會主義連篇累牘，不按國內之情形，高談闊論，徒增社會之紛擾耳。故余謂李氏學說與中國現時情形實爲相近，馬氏之說較爲遠耳。李氏主張保護政策，欲提高關稅以施行之。茲請就李氏之學說與中國現時之情形，詳述之。（李氏所著之書，英人 Sloyad 已在一八八五年譯出，名爲 The National History of Political Economy）。

（一）內地稅之遍設　德國在一八〇〇年至一八四〇年，乃四分五裂之際，悉如中國現時之各省。關內釐卡遍設，即普魯士一邦亦有八十七處之多，且各邦之間，不相規定，我國現時，可莫不然。全國釐卡之數，凡七百餘處，其弊害之大不待言矣。茲不憚煩，述其分佈如下？

江蘇	五八
江西	四七
福建	四五
甘肅	四三
山西	四二
安徽	四二
浙江	四二

奉天	三四
河南	三二
湖南	三二
黑龍江	三一
陝西	三〇
廣東	二九
吉林	二七
湖北	二五
四川	二〇
直隸	一五
新疆	一一
山東	一〇

共計七百餘處，較之德國，尤爲甚矣。

(二)國境關稅之廢滯　德國當時，對於國境關稅，不甚注意，如禁口稅之類，均無規定；且極微薄。而內地釐卡，遍地皆設，故製造品輸入以夥，國內之商業，因之不振。現中國亦然，名爲值百抽五，實則值百抽三耳。且日用品奢侈品與違禁品，其征稅毫無區別。更有奇者，國內商人各地征收釐金，而外商因有子口半稅之設，加正稅之半，內地即可通行無阻，此無異於束繭自縛也。況陸路之運稅，竟以値百抽三征之，故其弊害之大，較德國爲尤甚也。

(三)企業家之要求　德國當時一般企業家，均請政府實行保護政策，蓋美國商發業達，輸入之貨甚多，國內實業，因之不振。故明此理者，無不力請政府施行，中國現時亦然。且德國當時要求者，以紗廠爲最有力，我國亦如是。可於民國八年進口之洋紗觀之，其數竟達五八〇萬包之多，如每包以一六〇元計算，則有九二〇兆元之譜；若中國能實行保護，則此數不致於流出矣。此其一。

世界現時之紗錠，共有一六〇，〇〇〇，〇〇〇之數，而英佔五七，〇〇〇，〇〇〇，美佔三七，〇〇〇，〇〇〇，印度佔六，〇〇〇，〇〇〇，日佔四，〇〇〇，〇〇〇，中國祇有二，〇〇〇，〇〇〇耳。而此二百萬之中，日美又佔六十萬，故中國僅有一百四十萬耳。爲數甚微，故欲振興，非保護不可！此其二。

是則我國企業家之要求保護，正與德相同也。

(四)商務上之統一　德國商務稅統一，較政治統一爲先，故先實行廢除內地稅。我國政治現雖不統一，而商務上則統一也。如全國銀行商會，其公會之設立，可以見之矣。故不統一者，乃少數之政客，而人民精神無二也。然德如何而統一內地稅耶？此亦所宜知也。考當時以各邦自行聯盟爲始，如一八二八年 Bavaria and Wurtemberg Prussia＋Hesse — Darmstadt 之聯盟是——定有一定之稅率。現時我國蘇省亦已行之矣。無論路途之遠近，水陸之利便，皆於入境出境時，加二成統捐，餘外概不收稅。外貨之進口出口亦然，斯甚爲便利者也。

故中國各省若能如蘇省之規定，則商務上之統一，不難立見矣。

由以上種種情形觀之，似與德國昔時，甚爲相同者也。故予謂與其談馬氏之學說，何如研究李氏學說之爲愈也。李氏之講保護政策，以當時英國商業大形發達，機器多而生產力大，組織極爲完備。德乃一弱小國耳，欲藉以防禦壓迫也。若與其爲並力之競爭，尤非國內實力充足不可！故李氏倡保護政策，直欲以抵制英耳。於此亦宜注意者，卽李氏之倡保護政策，乃其手段耳，非目的也。一旦國內實業發達，能與各國競爭，卽許其自由可耳。現在中國之情形，何異於是？用之乃爲一時之手段，非永久實行保護政策，惟視生產之競爭力如何而已。故於此方面察之，與德相同，似有實行之必要。然自他方觀之，其需要實更爲大也。玆請述之：

(一)德國當時，實業發達者，惟英耳。現時如英，如美，如日，如德，均甚強也。故實行保護政策，其需要自爲較大。

(二)德國之關稅，不受外人束縛，現中國受束無遺矣。如名爲值百抽五，實行只值百抽二三耳，現雖已訂定實行值百抽五，將來裁撤釐卡，只可抽一二·五，以爲此度，不得多抽，然德國均無此種規定也。是吾國保護之需要，殆爲明甚。

(三)德國並無門戶開放，而中國却有自請門戶開放者，使外人獲得利便之競爭。當時之開放，僅限於商業，今則工業亦開放矣。昔之開放，限有一定之商埠，今則內地均開放矣。其危險甚大！故欲實行保護政策，較之德國，尤爲難也。

由以上三點觀之，我國實行保護政策，實爲必要。惟以受種種之束縛，故行之較德爲難。亦惟其難，吾人研究李氏之學說，尤不可緩。雖不能得效於今日，然有人爲之提倡，斯影響亦甚大也。蓋今日商人，於國際上，時勢上，均甚注意，非如昔時之不問不聞者可比。如關稅雖值百抽五，將來裁撤釐金，則可值百抽一二·五，並允有自主權，使有人爲之提倡，致國人於覺悟，則收回關稅，又何難哉？

故余之贊成李氏學說，以其與中國情形相近；若研究馬氏學說者，能以全力切磋李氏之至理，則得益之多，不待言也。況現今之講社會主義者，皆係空談立論，並無確實之證據，如某工廠時間過多，某工廠生產力如何，某工廠虐待勞工，某工廠衞生如何，某工廠男女工人多少，種種悉未調查，又何從而知其有弊害也？關於此類之文，余所見者，惟陳獨秀先生一文耳，歷述湖南女工至滬工作種種苦情，甚爲詳盡；然未見有此第二文也。故與其空言妄論，何如不言之爲愈也。

且現在中國之情形，正如富者居中，貧者環於四面，而其外又有兵匪也。富者給衣食於貧人，而兵匪之來，尤賴貧人爲之保護，大有富人出資，貧人出力之勢，甚爲滿意者。乃研究社會主義者不察，必以貧富爲之分隔，以致兩相攻擊，吾不知彼等究屬何心也！中國現今貧富皆受軍閥之害，非勞働者受累於資本家，余已屢言之矣。茲不憚煩，請述吾國之有資本者。

吾國之資本家，約言之，概分三種：

（一）即括地皮而富者，此無容余述矣。中國人向以做官爲發財之器具，故現今之資本家即昔日之大官；昔時之大官，即現時各種公司之股東也。

(二)歐戰時，中國營顏料棉紗等業者，均驟發大財。

(三)現在交易所，甚爲發達，破產者固有，然發財者亦不少。

中國資本家之由來，既如上述；實則中國現時，尙無實業也。因政府之不良，多歸失敗，故余再三言之，非有所難於馬氏，實中國現在非其時耳！若以人人竭全力而鼓吹，斯甚爲危險者也。況中國所宜解決之事甚多，如貨幣改良問題，公債，交易所，國際貿易等等，均甚重要，又何暇空談馬氏之學說乎？

夫學術以研究爲主，如以余之論旨爲不合者，儘可批評；卽爾之立論爲不實者，余不得而批評之。蓋惟如是，眞理明，而利害切。若無理由以相評，徒以人之學說不相合，而不加以批評，則已失學者之天職矣。

余所論者已如上述，惟望諸君注意者，乃余非反對馬氏，亦非主張李氏，實以中國現時之情形，似李氏之學說較爲近耳。深望學者，研究爲之提倡也。蓋中國今日之問題，尤在如何發達營業，如何驅除軍閥，而非資本家與勞働者之問題也。

上海金融狀況

十一年二月在北京交通大學演講　　樓兆念　謝莊敬　筆記

中國金融之複雜，已達極點。以上海一埠而論，則有銀兩與銀元之分；而銀元復有江南，湖北，廣東，大淸，鷹洋，北洋，袁世凱之不同。各種銀元對於銀兩，各有行市，時時變化。後經中國銀行團竭力改良，始得將各種行市劃一。現在祇有一種行市，但非一定不變，今日爲七二，明日或爲七三，漲落無定時，登賬殊多障礙。故外人與中國交易，俱不依照銀元，而按規元計算也。

所謂規元者，並無實物，係以紋銀爲標準。紋銀成色爲一〇〇〇〇〇分之九四三四，普通以漕秤五十兩左右作一元寶。外國運來之長條銀，均須送至爐房鎔化，如遇成色不足時，即須提高成色使與紋銀相合。銀行如有銀條可以委託爐房代鎔，製成元寶；製出之後，非送至公估局審定成色不可。公估局上海僅有一家，破屋三間，汚穢不堪入目，而信用爲中國第一。其估法全憑經驗，一見即知其成色之高低，外人俱極信服。若元寶成色甚高，即須加上申水。比方漕秤五十兩重的元寶，公估局說要加上二兩七錢五，作爲五十二兩七錢五，此元寶即名二七元寶。再以九八除之，得五十四兩零，此即漕秤五十兩之元寶變爲五十四兩零之規元也。以九八除之者，係因從前南市荳商有九八荳規元之名。諒該時現銀缺乏，凡以現銀交易者可得一九八扣。隨後外人以其便於登記，乃沿用之。蓋以銀五十二兩與所加之申水，皆係一定之數，不能變更，不如銀元之時價各不相同也。大英租界爐房所製出之元寶，通常均稱之曰『夷場新』，其意即謂在外國租界所製出之新元寶也。外人進出款項俱用銀兩，其銀經公估局批過，無庸自行驗看，即照數轉賬。華人方面多用銀元。

至於銀元價值之所以有增漲者，雖係規元銀未廢之故，亦由於求過於供所致。比方絲茶上市，商人以現洋赴內地辦貨，市面銀元缺乏，市價因而增漲，『五四』時甚且漲至七八。七八者，即銀元一元值規元七錢八分，實則不能值此。故洋價常無定時，商業發益，大受影響。如商家買貨時，洋價跌落，賣貨時，洋價增漲；一進一出，損失殊非淺鮮。然此猶其小焉者，金銀漲落，於國際商業阻礙尤大。去年疋頭商因金銀漲落，損失不可計算。凡此皆因吾國貨幣未能統一有以致之。欲使貨幣統一，首當取消規元。吾對此問題，曾有意見發表，請參照民國十年上海銀行年報茲不贅述。

上海金融機關，可分別爲三種：一曰外國銀行；二曰華商銀行；三曰錢莊。三者各有各之門路，不相聯絡。大概外國銀行多賴國際滙兌；華商銀行多賴國內貿易；錢莊則以做信用放款爲多。

外國銀行，如滙豐代表英國，操縱國際滙兌。麥加利亦爲英商經營，勢力不及滙豐，而其生意甚穩健。他如日本之正金，台灣，朝鮮；與美之花旗，友華等，同爲上海有勢力之銀行。彼等有銀行公會，但僅爲議事機關，不能管轄，且各國之銀行，往往自相衝突。如日本之正金與朝鮮，法國之某行與某行，美國之某行與某行，暗潮甚烈，不知者常謂外國銀行有團結力，而華商銀行無團結力，殊屬非是。從前外國銀行頗有勢力，現在亦漸衰弱。蓋中交兩行近來亦發行鈔票，外國銀行所發出之鈔票，各錢莊持往兌現，反而給以雜種鈔票，祇以鈔代鈔，不肯以現兌鈔，大失社會信仰；此其衰弱之原因一。自中法，菲律賓兩行倒閉以後，國人多疑外國銀行亦不穩固，於是外國銀行之信用頓失；此其衰弱之原因二。近年各商人均以存於外國銀行之款，提出存於華商銀行，而開辦交易所；此其衰弱之原因三。

華商銀行所組織之銀行公會，入會者有二十一家，不入會者有二十五家；不入會之二十五家中有因交易所而設立者。另有一種中外合辦之雜種銀行，既不能入華商公會，又不能入洋商公會。此種銀行，在上海勢力甚小，不如在北京很出風頭。入華商銀行公會者大都穩固，不入會者亦不盡全靠不住。有信用甚好不願入公會者其中以新設立者爲多。尚有一種爲外國所未有之日夜銀行，交易頗稱發達。大戶人家之姨太太們，在外賭博虧空，從前得以金鋼鑽等寶貴物品隨時向當舖典質，有傷名譽(吾國向來輕視典押物品者)今日可以不必典質，向日夜銀行抵押足矣。非特無傷於名譽，亦且免當舖重利之盤剝，是亦中國新發明之一種事業也。

吾國銀行業，又有一種特色，即以分業爲銀行之名者，如鹽業銀行，棉業銀行，煤業銀行，茶業銀行，綢業銀行等，在外國可謂罕聞。

錢莊在上海甚夥，北市較南市爲多，勢力甚大，因其定日拆與洋釐也。從前錢莊常向外國銀行做拆票(Chop money)，其數將近二千餘萬，一旦外國銀行實行收回，可以制錢莊之死命，故外國銀行之勢力甚大。但自橡皮生意失敗以後，此項拆票不能收回，錢莊倒閉者甚多。現在外國銀行非有抵押品不與錢莊做拆票，目前情形，大都由華商銀行拆與錢莊，竟有由華商銀行拆與外國銀行者，此亦外國銀行勢力衰弱之又一原因也。錢莊亦有公會，所謂錢業匯劃總會，與外國之票據交換所同一性質。其會長頭腦頗新，很有規畫，本擬命各錢莊每年造一貸借對照表(Balance Sheet)，各錢莊俱以錢莊資本雖有定額，而東家之責任無有限制，對照表無從編製，不肯發表，遂未實行。今人多謂錢莊不善，不知錢莊之在中國，今日實萬不可少者。何以言之？蓋吾國之銀行，集中於京，津，滬，漢四處，不易到內地組織，不能吸收一般土財主之存款；而錢莊普及於全國，對於抵押，可以通融，但作信用放款，小商俱可來往；此即錢莊所以有存在之必要也。

太平洋會議與吾國關稅問題

十年十一月二十九日在北京中國大學演講

童蒙正筆記

關稅一項，在我國史上雖有五六十年之久，然仍爲今日一大問題。蓋受人之束縛，毫無自由之可言，此實外國之所無者，其缺點之大，不待言矣。現太平洋會議已開，我國雖提議請求修改，然欲達吾人之目的，實非易易。今略述我國關稅之缺點如左，然此亦不過歷指其大者而言也。

（一）中國爲完全協定稅制　關稅制度，大概不外四種：曰國定稅制；曰複稅關制；曰國定協定稅制；曰協定稅制；茲請述之。

（甲）國定稅制者，一國依其自由之意思，以訂定本國之稅制，不受他人牽制之謂也。如英國是。

（乙）複稅關制者，一稅目而設高低二種稅率之謂；其高低之標準，以視友邦而定。法蘭西西班牙行之。

（丙）國定協定稅制者，一國關稅，其一部分稅目爲國定，而限於有協定之必要者，則另約協定稅率，如日本是。

（丁）協定稅制者，一切之稅率，由國際之同意，以條約協定之之謂也，我國行之。

故我國欲行修改，非得各國之同意不可。甚至出口稅亦在協定之內；不但出口稅，即內地稅亦受協定。其受人束縛，已達極點。總之，我國關稅，乃片面協定稅制，毫無自由之可言，其在稅制地位之底，何可勝言！自江寧條約訂後，迄於今日，關稅之損失，計達二千兆兩之譜。

（二）中國多渾一稅　所謂渾一稅者，即各國所輸之貨物，不論其爲何類，均值百抽五征之。如江西之磁器，本爲我國之獨佔品，甚爲暢銷者也，及至日本磁器輸入，兩相競爭，因受影響。夫關稅多爲保護本國貨物之暢銷，防止外貨輸入之競爭者也。日本之輸入磁器，宜當重稅以遏之；然因協定之故，僅能值百抽五而已。再如奢侈品，禁止品嗎啡鴉片之類，我國宜高其稅以制其輸入焉而卒不可能。然爲我國之需要品如棉花種子之類，則當輕稅，以使其輸入但仍征之。而我國古畫寶貴之品亦不能如吾人之願，加重稅保護，以遏其輸出。且能與各國競爭之絲茶，其輸出亦征收之。如此而欲商業之發展，其可得乎？皆因與各國協定之故，以致不能自由而受此極大之損失也。

(三)稅則表區別太粗　稅則表區別之粗，昔日本亦然，今已訂改矣。其稅則表區別之細則，竟大別有六四七之多，而小別有一五五七之夥。蓋因實業發達，貨物種類繁多，不能不細別之也。中國在咸豐時，大別只一三，小別一七五，迨至民國，雖加細別，然大別僅有一七，小別七八九而已。較之日本，相差幾何？於英美又安能比哉！如紙一項，外國輸入甚夥，宜當爲之另別也；然幷歸之膠漆門。外國輸入之機器，近年亦爲不小，亦當另別也，而仍歸之洋鐵類。夫機器價格如何？功用如何？以價格高功用大之機器竟與比較賤廉之洋鐵，爲同一計算之征稅，此安得謂平？故細則表不能細定區別，亦爲損失之一大原因也。

(四)貨價亦須協定　在一八五八年，我國與英訂江寧條約，謂每十年修改一次。蓋貨價時有漲落，安能保其長久不變，如昔日一百元之貨物征抽五元，及今貨價騰漲，昔日一百元之貨物售至二百元矣，則抽十元，理所宜也。然僅能依前之價抽稅。如此，則所值百抽五者實際上只有二五矣。且尤有可奇者，如到一八六八年，偶而未改，則延至十年。若猶未改，依此續延。故民國七年海關稅率，尙與一八六八年同，抑又困難，而最可笑者卽雖每十年修改一次，而以批准條約爲始耶？抑或以稅則簽字爲始耶？皆未規定之也。故亦爲延遲之一原因。一八九八年，與日本訂約，知前之非，於是訂定從條約批准起，後至十年，擬欲同時修改，請之於英，時以爲未至。英允後，再商之日本，日本又謂已遲二年矣。受種困難，迄今未能修改。故以貨價而論，實無值百抽五也。即貨價以登岸而計，抑或以銷場而計，又無規定。故後有上海海關册之設。但管理海關册之人，又安知一一貨物之價；且因恐外商之反對，往往低價估之，故以海關册之計算，亦無值百抽五也。後政府感種種不便，於是設一財政部物價調查處於上海，以物價指數爲標準，其法甚善。若以後改稅能以此爲則，亦甚善也。故民國七年之舉，非修改條約，亦非增稅，乃欲實行眞正之值百抽五耳！

（五）子口稅之不公平　我國內地，遍設釐卡，如上海購物運京，途中征各處之釐金，以致商人不能預算，成本既無定，故往往少敢爲之。外商感受如此之痛苦，故有子口稅之設，即加正稅之半，內地可通行無阻。此子口二五，即代表內地一切釐金也。然本國之貨物，不能享此利益，故商人受各處釐金之負擔，因之不能與外貨競爭，此無異於作繭自縛也。如四川運貨至上海，途中征各處之釐金，及落地稅等，假定須二七・五之數。而外商有子口稅，即將吾國原料輸出征七・五，再由其國製造後，輸入征七・五，合計不過十五而已。兩者相較，其差幾何？外商得益又幾何？且子口稅本僅代釐金者也，而他項之稅不在內，後愈行愈雜，竟將一切之稅，盡包含之，其範圍愈廣大也。故我國商人因此之故，往往假外人之旗運送，以免釐金之重征，然假外人之旗，必須報酬，故有免餘之錢，兩人分約之，舉商人道德之墮落，因此不堪設想矣。

(六)陸路關稅　此亦甚爲不平者也。昔俄商因外蒙陸路交通之不便，又征重稅，於營業上多受損失，故要求我政府減輕三分之一值百抽三・三三，後經允可，然日英法各國亦有同樣之要求矣。日以朝鮮爲言，法以安南爲詞，英亦以緬甸爲藉口，故又不能不允之矣。今東三省與朝鮮之運送，仍照此約援之昔日尚可，今則交通便利，當宜修改矣，

(七)四國新約　此最爲吾人所注意者，四國者，即英，美，日，葡，是也。光緒二十八年時，協訂此約，以值百抽五，改爲值百抽一二・五，但以裁廢釐金爲條件，而改征銷產出廠之稅以充之。

故太平洋會議，我國提議修改關稅，即欲實行其值百抽一二・五而已。若欲與英，日，美，之相等，斷乎其不能也。此因我國自與各國協定之故，並無若何之脅迫，即欲提議改訂，奈無詞以辦也。獨恨我國昔時，無此等人才，而訂此自束之約，現國人均高唱撤郵，收回領事裁判權等等之奢望，吾恐徒託空言也。

現所望者，即無約國之關稅是也。民國六年時，對於無約國雖有國定稅制之議，然終未能實行。如德與我宣戰後，以前一切條約均歸無效，亦無約國也。今年復和，重訂關稅，宜定國定制矣；然不但不能，且條約有照前四國新約辦理之詞，此即大失良好之機會。以後無約國與我訂稅，要求以德爲先例，而吾又何法以對待耶？諸如此類之缺點，亦不能細述，推想之即足知其梗概；故有人謂我國修改關稅，最善之法，莫如收各國所定之稅率全體訂改；然此斷難辦到。退步之辦法，惟有實行值百抽一二・五，並無約國，實行國定稅制而已。若再不能，則貨價歸由自定，吾恐亦非易成，然此問題，實爲最切要者也，希望諸君詳加研究。吾謂欲改訂關稅，非國內政治修明不可，內

政修明，方能與外抗爭，欲政治修明，是在諸君之責，改良關稅，亦惟諸君是賴。日本昔日亦然，後內政良，而關稅得有今日，諸君共勉焉！

裁釐加稅問題

十一年十月在天津南開大學演講

鄒宗善 劉熾晶筆記

今天講的題目，是現在中國最要緊的問題——關稅問題——內的一部分。此題是什麽？就是『裁釐加稅問題』。這個問題爲何要緊呢？吾可按步來說。

(甲)釐金的來路　中國本無釐金的稅則。洪楊之亂，我國政府的收入不足，雷以鍼遂想出釐金的辦法來，按釐就是百分之一。江蘇揚州仙女廟，是倡行釐金的地方，以後各省都倣行。因中央政府沒有統一的政策，所以辦法就不統一了。

(乙)釐金的種類　釐金的範圍很大，名目亦多，今分類略引幾類如下：

(一)統捐　徵收一次，就不在各站(Station)徵了。

(二)銷產稅　在生產地徵收一次，又在銷產地徵收一次(Levy Tax on Production and Consumption)。此稅的性質比統捐強，吾國東三省原有之捐，現在已改爲銷產稅了。

(三)認捐　製造商因爲在各站收稅實在煩瑣，自赴捐稅處一次認捐，所以叫作認捐。

(四)包捐　如與本業無關之人，而與捐稅處訂認捐之條件者，則爲包捐。今日之酒捐，鹽捐等亦用之。

(五)落地稅　凡商品之運入內地，而並不載入海關所給之內地運照至目的地時，應納落地捐。

(六)餉捐　此種捐就是釐金的替身，如同某省軍費不支的時候，商人就捐出稅來作軍餉用，所以就叫餉捐。

(七)山海捐　山中的出產稅，卽斂自山海出品之稅項也。

(丙)釐金不可不裁的理由

(一)財政上的關係　釐金的收入，被經收人中飽了很多，政府實行收到的很少。釐金實無益於中國。

(二)經濟上的關係　釐金制度不統一，不平允，無一定時間，無一定地方，此制不合經濟原則——亞當斯密的稅則四律(Adams Smith's Four Canons of Taxation)。

(三)道德上的關係　釐金最不公平，不確當，大商倚仗勢力就可漏稅，小商就逃不開了。

從前受釐金毒害的僅僅是中國人，爲什麼僅是中國人受害呢？因爲外國商人僅在進口時繳子口半稅，繳稅以後，就可以隨便到內地去了。中國商人沒有這種利益，於是就高掛洋旗，爲的是披一張虎皮就可以漏稅了。中國稅局漸漸明白此事，所以就派監察員檢驗，自從有了檢驗以後，商品不能按時到地，商品損失甚大，外國人就要求裁釐了。

光緒二十八年馬凱條約規定中政府須將釐金裁去(子口半稅當然亦去)，關稅按百抽十二·五。

此後中美日亦有此項商定(是法律上亦有根據)。

（丁）釐金現在仍不能裁的理由

統看上述釐金本無益中國，無益商人，並且外人亦要求裁去，爲什麽到現在還不裁去呢？說到此處，吾要提出他的總原因就是：『不容易實行裁釐加稅』。裁釐加稅，爲什麽不能實行呢？理由如左：

（一）吾國政府提議先加稅後裁釐。按釐金本身每年收入可得三千九百萬元，連常關稅，雜稅，雜捐等，可共得六千六百萬元。如果將此項收入裁去，很受影響。政府要求先加稅抵補，外人要求政府先裁釐後加稅，兩方面不一致，所以裁釐加稅，暫無具體辦法。

（二）外人因爲中國通商口岸漸多，外貨進口不必再到內地，所以現在對裁釐的問題又冷淡了，這亦是裁釐加稅的阻力。

（戊）修改稅則現在進行的情形

吾國政府本華會九國關稅協約的規定，現正在上海舉行修改稅則會議（中國代表與各國代表）協約內最緊要的議案大綱列下：

（一）切實值百抽五（條約內本是值百抽五，因爲實在收的只是每百三四，所以現在加上切實二字。）（第一步）

（二）切實值百抽七·五（內二·五是附加稅。）（第二步）

（三）值百抽一二·五。（第三步）

切實值百抽五　上稅的標準有二：一，按價抽稅——從價稅。二，按件抽稅——從量稅。按價抽稅的商品有一百三十多類，按件抽稅的商品有六百四十多類。第一標準很費手續，必須有一極精細的定價標準纔可以實行。從量稅究竟怎樣定標準呢？中國代表在稅則委員會裏提出由一九二一年十月到一九二二年三月一段時期內的平均物價作標準。英，美，法，意等國均贊成，惟獨日代表反對，他的意思是六個月的時間太短，應按一九一七年至一九二〇年四年間的平均物價作標準。中代表又云：按關稅協約，四年後再可修改稅則一次，現在定的如不妥當到期可以修改，日本代表到底不認。（以上是時間的標準）

究竟用什麼地方的物價作標準呢？這又是必須討論的了。中代表本着向來的例子，就提出以上海作標準，日本主張拿大連，天津，上海，漢口，廣東五區的全原價（C. I. F.）作標準。

（註）C＝Cost＝物費，I＝Insurance＝保險費，F＝Freight＝運費，

日本因爲他們的貨在南方銷的少價錢貴；在北方銷的多價錢賤；所以他提出五區來作標準。（以上是地方的標準）

切實值百抽七·五　原約是值百抽五，現在又添上一筆稅——附加稅——作抵補釐金之用（裏面），吾國人對外人可說是作整理外債用的（表面）。外國人知道吾國帶了假面具，於是對吾國人說附加稅是幫忙中國政府急需的經費，或教育和一切公益的費用。

切實抽百五約計二千四百萬元，實可收一千二百萬元（此由本年十二月一日起每年可得之數），將來附

加稅實行之後，可得三千二百萬元，奢侈品一千萬元，三項共計六千六百萬元。

但切實值百抽五所收的一千二百萬元，不能抵釐金，因爲太平洋會議明言：是供中國急需的，不能抵釐，並且這個議案是對德宣戰的交換條件。我政府本來打算將抽五的款作九六公債基金的用途，現在因各方面反對甚烈，此議作罷，大概歸納於整理基金之內。值百抽七·五的一案，不由稅則委員會討論，將來又須召集特別會議。這種會議沒有一定召集的日期，吾們中國祇可慢慢的等候。

值百抽一二·五　萬一抽一二·五之稅還不足抵補釐金，則吾國政府擬設銷場稅和出產稅。但條約載洋貨無論在華人或外人手裏，或原件或分裝，全不許重征(Double tax)亦不許查驗(Inspect)。有了這種條件，就是內地的土貨，亦可以通行無阻了。

附加稅實行之後所得之稅，應歸何人監察，亦是一問題。現在把持稅關的是英國人，各國人很不滿意。如果把英國人換了，叫美國人來管，別國人亦不放心。中國提議一切用途，叫中國審計院監督，他們外國人亦不贊同。看這個趨向，必要有一個公平一點，普遍一點的機關來管。這個機關就須是中外組織的委員會。

現在中國的命脈全在總稅務司一人手裏。總稅務司說聲『沒錢』，中國公債的基金就無着了。公債無着，一班拿着公債作基金的要受無窮的痛苦了。

總稅務司說聲『不好辦』，釐金就無法抵補了。釐金無法抵補，政府攏的住督軍嗎？總起來說，總稅務司之權眞是大呢！

中國銀行所居之地位 十一年十一月在北京中國銀行同仁會演講

童蒙正筆記

今日在此演講，甚覺慚愧。蓋諸君皆有研究，而又加以多年之經驗，當必較鄙人僅研究學理爲有得；惟以拋磚引玉之意，願在諸君之前一述，尚希有以指教焉！

今日所講者，爲中國銀行在中國之地位。中國銀行是否爲中央銀行，事實上乃一大問題；惟以我國土地之廣大，應有中央銀行爲全國金融之中樞；但以今日而論，吾人自以中國銀行爲中央銀行自居，而其所以不能操有中央銀行之實權者，蓋別有阻礙在焉。然則欲得中央銀行之地位，必先除此阻礙無疑。此亦鄙人近年來與各大商家大銀行家研究之結果也。

夫所謂阻礙者何？即今日之『籌碼』問題；換言之，即人民皆信用現金，而不知鈔票爲何物。蓋鄉人往往以鈔票爲現金之代表，以爲發行鈔票必以十足現金爲準備，殊不知鈔票乃代表貨物，而非代表現金也。若發行鈔票，必以十足現金爲準備，斯何發行鈔票之有哉？今設例以明之：如有甲乙二人焉，甲爲出產棉花者，乙爲營織布業者，假乙購買甲之棉花十萬元以織布，斯乙必須付甲之價金；但乙決不能即日織成出售變爲現金。故在美國有出期票之法，以助其運用；即乙給一期票與甲，約明四月或三月後，將布織成，悉數出售償還。若甲以期票爲可信，於是即持向銀行求貼現，銀行即付以鈔票，或收作存款，聽甲隨時用支票支取。故在銀行賬上，借方爲貼現，貸方爲存款，或鈔票，絕無現金需要於其間也。（外國銀行之存款總額往往超過一萬萬之數，而吾國銀行之存款，多則數千萬，少則數百萬數十萬，此其故何哉？蓋外國銀行之存款，多由貼現而發生，而吾國則皆係現金之存款也。

）待期票到期，銀行即可向乙取款；若甲以乙之期票求銀行貼現作爲存款，則甲可發行支票以爲流通之用。如甲以支票付丙，丙以之付丁，丁以之付戊，戊以之付己；設在己焉以此數（支票金額）不能分配，則可向銀行取款，而銀行付以鈔票，又或以半數爲存款，半數付鈔票，則銀行賬上一半收鈔票，一半收己之存款，而他方以全數付甲之存款焉。己有存款於銀行，可以隨時向銀行提取，而銀行有隨時聽其命令支付之義務。支付之時，交以鈔票，是由存款而變爲鈔票矣。己每日由營業方面所收入之鈔票，亦可以存入銀行，作爲存款，是由鈔票而變爲存款矣。如是存變鈔，鈔變存，絕無現金以運用；然其所以如此流通者，蓋以甲之棉花賣於乙，乙發期票與甲，甲持向銀行貼現，作爲存款。斯流通之鈔票支票，即由甲之存款發生，甲之存款由貼現發生，貼現由期票，期票由棉花。故鈔票支票之發行，其根本乃代表貨物（棉花）。反言之，若無棉花，斯無期票；無期票，斯無貼現；無貼現，斯無存款鈔票可知。存款與鈔票之根據，乃在貨物（棉花），並非代表現洋也。

美國如此，英國亦然，惟習慣上稍有不同耳。如乙購買甲之棉花，一時乙不能償價，則甲可發一匯票，令乙定時交付。乙得甲之匯票後，如無問題發生，即在匯票上簽字。乙簽字之後，甲即以此向銀行求貼現，或爲存款，或銀行付以鈔票流通於市面。故英美雖有期票匯票之不同，然其發行鈔票，留作存款，則一也。（在美國乙自己出一期票與甲，在英國則由甲出一匯票，令乙於某某月某某日付款。乙如允諾，即行簽字，將票還甲，甲即以之向銀行貼現。）

迴顧我國則如何？鈔票未得全國市面之流通，遑論支票，即有支票亦一次取款而已，焉能以簽字的方法，使之輾轉授受，如英美之支票得在市面流通哉？此人民經濟思想淺陋無可奈何者也。故去年有人主張發行鈔票，以六成現金，四成公債爲準備。余謂人民經濟思想不改變，即九成之準備，亦無益焉。若明鈔票乃代表貨物，並非代表現金，斯求貨物之實足矣。現金準備雖少，亦無妨也。

抑有進者，我國商人賣買債權債務，向以記賬爲主，故少期票匯票之發行；然記賬無確定之標準，二月應付之款，往往有延至四五月者，是不特不能貼現以流通，且有資金呆滯之虞，既無票據可以貼現，自不能不藉抵押放款，以爲通融。此外又有活動放款變化之透支，如今日透支爲二萬，明日存款一萬，則先去其透支之一萬，而其透支也抵押放款也，多用現金，不能以支票鈔票爲代替物。故當生產發達之時（譬如絲茶上市）現金之需求大增，不能以鈔票運入內地購辦絲茶，此皆因人民不知鈔票爲何物，有此極大之阻礙。故欲求我國銀行業之發達，非減少現金之行使不可；欲減少現金之行使，非解決鈔票支票之流通問題不可。然欲使鈔票得以流通於城市鄉村，乃中國銀行之責也。

夫信用之階級有四：（一）現金，（二）鈔票，（三）支票，（四）承受。我國現金尚未統一，遑論其他。蓋貨幣不統一，必有洋釐發生，而洋釐因地而異，甲地洋價高，則乙地之鈔票盡來兌現。業兌換者，得此兌換之差數，以逐蠅頭之微利。現洋既不能統一，則鈔票安得普遍之流通，支票之不得信用，不待言矣。故欲推廣鈔票之流通，非整理幣制不爲功。將來幣制整理之後，鈔票易於發行，鈔票流通既廣，則支票自易得人之信用。蓋鈔票只有一層信用，而支票有二層之信用，未有一層信用不能行使，而兩層信用能行使於市面也。鈔票為銀行所發，如社會對於銀行有信用，則願收受其鈔票。若夫支票則於信用銀行之外，尙須對於出支票者有信用；否則決不肯收受。故鈔票之信用為一，支票之信用為二，一既不能解決，則二自不能流通矣。徵之各國信用之階級，洵不誣也！然解決鈔票流通問題者，誰之責歟！非中央銀行耶？中國銀行既以中央銀行自居，斯當負此責也明矣！

故解決鈔票得市面之流通，為第一問題。第一級之信用已固，則發行支票，亦非難矣。鈔票支票既能流通於市面，則商業雖勃興，而可以應付，無現金缺乏之痛苦。是營商業銀行者，自有路可行，可以支票代現洋行使，無復發行鈔票之需要矣。即一旦周轉不靈，既有支票以相授受，對於現金之需要自減，對於鈔票之發行自不力爭。商業銀行既不發行鈔票，則發行權自歸於集中；如是而中央銀行之地位成矣。際此時也，即政府不加以許可，不可得矣。

曩者中行雖有二次停兌風潮之發生，然其責不能不歸政府負之。蓋前發之鈔票，非代表貨物，乃代表戰費為政府墊款而發行也。政府不特強迫中行墊款，且用之於無謂之戰爭，斯鈔票之根本已空；又安能使其樹立信用哉？故欲確立中國銀行之基礎，非使鈔票有切實之貨物不可，（如前棉花之例可以明矣）；否則無濟也。

鄙人甚望以後中國銀行願為營業上之猛進，萬勿再受政府之壓迫，為之墊款。以貨物之需要而發行鈔票，樹鈔票之信用，流通全國，使支票亦得市面上之流通，助長商業之發達。金融伸縮適宜，則自無爭奪發行鈔票之虞矣。此次中國銀行改組，竭力整頓，數月以來，成績可觀，承受十一年公債之發行，即其明證；惟成績雖佳，應行改革之事尙多，努力進行之責，尙在同仁。願諸君注意！今日所講，缺點甚多，務祈有以教焉！

地方財政 十一年十月在北京市民大會演講

當鄙人留學美國時，曾著紐約財政一書（無中文譯本），今擇此書中之重要部分講述之。以限於時間，不能詳述美國之情形，故僅講紐約一處之地方財政。美國城市地方財政多以紐約爲模範。紐約地方財政之手續與中央財政不同，此其好處。其手續分：（一）預算；（二）徵稅；（三）謀收支之適合（公債）；（四）會計（支出之監督）。

（一）預算　從前紐約財政之弊端甚多，其官僚與中國現在之官僚無異，所有報銷均不確實，官僚之發財者甚多，且均屬政客。近年來政治修明，民權發達，人民有監督之權（與二十年以前不同）。關於預算，有預算委員會。行政方面分教育，衞生，財政等各部。從前財政上之預算爲攏統的，祇有十萬二十萬等數字之總數，究竟何種費用需若干，亦不分析明白，舞弊甚易。以後人民有監督之權，作預算時，將各部分分開，例如關於衞生部者，其分類：一以職務爲標準，如醫院防疫，小孩衞生等；二以經費爲標準，如薪金，工資，材料等。例如防疫處（職務）之下列各項，薪金若干，工資若干，材料若干等。

監督方法　預算委員會詳細研究預算表內有否不實之處，如逢開支過多，則有審計員可以詳細審查有無錯誤。審計員亦依部而分職，每一審計員於該部之內情洞悉甚詳；如遇有預算不確之處，可以修改，經此審查後，將預算交還預算委員會。委員會亦不能卽行議決，須將各部之報告在公報上發表，使人民洞悉（中國既無此種發表，則雖欲研究而不能）。過幾天，則開會討論。在會中對於預算反對者及贊成者可以互相辯論。此後由預算委員會通過交於董事會。經董事會通過交於地方長官。卽作爲確實之預算。

觀上述作預算表之手續，其最要者爲審計。開支之是否正當，及可否節省，均由其決定。若中國之攏統數目，雖預算亦有增減，但全憑臆測，毫無正當之理由，烏乎可。其次則預算之在公報上發表，使人民洞悉，亦屬要緊。

（二）徵稅　預算通過決定後，則明年應支出之數可以知道。查紐約市每年支出爲五萬萬元（現在不止此數），其中教育費估五千萬元，（我在美國留學時爲五千萬元，現已至一萬萬元）。來年之支出既確定，則應徵稅以應開支。地方稅種類甚多，最好者爲地皮稅及房屋稅。（北京尚無地皮稅，如辦地方自治，則地皮稅亦甚重要）。地皮稅佔紐約稅收之百分之九十六，因美國爲聯邦制，中央政府由聯邦而產生，中央政府恃關稅及內地稅（如酒捐等），各邦恃公司稅及遺產稅。至地皮稅，則歸地方自治團體徵收。其理由有二：（一）地皮稅自地價而來，地價卽係地方自治團體之地之價値，由該地方所得之稅，必須用之於該地方，方爲正當。（二）倘地皮稅不歸地方自治團體，而歸中央或省政府，則是一國之大，各地地價時有變動，變動太大，則必須年年估價。中央政府於各地地價之估計爲外行，必須請各本地方之人出而估價，以本地方之人對於本地方情形甚爲熟識，其估價必屬可靠；但估價之人，以本地之地稅而用於他地方之故，爲謀本地方利益計，其估價必故少。如此則稅額必至減少，且各地方團體爲謀各自利益起見，均願他處稅額加多，自己稅額減少，於是互相爭奪，亦屬非計。因此地皮稅歸地方自治團體，庶幾其估價必可公道，稅額亦不至減少。

地皮稅佔地方自治團體稅收百分之九十六之理由　因地方之發達繁盛，可使地皮漲價；例如以一百萬元修築馬路，其得利益者，必爲地主，因建築馬路以後，交通便利，地皮必定漲價。故地皮稅佔稅收之百分之九十六亦甚正當。例如北京東西車站造成後，前門外之地價，均行漲高。如將來電車造好以後，凡電車經過之處，地皮亦必漲價。此種地價之漲高，非地主自己費資本或勞力有以致之，實出於公共之力。故其稅由地主負擔之理由，亦甚正當也。

地皮稅之稅額既定（即每年須抽地皮稅若干之數額），則須估計地皮之價值。設地皮由估計而得之價值爲十萬萬元，而須徵之地皮稅，爲一千萬元，則稅率爲百分之一。如地皮稅爲二千萬元，則爲百分之二，如地皮稅爲三千萬元，則爲百分之三。

估價之人，爲年歲長大經驗豐富者，其估價有一定之標準。吾人須知歐美各國之街路，縱橫相交，甚爲整治（不如我國街治之無規則。）估價之法，爲平常馬路每横一英尺直一百英尺值價若干，若在相交之角，則地價增高（以地位適當之故）又地皮賣買及典當均有契約，故估價時，可藉以爲標準。如此估價，雖或稍有錯處，但必甚公平。估價既甚公平，則徵稅必易，如納稅者認爲估價不公平，可以起而辯論，以期必歸公正。

（三）收支之適合　每年徵稅分爲上半年下半年兩期。上期在三四月間，下期在八九月間。設當一二月時，稅收尚未起徵，而需款甚殷，則可發行短期公債（期約三四個月），俟稅徵收後，即行還本。紐約法律規定公債之發行，其賣價不能低於面價。（如面價百元者，不能以九十九元賣出，與我國之以二三折或三四折出售者，情形大不相同。故價格常在面價以上，或等於面價。設當發行公債時，適遇金融恐慌，市面利息漲高時，不能照面價出售(公債利息最高為六釐)則只有運至英，德，法等國銷售。

長期公債之用途　例如造自來水廠，在大都會其經費總需數萬萬。若於一年間歸預算內使人民負擔，則勢有所不能。於是發行長期公債，以集此鉅款。因自來水係一種營業，可以賣錢，則以每年所得售水之款，可以收回公債。此種公債甚有益處。若中國之募集公債，咸用於消費一途，如集款以充軍費戰餉，則鎗砲一響，即化有用之資金於烏有，不惟不能由母(資本)生子，連母亦被消滅，安有生子之可能？如母雞然，母雞既死，安來雞子？在英美則以資本變自來水機器，用於生產之途，由母生子，每年得有收入，其利益甚大。兄弟甚贊成我國之發行長期公債，但募集之款，必須用於生產，不作戰費軍餉為前提。凡可增進人民之幸福者為財富，可以滿足人類欲望者，其財富為有用。自來水為人生不可缺之物(無自來水而飲井水者，以井水不純潔，容易多病)，是為有用之財富。募集長期公債以造自來水廠，實甚正當，且甚有益。中國之集款充軍餉戰費，不但資本消滅，人命亦被傷害，且幸福消滅，災禍迭出，其為害何可勝言。長期公債並不壞，不過用之不得其當，則其好處不彰，壞處獨顯矣。美國當開國之初，資本亦甚缺乏，借英國之資本以興築各種新事業，至今則債已清償，而資本充足矣。

欲以我國之財政與紐約相比較，勢有所不能，以在紐約人民有監督之權，為政者不敢舞弊故也。

(四)會計　在紐約地方之財政，其審查甚為周密，將各種事務分析明白，例如書記有長期短期之別，雇用三月者，不得算一年，各部書記均分等級，各級薪水一律平等，則為政者不能作弊，經費可以節省。關於用人方法，親戚朋友亦可引用；但不能爲人擇事，須視其才力是否勝任而決定。關於各部所用材料器具，亦分特別普通兩種。以有種材料用一次即消滅者，如紙墨煤等，有種器具可以用一年數年而不壞者，如打字機及設備器具等。如不詳細分別，則主管之人，或可從中舞弊，於經費方面甚有影響。

紐約之支出歸財政部單獨經管（與我國之各部各自經理者不同），凡有需要者須開單子，送於審計員，以視是否與預算相符。如不相符，即行拒絕支付。且開單子時，須由該部總長簽字，以備將來發現不實之處，可使有人負責。故總長亦不敢舞弊。審查員認爲正當，則交由財政部付款。其審查在未用以前，與事後監督不同，購辦貨物時，審查員須審查價格及分量是否相合。如認爲符合，則照付。我國於此等場合，無從知道也。採辦貨物時，歸總庶務處辦理，與我國之各部管各部者不同。以辦大宗貨物，價格可以便宜，亦節省經費之法。觀其種種辦法，無非謀事前之監督及經費之節省耳。

以上四步手續成功，有一定之方針，有一定之標準，始有財政之可言。

中國重利問題

其一　十一年十一月在天津南開大學與北京中國大學演講

童蒙正筆記

今日所講者，爲『中國重利問題』。利息在我國，現今似無討論之必要；然按察社會之情形，實有極切要研究之處在焉。曩者京報主筆邵飄萍先生，曾在該報上發表利息問題一文，頗惹起世人之注意，而國會方面，有主張以法律限制之說。夫利息雖不僅爲經濟問題，與政治有關固已。但能否以法律而限制，此乃一大問題。故余今日講演之目的，在欲說明中國重利之原因。重利之原因既明，斯可限制與否，判然曉矣。然述重利，不能不先述利息因何而發生，故先引各種學說，以明利息之由來，然後按切中國之情形，予以反證，此即究其本而詳其末之意也。茲分析述之。

（一）利息之起因　關於利息之起因，古今學說不一；然大概可分之爲三：

（1）儲蓄說（Saving）　此說謂資本不過爲財之儲蓄之結果，若不儲蓄，而即時爲消費，現在即可直享相當之快樂，此當然也；然因制此目前享樂之小慾，以供將來生產之用，而不爲消費，於是始有資本之發生。資本之利息，即不外對此儲蓄之報酬而已。此即謂儲蓄乃人極痛苦之事，欲儲蓄必先制此目前之快樂；既能儲蓄，斯以利息爲報酬，爲必然矣。此儲蓄說之所以主張利息因儲蓄而發生也。

（2）生產說（Productivity）　此說謂凡資本之生利息，以其有用於生產，故而資本在生產上所以有用，以其有生產力之故。資本何以認其有生產力，以生產時投下之資本，則視未投時收獲獨多也。如人工得工資，地皮得地租，管理得盈餘，此皆以其生產之力而得之者也。故生產說者之所謂利息之發生，純出於生產力，而成於生產之剩餘者也。

（3）時間說（Time）　此說爲奧之扁寶威爾所倡，其大要謂同種之財，有在目前得以消費之者，有在非日後，則不得消費之地位者。前者謂之現在財，後者謂之未來財。通常在對於現在財所認之價值大，而所認未來財之價值小。其間距離之時間愈久，其價值之差亦愈大。今舉一事以明之。如有人有三子，欲各給以一萬元，但長子現時卽付，次子須十年後，三子須百年後，此為二子三子者，當未所願。蓋十年後所用之價值甚小，而百年後之價值，是眞等於零矣。故欲濟此均者，惟十年後，付以二萬元，百年後者，付以十萬元。此卽未來之價值小而以一萬元或九萬元補之耳。此補之數，是卽為價值之差，而未來財之資本之利息也。

以上乃利息發生之三種學說。吾人卽根據此種學說，以按照中國利息之情形，而論述之。

(二)重利原因　欲知各種學說，與中國利息相符與否，不能不於各種學說分析述之。

(1)儲蓄說與中國利息　儲蓄說謂利息之發生，由於儲蓄，斯儲蓄者多，而利息輕；反之則重。斯與我國甚為相合者也。蓋我國現時貧者多，而富者少，故儲蓄甚難，如車夫月得十元之資，若欲其儲蓄五元，則痛苦不堪；然旣能忍此痛苦而為儲蓄，斯其欲報酬之多，不待言矣。故無儲蓄，亦為我國重利原因之一。

(2)生產說與中國利息　中國人工多而物產富，但資本缺乏，以致萬事不能興舉。故欲經營者，惟生產力之大者為擇耳。如自來水與築道路，及種種應現代之所需要者，皆待營建。然資本缺乏，不能營種種完全之建築，則僅能視生產力之孰大而投資也。現今以道路為最要，而其生產力亦最大，是以有資本者，皆投資於道路。蓋生產力愈大，其所得之利息亦愈多也。是我國資本之缺乏，以致生產不能普遍。蓋以區區之資本而欲需要於各種之生產，宜其利息之高也。

(3)時間說與中國利息　我國人向以得現在快樂，而不慮及於將來。故未來財之價值，幾等於零；然未來財之價値小則現在財之價値愈見大故利息因之以重。

總以上所觀，儲蓄力大則資本多；資本多則供給力大供給力大，則生產力富；生產力富，則利息少。但中國儲蓄（供一方面）既見困難，而生產事業（求一方面）又亟須發達，是求過於供也。求過於供，則利息高矣。此乃自然之關係也。現聞國會方面，有欲主張以法律限制之說；然不研究重利之根本問題，於事實又何補也。

（三）重利與純利息　我國利息有多種，如A．當鋪之利息爲25%，B．公債之利息爲20%，C銀行放款之利息爲15%，D．銀行拆與錢莊之利息爲2%，故毫無標準所可依據。然其致此各種之利息，蓋別有原因在，而非僅爲純利息也。茲詳述之。

A．當鋪之利息　當鋪利息之重，蓋其含有一二種之保險費手續費在焉。當鋪受人之衣，而貸以款，然當者能回贖與否殆不可知；惟當衣之人大都爲貧寒之輩，故營當鋪者，不能不先預防以免虧本。此利息中，不能不加以保險費一也。且所當之衣，有時式之關係，如今年之式甚善，而明年則不合者，倘不回贖，則沒收之販出又豈不虧本。是利息內又不能不含有保險費二也。既收沒後，晒乾及委人拍賣尤非手續費不可。此利息內，又含有手續費三也。故此25%之利息，非純利息耳。是吾人不能以當鋪之利息，爲我國之標準，又不能以當鋪之利息，即謂我國利息之高也。

B．公債之利息　公債利息之重，蓋因政府之信用喪失。因此購公債者，亦不能不有一種保險費，以爲補償。如上海地方公債（工部局所發行），僅付八釐之息，而市價在面額之上，蓋其信用昭著焉。故公債之利息，不得謂爲純利息，亦不得謂爲我國利息之標準明矣。

C．銀行放款利息　此乃銀行業之目的物資本有利息，人工有傭資，地皮有地租，是管理者，亦須有其盈餘也。銀行既以盈餘爲目的，則其所得之利息，自不能與普通利息相等，不待言矣。是銀行放款利息之內，乃含有盈餘在也。

D．銀行拆與錢莊利息　即銀行現款甚多，一時無所消用，而暫拆與錢莊營業之謂也。在銀行可免死藏保管之煩，而錢莊得運用以生利；但錢莊雖得此數以生利，然期限僅有二日（在上海）償還期既近，手續煩勞，是利息不能不低也。故銀行拆與錢莊之利息，乃特別之情形，而不能視爲一般利息之標準，則又判然曉矣。

由上觀之，我國重利，非在純利之重，而別有他故在焉。是吾人研究利息問題，又豈能疏忽於其間哉？

（四）幣制不良以致發生重利　幣制之不良，亦爲重利原因之一。如有人焉，借出一千串（譬如在東三省），約至明年償還一千一百串，但今年一千串可買物百件，明年紙幣跌落，即一千一百串亦不能購此百物矣。是貸主不但不能生其利，且反有虧其本。於是不能不先爲預防。預防者何？重利是也。故幣制之不良，於利息有莫大之關係。即欲法律加以限制，事實如此，又安可能也。

（五）交通不便以致發生重利　交通不便，凡事不能興舉，前已言之矣。今論其重利之原因，亦有密切之關係在焉。如天津有大商人，赴濟南購辦花生，價洋一千元。約既成焉，當付以價，但因途中不便，未帶款項，故不能不向濟南錢莊先爲設法，借洋一千元。一面出一張七日期之期票，至天津付洋一千零零七元。是在濟南借洋一千元，七天之後在天津還洋一千零零七元兩數之差（七元）卽七天以內之利息也。然錢莊安有此數之存，故雖允焉又不能不向銀行請求幫忙。卽將一千零零七元之期票賣銀行爲一千零零一元。銀行一面買進期票，一面付出鈔票。錢莊卽以銀行之鈔票付之商人，商人付之貨主。此鈔票之所以推廣也。是錢莊所得僅爲一元之利，銀行待期到後，將期票送至天津，託天津某銀行代爲收取。取來之後，若將現款匯之濟南，每千元猶須運費一元四角（設比），是七元利息內，又含有一元四角之運費在焉。然此尚就其交通便者而言之，若雲南四川等處交通不便，運費自高，是利息亦因之以重也。故交通不便，亦爲利重原因之一。

（六）各種契約須受同等之待遇　中國不獨利重，卽各事物契約亦然。各房租之重，豈輕於利息，每月納至百分之二二，斯當宜取締者也；然未所聞。但設在銀行，借款造房，納百分二二之利息，則必取締；然納百分二二之房租，豈非重利，又何不取締哉？其房屋之貴，乃地段之優，與建築無關。是利息不宜高，而房租又豈不能取締哉？各種契約，既不能得同等之待遇，斯利息亦安有不輕重於其間哉。

（七）關稅鹽稅存儲以致發生重利　關稅鹽稅之收入，昔皆存我國官銀號，以償還外債者也。及光復後，外人以不信任爲藉口，移存至德華，道勝，匯豐三銀行。現德華因歐戰而停業，道勝因勢力之小，故大數皆存之匯豐銀行。夫匯豐，外國銀行也。以如此大之收入，而存於外人之手，宜其國內現金缺乏也。現金少，而需求大，此利息之所以高也。故關稅鹽稅之收入而存於外國銀行，亦我國重利之一原因也。

（八）不動產固多以致發生重利　前清之貪吏，皆大有大富大貴者也。現時督軍省長，亦昂昂威富自命也。

彼等以華商銀行爲不可信，悉存之外國銀行，及後外國銀行亦有倒閉者，亦知其爲不可信，於是改其方針，在各處購地皮房屋，以謀將來之大利。如哈爾濱一帶洋樓大廈，甚爲美觀；然以交通不便生意無多，是投資所造之房屋，變爲無用。此無用之房屋，卽爲不動產也。不動產多，市面上之流動資金，因以缺乏。蓋其悉變爲死資耳。除哈爾濱外，尙有在天津靑島等處置不動產亦甚多。是故市面活資，日益缺乏，利息日高，前已言之，故不動產之多，亦爲重利之一原因也。

（九）公債濫用作軍需　昔晏才傑先生著公債論，謂中國之利重，悉由於公債。余謂公債爲我國重利原因之一則可，若謂悉由公債所致，則未敢贊同也。如東三省無公債矣，而利息何若是之高？故公債實爲重利原因之一。然公債何能而高利也？其責不能歸政府負之。蓋政府之發公債，原爲吸收現金；若政府能將所收之金，以振興實業，其利源源來矣。奈政府不但不能用之於實業，且作無謂打仗之費用，數百萬，數千萬，轟然一砲，烏消雲外矣。是滅其子，而又亡其母也。然社會上之財富，卽因之以缺乏矣。資本少，需求大，利息高，此當然之事。故公債實亦爲我國重利原因之一。

（十）外國銀行之利息　或者曰：華商銀行，利息如此之高，而外國銀行，又何若是之低，豈非怪事哉。余應之曰：華商銀行之資本，中國之資本也；外國銀行之資本，外國之資本也。中國資本少故高；外國資本多，以低；此究其末，必先詳其本也。故欲較其利息之高低，不能以中外銀行相並論。若以在中國之外國銀行，與在外國之外國銀行相較，則又得略其大半矣。夫外國銀行，在其國內，利息僅四五釐也。然在我國，則爲八九利，此何故？大有原因在焉。蓋我國銀行平時所有之閑款，多存之外國銀行，一旦國內生產發達（如絲繭上市）需求增大，存外行之金，悉行取出。是外行庫內空虛，而利息亦因之而高也。

今日所講者，卽以上中國重利之十大原因。其餘細瑣有關係者，亦甚多，恕不細述。重利之原因既如此，是國會方面雖欲以法律加以限制，吾恐於事實無濟也。蓋欲使利率降落，非先將以上所述各種問題先行解決不可。譬如幣制之不良，亦爲重利原因之一，則欲抑重利，非先將幣制整理不可；否則，雖取締無效也。

其二 十一年十一月在北京民國大學演講

經濟一科，意義甚奧，且又複雜。余雖忝居研究，然亦不過得其概略耳。況中國有中國之事實，外國所學之學理，亦有不能應用者。如青島收回，需人甚多，而財政一職，缺乏其選。蓋我國之財政，甚爲紛雜，非如外國有條有序，所能根據。且青島自德日管理以來，內中情形，尤不細悉。故雖有深大之學識，亦不能一時施用於其間。余之所學亦然。雖在外國學有銀行貨幣財政幾門，然安能盡吾之所學。蓋中國有種種特別之情形也。吾人研究利息問題，亦何異於是。外國固可以學理爲左證，然中國重利問題，以中國事實爲前提，研究種種之原因，非學理所能解決也。

研究利息問題，最初提議者爲京報主筆邵飄萍先生。以後相繼發言者甚多，然多注意於北京方面，以爲北京重利之原因，由政府借款項所致。如去年發行國庫劵以二十月爲償還期，一百元之額面賣出僅六十八元九角。據鄙人之計算其利息，約在四分六釐左右。蓋因一則由於政府之濫借，一則亦由於購買者從中欲得大利也。北京重利原因固以此爲最大然研究重利問題，僅限北京，而不注及全國，斯其效力乃等於零。蓋各處重利之原因，各不相同，如北京重利，固解決矣，但漢口，天津，上海各處，利息仍高，則北京之資本，未有不運至該處者。北京資本少，利息又安有不高哉？故吾人研究重利問題，當以全國爲準；並究其所高之原因。關於此問題，余曾在南開中國兩大學已講之矣。

今日仍講『中國重利問題』，惟先列以學理，然後據證於實際。茲分爲六步：

（一）資本缺乏以致發生重利　有人謂：利息乃由資本而生，如開一馬車行，旣有車馬，尙須有駕駟者，若車馬少（資本少）而駕駟者多（人工多），則其租價當貴。蓋車馬少，則每輛車每匹馬所作之事多，而報酬亦因以加也，我國重利之原因亦然，因其資本缺乏之耳。又如上海之洋車行，領租者付若干之租錢，則其每天所得，除付租錢外，即爲賺得。此車即資本也。若車少而領租者多，則租貣必貴。此爲供求之關係，亦係資本效能之關係，事實所必然者也。故利息之高低，視資本多寡爲轉移。吾人欲利息之低，則先必使資本增多，又何疑義哉。

欲使資本之增多，有積極消極之兩法。

（甲）積極法　積極法者，儲蓄是也。蓋我國人，稍有錢者，皆奢侈不堪，往往所得，不敷所用。外人則不然，月進數百元者，必節省若干元爲儲蓄。儲蓄者多，則資本月增，資本增利息即以低矣。故欲我國資本之增多，第一當使人人有儲蓄。

(乙)消極法　消極法者，借外資以供生產者也。蓋我國煤鐵各礦，悉未開採，藏居地下，盡為死資。若借資開採，則財源自富，還昔之債務，尚綽綽有餘，而國內資本因以增加矣。資本多，利息低，此自然之理。我國近年雖借外債，然皆為無謂打仗之費用，不但不能加增，反日為減少，良可歎也。故我國欲資本增多，借資實為必要；惟限用於發展實業耳。如近年外國輸入麪粉機器甚夥，若中國能將煤鐵採出，自行製造，何必由外國輸入。出產既多，人工須多，工資亦因之以增，資本多，利息必低，而工資必漲，此乃經濟能力發展之趨勢。故我國一面須人人多積儲蓄，一面利用外資，以採富礦，則利息減低，自有一日矣。

(一)因事物情形不同而異其利息　以上乃述明一般資本與利息之關係。今以一物一物析而論之，則利息之高低，有含因於其中焉。夫資本乃一總稱焉如桌如爐如機器如廠屋，皆可為資本，即以打字機而論，亦為資本，外國甚多用之。當一切字墨，皆須代印，若借租於人，又因租之人善用於否，而租金各異，非如前所述資本之多寡，以比例利息之高低。故善用者，租金每月為六元，而不善用者，又非六元之租所能借矣。即借資也亦然。因信用之不同，而異其利息，信用同焉，又因抵押品之多寡善惡而高低不同。且如租用機器，尚須有無保險之別。故因一物一事之間，而利息有差異。吾人研究重利問題，又豈能疏忽於其間哉。故以一般資本而論，有一定之息率，息率之高低，雖各國不同，而其為一定則一也。若將資本拆開，而就各種類分別論之，則其利息因人而異，因地而殊，無一定之率，蓋有別種因素含於其中也。

(二)資本非即為現金　如甲有公債票，乙有地皮，丙有房屋，丁有洋貨，此四人之物，皆資本也。非必需一定之現金，蓋現金不過爲各物之代表耳。若四人合辦紗廠，購買機器，則又非現金不可。蓋不能以地皮房屋，爲之交換也。故必須賣公債地皮房屋，洋貨，以購機器。此不過藉現金以交換耳。而生產之所得，尙由於機器，非從現金也。若甲乙丙丁所賣得之洋，暫存於銀行，如有戊者開辦紗廠，發行社債，甲乙丙丁以存款買社債，戊以甲乙丙丁所付之現洋購買紗廠機器；但對於債票，須付利息。債票所代表者，卽甲乙丙丁之房屋貨物等類（資本）。是其所付利息，乃對於資本而付出，並非對於現洋也；現洋不過交換之媒介耳。

（四）籌碼不足以致發生重利　然社會上亦有爲錢而付利息者，此又何哉？籌碼不足之故耳。人人須用現金，而現金安有如此之多。現金少，需者多，當必高貴矣。如茶甚多，而茶杯僅一，若人人欲須用此茶杯，則茶杯自必高貴矣。故籌碼不足，亦爲重利之一原因也。

（五）缺乏信用以致發生重利　我國習慣，買賣向以記賬爲據，且乏信用。如五月期付之款，往往延至八月，甚至延至過年者。此五六月之間，悉變爲死資耳。如外國有期票匯票，可以貼現，可以流通，倍增運用，而我國則不然。其原因不一，試列舉一二，以例其餘。

（甲）現在大交易之中，有不能憑賬交貨，非現金不可。考其致此之因，亦有一段小史，可供述也。蓋前清時，有所謂山西票莊者，甚佔勢力，各知縣暴括之錢，卽由此等票莊代爲輸匯，而付以若干之手續費。光復後，南方獨立，放出之款不能收回，卽以倒閉，信用大失。又適南方有投資橡皮業之失敗，錢莊倒閉者不少，因此南方信用亦一蹶不振矣。故大宗買賣有非現金交易不可者。現金需求多，供給少，利息因之以高，此其一。

(乙)中國鄉人，無使用鈔票之習慣，願用者，惟各大商埠耳。英美兩國，流通鈔票支票約百分之九十六七。故我國現金需要既多，則必爲高貴故借錢者非出重利，決不能借到，故利息亦因是以重也。

(丙)造幣廠爲軍人所霸佔。我國造幣廠，悉爲軍人所佔有，彼等利用此機關，以謀大利，而充軍餉，廣佔其勢力。故平日收買生金銀，待其市面現金缺乏騰貴然後高價賣出以謀暴利，以致市面被其壟斷。在自由鑄造制度之下，人人可以將銀塊委託造幣廠鑄成銀元，自無籌碼缺乏之虞。在中國則自由鑄造不能實行，以故時有銀根緊急之虞。

(丁)各省禁止現洋出口，如天津現金缺乏，而東三省甚多。故爲需供平均起見，東三省之洋，自可匯至天津；但東三省禁止現洋出口，如每人出關，只能帶洋十五元；否則重罰。斯缺乏現洋之地，其利息必增高矣。

(戊)吾國鄉民喜藏現洋，故現洋一入內地，即多歸窖藏，不復流出，以故籌碼益形缺少矣。故欲解決利息問題，尤非研究種種原因不可；否則，徒定限制，於事實又何濟也。

(六)驃期結算以致發生重利——中國利息本亦有甚低者也。如山西有所謂份子銀者，每份三百元，錢莊貸之商人，如商人共借七份，則爲二千一百元。每月利息平均爲二元，每年二十四元，斯一百元之利息，僅爲八釐，亦甚低者也。但現今現洋需急，而利息因之大漲，此何故？驃期結算致之也。所謂驃期者，即定期（普通三月）將所有買賣之賬目，爲一清算。清算之時，均用現洋，而不能記賬，故每至一驃期，現洋大急。此尚就其普通情形而言之也；如一旦因特別之故，將驃期提早，前定爲十二月一日者，今提早十一月十五日；其在平日尚可依驃期漸爲籌備，今驟然提早，則現金更必大爲需急，而商人爲維持信用起見，能借得現金，則大善矣；利息之高，尚又何暇顧及哉。故利息之高低，與制度有關，而不能全歸政治，亦判然明矣。

張家口爲蒙古與內地互市之要道，蒙人以羊毛羊皮等貨物，運至張家口；內地商人以洋貨等物，亦運至張家口，與之交換。平時互相記賬，一至驟期，所有債權債務，皆須結清。抵押之後，如有餘額，必須以現洋找付。現洋需要忽然增加，北京現洋此時多運至張家口，銀根必緊，利率焉得不漲。

又如石家莊，現今亦甚爲重要者也。蓋其地位，在正太與京漢之交，將來滄石鐵路築成之後，即可直達津浦，轉達青島，故石家莊爲四通八達之地。北至北京，南至漢口，西至太原，東至濟南、天津，以其地位異常重要，故成爲棉花之集中點。但購買棉花，必須現金，以致需要甚急。而天津漢口各處，且禁止現金出口，斯供者少，而需者多，利息必因之高貴也。故重利之原因甚爲複雜。吾人欲解決此問題，必先明白各處之情形，然欲知各處之情形甚難，今所述者尚不過小小一部分耳。

且今所研究者，皆少數學者，偏學理而又重實際，而服業者又無暇寫作。有之，因恐得罪於同業，亦不敢詳爲細述。事實不明，吾人又何從而謀解決。故欲研究此問題，非先考察各處之情形不可。事業既明，然後有着手之點；否則，空理談論，於事實無濟也。

（七）以上所述各節，係關於籌碼與利息之關係，但利息爲資本之報酬，與籌碼（錢）原無關係。其與籌碼（錢）有關繫者，厥惟物價。故利息之高低，視資本之多寡；物價之高低，視錢之多寡；錢多則賤，錢賤則物價高；反之，錢少則貴，錢貴則物價低，此一定之理。不過錢爲交換之媒介（籌碼）於媒介不敷分配之時，借款者（卽借籌碼者）願出重利以借得之。今日爲時已晚，不便多講；下次擬在清華學校，繼續講演，漸漸由說明轉入具體的辦法，請諸君稍待。

其二　十一年十一月在北京清華學校演講

徐光蓀筆記

今天所講者，是目下最重要的『中國重利問題』。我在南開大學業已講演一次，南開大學所講者，又在中國大學重講一回，遂引起國會議員王恒先生之辯論。王先生以爲利息之重，可用法律強制之使之低落。我則以爲重利乃經濟的自然趨勢，不能以人爲的法律強制之，雙方辯論之後，尙無結果。此實因一般社會上研究經濟者太少之故。關於重利問題，我於十一月二十六日又在民國大學講演一次，所講之內容與前在南開中國兩大學講演者不同。今天所講與在民國大學講演者又不同。

今天不妨將前在民大講演者略述之。我國一般人以爲利息因借錢而發生，此種觀念實屬錯誤。要知所借者非錢，乃資本也。由分配方面言之，資本所得爲利息，勞力所得爲工資，企業所得爲利潤，土地所得爲地租。足見利息由借錢而發生之謬誤矣。他如倡勞動神聖資本萬惡者，仍無補於實際也。

今舉一例以爲吾人所借者係資本而非錢之證明。假設甲乙丙丁四人欲合資創設棉紗廠，甲所有者爲公債票，乙所有者爲土地，丙所有者爲股票，丁所有者爲工廠。今欲合辦紗廠，必須向外國購買機器及木料等物，凡能供生產之用者卽爲資本。今用機器及木料而紡紗，則機器及木料卽資本之一種。今甲乙丙丁四人不能直接以自己所有之公債票，土地，股票，工廠等購買機器及木料，卽平常人謂甲乙丙丁有錢者，乃指公債票土地等非指現款（錢）也。今既不能以公債票土地等易機器與木料，則祇有將公債票土地股票等出賣以變錢，再以錢購買機器與木料，而達其辦紗廠之目的。是可知甲乙丙丁所需者爲機器與木料，而非錢，不過要買機器與木料，不能不借錢以爲媒介耳。設甲乙丙丁並無公債票土地股票工廠等，卽有之而不願出賣，乃公議向銀行商同借一百萬元，恐銀行不信，乃以公債票股票等爲擔保，銀行以公債票等爲抵押而貸款，甲乙丙丁卽以借得之款（錢）購機器與木料，故所借者係資本實非錢也。向銀行借款而付利息，爲資本而付，非爲錢而付也。

購買機器木料以及其他種種貨物（交易）必須以錢爲籌碼（媒介），既如上述。若交易多而籌碼不够，則籌碼必貴。例如人人要喝茶，而喝茶非用茶杯不可，今祇有茶杯一個，於是茶杯之需要極大，喝茶者不得不向茶杯所有者租用，是猶某甲之目的在購機器，但購機器不能不借助於錢也。（此層已在民大講過。）

資本爲綜合之名稱，凡供生產所需之機器，煤，鐵，木料等莫非資本。我國目下正感資本缺乏勞力甚多之苦，由供求之關係，於是工資低而利息高。反觀美國，則資本甚足勞力缺少，於是利息漸低工資日高，適與我國相反。由進化之現象而觀，利息日趨低下，工資日趨漲高，我國則適與此現象相反。是利息之高由於資本不足之故，此其第一原因。我國尙有籌碼不够，求多供少，爲利息漲高之第二原因。今天所講者卽此第二問題也。

上海爲銀兩碼頭，通用規元，故有銀拆。交易及記賬均用銀兩，銀兩需要之大小有季節，例如陽曆四月五月六月間絲繭茶上市此時上海商人均運現洋至內地，如無錫，蘇州，紹興，嘉興，湖州等處收買絲繭茶等物。因內地信用不發達非用現洋不可此時約需二三千萬元現款。上海既爲銀兩碼頭故商人向錢莊借款均爲銀子。規元是空的是記賬銀(Money of account)雖有元寶，但不能以元寶至內地或鄉間使用。使用者必須現洋錢，當此絲繭茶上市之時，現洋之需要大增，洋釐亦漲，錢莊既不能借出現洋，亦不願當洋釐大漲之時買進現洋，以自受損失，於是貸出者均屬銀兩商人既不能以銀子至內地使用，於是不得不以借得之銀子至市場變易現洋。平常規元十萬兩可換十三萬三千現洋者，至此只能換十三萬一千元(假定)收受二千元之損失。現洋之需要大，其價貴。於是寧杭之造幣廠以有利可圖，趕工鼓鑄，鼓鑄現洋必須銀子，於是上海之銀子均運至寧杭造幣廠。上海存銀減少，銀拆自高，故陽曆四五六月間上海之洋釐銀拆俱形漲高。銀拆之高爲需要增大自然之結果，非人力勉强使之然也。謂可用法律強制之使之不高而低乎？智者必知其不可能也。

迨陽曆八月九月十月間，蘇浙之棉花，湖北之麥，東三省之豆餅均上市，於是上海之現洋運至江蘇，浙江，湖北，東三省等處採辦綿花及雜糧，銀拆亦必漲高。十二月底外國銀行結賬，往來戶均須清結，銀子之需要大，於是銀拆又高。端午中秋節陰曆年底華商銀行結賬，銀拆又高。陽曆二月三月七月十一月銀子無大宗需要，供多求少，則銀拆與洋釐均低。故市場有季節性，漲落有時，如非遇絲繭茶棉花雜糧等收成不佳，年年不易，必無大變動也。

他如五四及奉直戰爭等事，爲不能預見者，風潮驟起，銀根緊急，銀拆必漲。因當恐慌之時，銀行錢莊各大公司各保存銀子以自衞，不肯放出。例如銀行恐存款提取，鈔票兌現，自己準備猶患不足，安肯再行放款。此時商人無融通之處，銀拆亦必步步漲高，此爲經濟界自然的現象。即在英美亦不能免。謂用法律可以壓之不動乎？經濟現象爲活動的，不能以人爲的法律限制之也。我並非謂法律可以廢止不用，不過有當與不當及能否有效之別耳。觀近世法律實有更形嚴密之趨勢，如票據法工廠法勞動法等之增設，又如殺人爲擾亂社會之安寧秩序，其可不處之以法乎？反之，如銀拆因正當之經濟原因而漲高，今強以法律制限之，不惟無實益之可言，恐反足使有資者堅藏不放，必至金融涸竭，毫無活動，謂可用法律強制之乎？

上海銀拆之計算法，以規元千兩日息若干爲標準。例如拆息三錢，則十天之拆息爲三兩，一月爲九兩，一年爲一百零八兩，週息幾爲百分之十一。上海之拆息時有漲落，二分半錢，一錢，二錢，四錢不等，最高時有一十五錢者，按錢業公會章程（似同法律）銀拆只高不得過七錢，即每月二十一兩，但恐慌時則有明七暗十者，即銀拆十錢也。利息高低無定，爲害於商業者甚大，商人對於其未來之進行可以預算，才有安穩營業之可能。利息高低不定，相差過巨，實足以危害商業之穩健。在英美等國，利率之漲落相差甚微，如由四釐漲至五釐，已算變動甚大。雖在紐約，銀行拆與經紀人之拆款（Call loan）有拆息相差懸殊者，但係投機事業，究與正當商業有別也。故我國重要問題，除重息之外，猶有利息變動無定，相差過大之問題在也。

我國最重要的問題爲籌碼不够，銀拆即因此漲高，此實貨幣流轉不速之故。然則欲籌碼够用，流轉增速，將用何法乎？在英美諸國，信用制度頗發達，現金之使用極少，美國無一元之現金幣，起碼爲五元。英國亦無一鎊之現金幣，平常使用全屬鈔票與支票，（零碎支付用鈔票，大宗交易用支票，）計英國支付用具百分之九十七爲支票，百分之三爲鈔票，美國則百分之九十五爲支票，百分之五爲鈔票。若我國不惟支票流用未廣，卽鈔票亦不能與現洋同等通用。赴內地及鄉下交易非用現洋不可，雖不知鄉下人心理之所在，大約係不明鈔票之性質之故。內地鄉人得現洋，卽大部窖藏不出，全失貨幣之功用，故上海之現洋至內地後，大概有一半不見其復出，於是上海之現洋日少，造幣廠多多鼓鑄。用銀多，因之銀少而貴，銀拆以高，故欲籌碼增多，非人人相信鈔票與支票不可。英國支付之具百分之九十七爲支票，美國百分之九十五爲支票，鈔票之使用已成過去的事實。我國將來欲至今日英美之地位，自非養成使用支票之習慣不爲功。因大宗支付如用鈔票，計算不勝其繁，例如買一百萬元之公債，若用鈔票交價，五元之鈔票須二十萬張，十元之鈔票須十萬張，卽百元之鈔票亦須一萬張，如用支票則一紙足矣。但欲養成使用支票之習慣，非先將鈔票之問題解決不可。

因支票含有兩重信用，鈔票只含一重信用。鈔票係銀行所發行，只須銀行根基穩固，不至倒閉，卽無不能兌現之虞。（銀行信用卓著，亦無有去兌現者。）至支票則受票人相信出票人必有存款在銀行外，並須相信銀行不至倒閉，故鈔票只相信一人，而支票須相信兩人。欲兩重信用之支票發達，是當先使一重信用之鈔票發達方可。欲使我國與英美之地位相等，自宜先解決鈔票之問題。但鈔票之準備須現洋，現洋不統一，則鈔票究代表江南洋錢乎？抑代表北洋洋錢乎？或代表袁頭新幣乎？且我國尙無本位幣，洋錢有價格（爲我國現下特殊現象），設上海之洋釐爲七錢二分，北京洋價爲七錢三分（假設北京亦用規銀），則錢商必多運上海之鈔票至北京兌現，將現洋出售而作買賣。是則欲解決鈔票問題，宜先謀幣制之統一也明矣。

鈔票之所以不能與現洋一律看待，亦有理由。鄉下人不相信鈔票，雖不知其所以然，大概係不明鈔票性質之故；但若上海能將鈔票與現洋同等看待，一律行使，則二三等碼頭，如蘇州，杭州，寧波，紹興，無錫，鎮江等處，亦必一律通用。如此則推之內地各商埠城鎮亦必一律流用。今上海有不然者，因上海最初發行鈔票者爲外國銀行，例如某商收進匯豐銀行鈔票一萬元，以之存於錢莊作爲存款，錢莊因恐將來匯豐銀行不爲幫忙，不能不將鈔票收受，但收受後必須用出。而錢莊軋賬均用銀兩，例如甲錢莊欠乙錢莊一百萬兩，乙欠甲八十萬兩，則至錢業匯劃總會軋賬，彼此冲消。甲所找乙之餘額二十萬兩，不能用鈔票，須用銀兩，是鈔票無可用之處。且平常借款用銀兩者多，於是只有兌現一法。然照例五百元以上鈔票之兌現，須在晚間總劃時，至時向匯豐兌現，匯豐若存有麥加利銀行鈔票，則不兌以現金，而兌以麥加利鈔票。（吾國與美國情形不同，在美國銀行有收受他銀行鈔票之義務，但收受之後必須照兌，不能用出。）迨錢莊至麥加利銀行兌現，麥加利銀行或兌以中交兩行，中法實業銀行鈔票，不兌以現洋。錢莊又至中法兌現，不兌以現洋，或兌以正金中交等銀行之拉雜鈔票。至此錢莊不惟不能由兌現而得現洋，反由兌現而得各銀行羼雜之鈔票，並須爲之整理。輾轉兌現，無得現洋之時。於是收受之後既不能用出，又不能照兌，不得不將鈔票出售而變現銀。一萬元之鈔票須損失五元，只得九千九百九十五元，是卽所謂跌價。是以大家不信用鈔票。上海既不信用鈔票，於是蘇，杭，寧，紹推而至於內地各商埠城鎮均不相信鈔票矣。欲鈔票與現洋同等行使，非鈔票能卽時變易現洋不可。按美國國民銀行法之規定爲十足兌現。（Full redemption），國民銀行有收受他銀行鈔票之義務，而無使用他銀行鈔票之權利。銀行收受他銀行鈔票後，卽日或次日攜至票據交換所交換清算，是鈔票之變現金也甚速；非然者，鈔票將永久流用無回去兌現之時矣。我國則不然，銀行收受他行鈔票，仍可用出，若亦倣美國之法律，則銀行不能使用他行之鈔票，只能發行自己之鈔票，則有鈔票者，當時卽可向之兌現，而得現洋，無鈔票跌價之事，是欲使鈔票與現洋同等行使，非倣美國之法律不可。至是人人既養成使用鈔票之習慣，支票亦可漸行通用，於是信用制度發達，現洋之使用少，籌碼之數量增，而利息可低矣。設信用制度不發達，鈔票支票不暢用，現洋又形缺乏，則利息無低落之望也。

以上所述，係就對內而言，至就對外而論，則與國際匯兌有關。我國銀拆高低之權，不操於本國，而操於倫敦。因倫敦爲世界金融之中心點，銀價由其決定，卽欲以法律制限銀拆，其權力亦不能及於倫敦。例如今天倫敦銀市爲一翁斯等於四十便士，上海一規元等於一翁斯零一·一八二，則規元一兩等於四十七便士零二（一·一八二乘四〇），卽規元一兩值三先令十一便士零二。設明日銀價漲，一規元能值四先令四便士，則將發生何種影響乎？我國用銀，他國用金，銀賤則出口多，銀貴則進口多；進口多，則對外債務增，須以銀易金幣償債務，於是銀子減少，銀少則銀拆高，而銀價之高低，由倫敦定之。故銀拆之高低由倫敦定之，非我自定也。謂可以法律強制倫敦之銀市乎？故欲解決我國之重利問題，須研究國內外各種情形方可，若但憑臆斷，不講事實，我未見其可也。凡吾國研究經濟學者，各當發表正確議論，重利問題始有解決之希望。故就國外的關係而言，非改金本位不可，但改金本位非先去兩改元，以謀幣制之統一不爲功。銀元既能統一，則改金本位易矣；既改金本位，則與外國一律，利害相同銀價之高低不足以獨影響我國之經濟界。但改金本位制問題甚大，非今日所能詳言也。

故綜合今日所講，欲解決我國之重利問題有對內對外二點：（一）對內，須使籌碼增多，欲籌碼增多須使信用制度發達。人人養成使用鈔票支票之習慣，欲支票暢行，須先使鈔票通用無礙，欲使鈔票通用無礙，須由法律規定鈔票之十足兌現，且須統一幣制。（二）對外，須改金本位。

吾國銀行發行鈔票困難之原因

十一年十二月在北京大學演講

陳小蘭　王雙鳳筆記

銀行業務欲其發達，祇有三種途徑：（一）現洋充足；（二）鈔票流通；（三）存款發達（即支票使用多）。然而在現在的中國現洋是不够用的，而且有些地方仍然沿用銀兩，支票還沒有產生，三條路有兩條是不通行的，那麼要活動只有向鈔票這條路上插足。

要想叫銀行的業務發達，祇靠發行鈔票是不行的：因爲鈔票的性質是銀行的債務的一種，執票人無論何時有向發行的銀行要求兌現之權利，銀行有立即兌現之義務。所以必須設法使那兩條路開通。兩條路之中現洋累贅，將來商務發達，收支數目很大，現洋一定不是個便利的方法。這麼一來，祇有設法使存款發達的一條路了。

要使存款發達，須使支票流通；要使支票流通，須使人人有用票據的習慣；要養成人人使用票據的習慣，就惟有使支票的流通範圍擴大。鈔票既用慣，人人心目中知道不僅是硬幣可靠，票子也可靠，且比硬而又重的現洋格外便利；支票自然也漸漸爲人人所使用。支票既便利，存款自然而然的增多，資本集中，銀行業務發達，實業界自然也有活潑的氣象。

在現在的時代，中國各銀行業務都不發達，貼現沒有，存款就沒有許多，因爲只有現錢存款是有限的。所以各銀行都極力的設法運動發行鈔票權，差不多家家銀行都發鈔票，這種多數發行的現象很危險，然而眞正能維持倒底也未嘗不好。因爲發行既多，人們便和鈔票格外熟識，格外親切，使用既熟，將來支票自易推行。

中國無發行制度，銀行發行鈔票權又容易取得，所以發行的多。然而此外還有一個原因，在美國雖爲多數發行制度，然而有法律限定，凡不是本行自己發行的鈔票，只許收入，不許再發出，收入他行鈔票存起來和他行所存本行的鈔票相交換，或是向政府兌現，他的用意就是好叫發行的銀行，時時有須準備兌現的心理，因而不敢濫發。我們中國便不如此，非本行的鈔票也收也發，因此發鈔票的銀行不常與他所發出的鈔票見面，膽子越來越大，鈔票便越發越多，於是鈔票漸漸的有些危險發生了。

鈔票根據什麼理由發生出來的呢？有的說是代替現洋的，這個理由很不對。因爲鈔票也是時代的產物，應運而生的，時代上有這個需要，他便是應這個需要而出來的。現洋的使用暫將成爲過去。（鈔票的使用在我國雖不廣，在外國却有戰敗現洋而居其位的勢力了）。

在一個國境以內，或一個地域，如何使鈔票侵入現洋之勢力範圍以內，使現洋被驅逐於市場以外呢？現在且舉一個地方情形來說一說，浙江蘭谿（金華衢州一帶）地方的入口貨以洋貨布疋爲大宗，這些貨都來自杭州。進口商把貨物賣給鄉人，收入爲現洋，收入以後存入錢莊。在那一方面爲出口商，出口商人是從杭州來的，來的時候都不帶現洋，都是拿期票向本地錢莊挪用款項（外埠貼現法）錢莊便把現洋給他，他拿現洋向鄉人收賣土貨，現洋便又到了鄉人手裏了；鄉人又可以拿現洋向進口商買貨物了。現洋又到進口商手裏，而進口商又存於錢莊，錢莊又貸於出口商，照這樣看起來，現洋在這個地方週而復始的成了一個循環的狀態。在這個循環的狀態中由錢莊的營運，一則使循環作用完成，一則由滙票之往來，杭州蘭谿互相對消其債務，適相抵當的時候，可以免現洋之搬運。即不相抵，亦不過少許尾數，所以現洋可保持其在一區域內之循環。

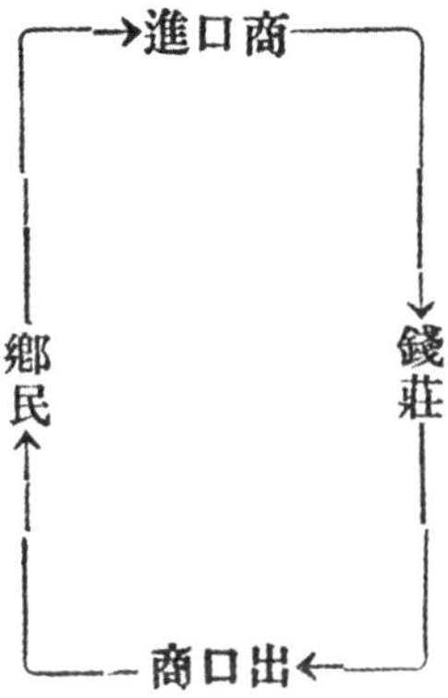

在上述的情形之下，發行鈔票以資流通，替換現洋，有何不可？使鈔票流通於此地，必須首先使錢莊收用鈔票，然後進口商收用鈔票，進口商既要鈔票，鄉人自然收用鈔票，出口商亦可用鈔票，錢莊即可放出鈔票。這樣看來，只稍一轉移，人人都歡喜鈔票的便利而嫌現洋的累贅了。現洋自然要退避三舍了。那麼發行鈔票豈不是件容易的事麼？有什麼危險呢？然而有危險的，不容易的，其所以危險，不容易，並不是鈔票本身常有危險性，不容易疏通性，實在是因外界的環境不好的緣故。現在把這些原因說一說：

（一）銀行要發行鈔票的時候（譬如在蘭谿），如果沒同錢莊協和意見，錢莊收入鈔票或隨時向該行兌取，則該行發行等於不發；或更進一步，錢莊將該行鈔票積成鉅數，驟來擠兌，則銀行即將倒閉；因爲銀行決不能準備許多現洋也。對於這層，銀行可以與錢莊聯絡，許以利益，如以款存其莊中，託爲代兌，或減少其透支的利息。他方面與出口商聯絡貼現（即買賣外埠期票上云外埠貼現即是）時予以鈔票託彼使用。

（二）交通不便，每逢擠兌時，不能迅速聚集現洋。

（三）造幣廠地位不好，如上海商務繁盛的地方，沒有造幣廠，一遇緊急，須到南京杭州去鑄，如適逢軍事梗阻或禁止出口，即毫無辦法。

（四）鈔票流通不遠，僅限商埠或較繁盛的地方，而且僅限於一個地方，（如漢口鈔票北京不用，漢口鈔票張家口不能兌換等等。）所以一有風聲不穩，便立刻回來麕集擠兌，銀行那裏能够稍緩須臾呢？

（五）銀兩習慣還沒改，銀元常按銀價漲落比例合算。（如上海用規元天津用行化，北京用公砝。）洋釐時有漲落，投機的人於是營買賣銀元，各地販運事業。比方上海洋釐較北京大，就有人拿鈔票在上海兌現洋，或是北京洋釐大，就有人拿鈔票到北京兌現，所以鈔票總是難發出去。

（六）因鈔票不流通，存款須時時顧慮提取，所以準備金要多；鈔票更須準備，準備既多，資金停滯；事業往往擱淺，豈能望其發達？

（七）各商家智識既淺，道德又缺，慣弄市儈伎倆。譬如有許多錢莊收到各商號存款，內中雜色鈔票很多，怕檢查麻煩，往往於上午拿到銀行作爲存款，到下午至銀行提取存款；他存的時候是雜色的鈔票，銀行費很大的事理出來他取的時候却不要鈔票而要現洋了。

(八)時局不靖，常有兵變匪搶等事。

有以上種種情形，所以中國目下發行鈔票困難而且危險了。想要免除這些困難，有幾種方法：(一)伸張國幣勢力，廢除銀兩。(二)改造幣廠的地位，設立於商業中心點的地方。(三)交通設法使便利，一則使現洋搬運省事，一則鈔票推廣到內地去。(四)注重商人道德和增加商業智識；一則使發行的人知道愼重，不至冒險發行；一則使故意紊亂金融的人減少。(五)政治修明，裁減不穩的軍隊。

何謂經濟

十一年十二月在北京大學經濟學會演講

劉崇年筆記

今日講題係『何謂經濟』。所謂經濟者，不專指西文 Economics 之意義，乃中國人口頭慣用之經濟二字。例如謂某人經濟，或某事不經濟之類是也。此種問題爲與諸君前途頗有關系，故趁此機會來此一講。請先從科學方面着手。會計學中不有所謂成本會計(Cost accounting)乎?製造者欲知某物之售價，必先計成本之多寡。某工廠中製造茶壺茶杯痰盂等物，如茶壺萬把，茶杯千隻，痰盂五百對，而欲知其各個之成本，須加以分析。假設經理月薪之百元，電燈五十盞，其因每件之製造而消費若干，難以分配，以故每件之成本頗難規定。商務印書館內容複雜，書籍或購自外洋，或在本館印刷。而其種類，亦有雜誌，小說，及教科書之別。由每年決算，僅知利益之總數。何者得利，何者虧本及其盈虧之數，俱茫然不知，如有成本會計，遂可分別。如小說不利，則讓諸中華，可免損失。去歲商務印書館始用新式會計，余曾往演講。因有此制，經費雖增加三萬元，然或因此多賺三十萬亦未可知。若無新式會計，如盲人行路，不辨方向，有人焉出而指使之，遂可免於傾跌。觀乎此，則成本會計之重要昭然若揭矣。成本之中約可分爲三類：（一）Prime Cost，原料品及人工之成本屬焉；（二）Factory Overhead，機器修理費房屋折舊及保險費屬焉；（三）Selling Expense 薪資運費手續費廣告費屬焉。譬如製造茶壺一把，人工原料必不可少，其他各費加於 Prime Cost 之上。若一處設二工廠，從事競爭，甲廠見乙廠新張，遂放棄一切，則種種勢力皆爲乙廠所奪。故須勉力自爲，最低限度，不致虧本。如物品售價以 Prime Cost 爲度，則其餘兩種費用雖無從開支，亦不致虧本。若一旦停工，完全退出商場，所有設備均歸無用，豈不大受損失。譬如茶壺一把，原來售價二元，今售一元二毛，除人工原料值洋一元外，仍可得利二毛。雖不足以抵補其餘兩種費用，然比較停工似勝一籌。今日紙煙公司之競爭亦然，南洋兄弟煙草公司與英美煙公司競爭，英美占十之六七，南洋僅十之二三，南洋公司惟有競爭，不能退後。譬如紙煙原價百枝二元，現僅售一元二毛，表面雖少八毛，然除原料及人工一元，尚可得二毛，稍補其餘兩種費用，便可繼續支持數年；前中華書局生意清淡，幾至閉歇，若果中斷，則房屋機器皆有損失，故勉強開設，以待機會。今則主顧日多，可望發達。去歲全國基督教青年會來京開會，要求車費減價，譬如每人票價自二十元減至十元。十元中減去煤炭工資之成本八元，尚可得利二元。其他房屋機器車站等成本未曾計算。若無靑年會會員乘車來京，則此項固定費用不能稍減。故此項固定費（如車站機器等）與火車票價無關。又如內地居民乘轎代步，抬送一次，索價八毛。若係回往，可按六毛計算，費用較賤之理，與前相同。余來講演別無所謂 Prime Cost，惟有因講話疲倦，歸食雞子四枚，以補不足。他若衣服眼鏡人力車之消費，與講演與否無關係。蓋我不講演，亦須穿衣服乘人力車，戴眼鏡也。諸君在大學讀書，消費金錢時間勞力等，所有成本已不爲少，然與經濟二字有何種關係乎？

經濟之主旨在以最小之消費(Cost)獲得最大之效果(Result)，西文 Economy 一字常與 Efficiency 並用，表示一面省錢，一面須有效果。若僅知節省而無效果，不能謂之經濟。鐵道及各種工業皆有一定之成本，人類亦然。讀書期內之成本，加入操業時車馬費飲食費爲消費之總數。因善於運用，可使此種消費化爲至小。譬如汽車一輛，購價二千元，使用一次而損壞，消費固甚大；若用二千次，每次所費不過一元；四千次僅五毛而已。學生讀書費去二千元，作成一事而夭殁，所費至巨。若做事數百件數千件，其成本可變爲毫末。故作事愈多，成本愈小，而其效果愈大。故欲減少成本，惟有多多作事，愈多則效果愈大，無有極限，成本亦可減爲最少。故成本之多寡，可無須介意。蓋生平之成績，全視效果之大小以爲斷，不以成本之多寡爲標準也。又如有鐵道二條，成本皆爲二萬萬；一處乘客衆多，一處生意冷淡，成本雖同，而效果固有大小之分。價值(Value)亦有高低之別，可知鐵路價值，亦以效果爲標準也。又如鄉間購地二方，一方出產較多，一方出產較少，成本雖同，效果有別，因而價值亦有差異。諸君今日能讀書，異日能辦事；有成本即有效果，有效果即有價值。價值之來源雖由於成本，但不以成本之多寡，定價值之高低。如欲效果較大，第一步須有高尚之學問，第二步須有健全之身體。學問優而身不強，非夭殁則精神缺乏，不能隨心所欲。諸君在學問上固當用功，於游泳及擊球諸運動亦當注意也。

以求各部均齊之發達，購書及運動器具之成本，不必愛惜，將來作事始有效果。既有效果，必有價值，有價值斯有價格（Price）。工人長於製造，遂有價值。有聘用者，索薪千元。價格之本源係價值，價值既高，索薪自多。自經濟學之理論觀之，未可厚非。但有價值者，未必皆有價格，而有價格者，非有價值不可。茶壺之價格每把二元，以有儲茶之用，遂有價值。故有價格者，必有價值。但保和殿係歷史上古蹟，不可謂無價值，然而無價格，因無人願作價購買也。孫中山革命告成，亦有絕大之價值；但無價格，因不能以數萬元之代價即可購得也。總而言之，有成本可得效果，效果遞增，即成本遞減。因做事愈多，即效果愈多，而每次之成本愈少，效果愈多，即價值愈大，但價值愈大，價格未必隨之而大。故學問高者，不盡能得善價；有時對公衆事業須盡義務。事業愈大，愈不能定其價格。青年出而問世須有機會，往往有能力甚大而不能得志者。顧人乃社會上之動物，能作事與否，全恃社會之環境而定。機會愈多，做事亦愈多。自此以後吾國決不能閉關自守，故步自封，非與東西洋各國競爭不足以圖自存。故將來之機會未可限量。請舉一例以明之，當社會狹小時，市場爲買者賣者之聚會所，如購買魚肉，必往小菜場是。但今日市場四通八達，隨時皆有市場，不必拘於一處。有價證券尤便於買賣，如欲購英國公債票，見行情好，可以電報託購，欲買美金，亦能電請代辦。昔日不知行市，非往市場不可。今則機會甚多，有電話，有電報，有廣告，有行市報告。消息靈通，國際貿易日臻發達，雖欲閉關自守而不可得。中國絲茶羊毛菜油等，皆變爲世界物品，範圍擴張，則希望無限。小規模變爲大規模，小量觀察變爲大量觀察。機會大則可爲之事業多。在社會上可多所建樹，現在之成本可不必計較，因將來效果愈大，成本可以減至於無窮也。余昔日借錢讀書，今皆還淸，且有盈餘。爲人須放大眼光，諸君前程遠大，在座者或有一人爲將來之大總統。即不必作官，亦可爲大實業家，如煤油大王，鋼鐵大王，羊毛大王等。至於成本不必計較，以最小之成本得最大之效果，此之謂合乎經濟。

金融界應注意之要點

十一年十一月在上海聖約翰大學經濟學會演講

陸以銘筆記

吾國財政紛擾紊亂，至今日可謂甚矣。試環觀國內造幣廠，當其事者，莫不視之爲唯一利藪。所鑄國幣輔幣，其銀色成分，必多方侵蝕，非至使國家之威信掃地，陷社會於水深火熱之中而不止。例如銀圓重量，爲庫平七錢二分，內中百分之十，按例爲攙入之他種金屬，而純銀本分得百分之九十（即六錢四分八釐）。乃察諸市上通行之銀幣，庸知大謬。純銀成分，既參差不一，即其重量亦多區別。因之幣價倏上倏下，金融界惶惑不定，人民感莫大之痛苦。揆諸生計學理，原無可逃避。今日我國金融杌隉不靖，至於此極者，幣制不改良，亦一大原因也。

溯自袁氏謀帝制，大典籌備，奢靡絕倫，需款孔亟，乃將京畿附近所有現銀，派員設法羅掘。夫貨幣爲流動商務唯一之要素，一旦被大宗之吸收，則市面必陡起缺乏現銀之恐慌。各銀行乃濫發鈔票，爲墊補之計。顧凡習銀行學者，必知鈔票之發行，宜如何審愼，非得有確實成分之現銀，保藏庫中，作爲準備金，必不能取信社會。若一近於濫，銀行信用，即受重大打擊。停止兌現之禍，乃終不得免。雖然，再進一步以揣其根本上失敗之由，余敢謂實在政府之不能於財政及金融兩界限，具有充分淸晰之了解也。余當將此點，詳爲解釋之。

銀行制之最完美者，莫英吉利若。所以然者，金融財政兩途不相讓合也。考英銀行最重要之營業，爲用期票貼現；例如甲商之貨品尙在製造中，其原料取之於乙，但對乙一時不克付現款，故乙向甲出一滙票，令甲於數月後付款，甲受之，遂於滙票簽字將票交還乙。如於甲票限期未屆之前，乙亦需款，乃取甲票向銀行貼現。銀行除去其應得之佣金外，卽於乙名下，記存款若干，同時授乙該銀行之支票簿一册，意爲乙商此後卽可以支票用此存款也。自經此一度交易，甲與乙之關係，已間接消滅，而銀行旣已買入甲票，則爲甲商之債權人矣。迨甲票償本之期屆，甲商貨物預測已可出售於市上，取所獲以歸償銀行，銀行收入相抵，則屬乙名下者，不啻已爲一種確實之存款矣。由是觀之，商業愈興，銀行貼現事業必愈夥，卽如是發生之存款亦愈鉅。因果相尋，事理之所必然也。故銀行存款之繼長增高，萬無過度之虞。蓋銀行存款擴張，實所以證明商業上之發達。社會呈此種樂觀現象，吾人又奚戚戚爲。英美之業銀行者，莫不視此爲大宗營業，而實卽爲行使其完全金融上之職務，至於政府之財政問題，則風馬牛不相及也。惟其能如是，故金融穩健，百業安頓。今更述法蘭西之銀行制度，爲比較的推論。法國私家銀行，亦向商人收買期滙票，以應商人貼現之需要，產生存款之法，與英國同。倘各銀行資金不足，則有重貼現之舉。重貼現者，卽各銀行收受商人之期票後，重向中央銀行貼現也。法國中央銀行，本賦有發行鈔幣之專利權，故來重貼現者，卽以鈔幣應付之。此項發行完全根據於商業上之眞正交易，與銀行學中之原理，甚相適合。雖然，法國中央銀行之鈔票，有不根據於眞正交易，乃根據於政府借款而發出者。考法政府與中央銀行，其關係實至密切。政府當財政拮据之秋，解厄紓困，賴中央銀行之挹注者，什居七八。法銀行之根本弱點，胥在乎斯。今更舉例以明之：設政府向中央銀行籌借一萬萬法郎，在中央銀行方面，早夕可集得此種大項現款。其唯一應付策，卽以一萬萬法郎之鈔幣，授政府耳；然此一萬萬法郎之鈔幣，非由商品交易上所發生，已甚明瞭。假使在歐戰期內，政府籌款之目的，適爲購辦軍用之需，一旦運赴前敵，消耗殆盡，顧此一萬萬法郎之鈔幣固猶盡數流行於市上也。余於商業上發生之銀行擔負，一俟貨品售於市，卽得與之同時相抵消，已確切言之矣；但於政府之借款則不然。蓋軍需物品已消滅於無形，而鈔票仍流行於市面，不相抵消，況政府向中央銀行籌得鈔幣，散用於市，而銀行又不能同時增長其準備金以維持之。不幸而政府昧於利害，伎倆屢試，銀行方面又惟出此最下策以爲應付，究其極，乃發生以下之種種危險景象，接踵銜肩，輾轉爲祟，金融界之厄運至矣。今臚舉之如左：

（一）鈔幣濫發　濫者，發行之鈔幣，超過銀行應置準備金成分之限也。此甚簡明，毋待贅言。

（二）鈔幣跌價　鈔幣之發行，既近於濫，市面對於該鈔幣之信用，未有不搖撼者。信用既衰弱，鈔幣之市價，乃一落千丈。

（三）物價增漲　鈔幣爲貨幣之一，貨幣值賤，則其交換貨物之力，亦隨之減少；換言之，卽不能以昔日同等數目之幣購目前之需用品也。譬如昔年購呢帽一頂，僅須鈔幣五元，今鈔幣市價跌去百分之五十，則昔年值五元之帽，今必以十元之鈔幣，方可購得。

（四）人民生活程度，驟見增高。

（五）米珠薪桂，謀生維艱，工人滋擾，罷業爭資之事，必見增多。

（六）人民既無正當之企業可圖，乃生僥倖心。投機之業，乘隙蠭起。去年上海交易所，信託公司，風起雲湧，顧其造孽已不謂淺。據余所知，自我國投機業興，期不過半載，其於途中投海自盡者，不知凡幾。

（七）海外滙兌價格，漲縮不定；例如英金一鎊，本可兌二十五法郎，今因法郎跌價，每鎊竟可換三十或五十法郎不等。故做進出口及海外貿易者，罔知所從，對於營業將來之方針，更難有把握。商務停滯，市面索索無生氣。

（八）商業既停頓，滙兌又漲縮靡定，因此傾家敗業，必層見迭出。故市面又添紛擾之景象。

（九）資本家見營業之不易圖也，裹足不前，相率以保守爲戒，靳於投資，社會之生產力，乃愈趨愈下。

（十）生產力愈薄弱，卽人民擔負國家稅務之能力愈薄弱；人民擔負之力弱，則國家財政之窘迫愈亟亟不可終日矣。

由是觀之，中國之濫用鈔幣，非但足以擾亂金融，貽社會以伊戚。乃究禍之極，適所以摧毁政府之信用，陷國家財政於破產也。出此下策，病狂已甚。夫如是，銀行之必屏除政府一切財政上之牽涉也，不待智者而可以辨。

然則政府籌款之法維何？曰有二途：一爲募公債，一爲增國稅。此則純粹國家財政上之問題，亦卽政府所宜審慮而措施者也。發行鈔票，係金融上之問題，政府不宜干涉。余言至此，不禁慄慄而懼。試觀我國今日銀行之趨向，實旦旦陷入此危境而不少顧。北京銀行界因政府濫借款項所受之影響，至深且鉅，迄今尙不能恢復，此余所深知。推其原由，莫非因政府財政奇絀，屢向其籌款耳。政府漠視我民之利害，我亦何責，惟吾人痛關切膚，得不思所以挽救之耶？挽救之策，莫善於仿英蘭銀行之法，不爲政府多墊款耳。

好政府與好商人

十年十二月在北京平民大學商學研究會演講

甯達蘊　李光儼筆記

兄弟今天到這裏來，覺得很歡喜。前天孟先生託我來講演，當時心裏異常高興。本來在社會上作講演這件事，無論誰也是應當的。兄弟平常的演講，覺得同今天的要特別點。因爲貴校『平民大學』這四個字，不特在中國是初創的，就是世界上也算是一種很創聞的學堂。既是這樣，所以今天特來幫一點忙，藉以與諸君研究研究。

今天所講的題目，前天想了一下，覺得不甚好找。貴校是以商科爲主，如要講演，應當擇其與商科有關係的。如像輪船，鐵路，鹽餘，關稅都是應該拿來討論的。不過講起這些來，一時不容易講完，所以順便定了『好政府與好商人』這個題目。

我們爲什麼要講『好政府與好商人』這個題目呢？因爲現在的中國，要想他發達起來，不光是要好政府，也要好商人。政府好了，商人也好了；那麼，中國的一切問題都很容易解決。近來胡適之先生極力提倡『好政府』的，因爲有了好政府，則各樣事業都好辦了。但是要好政府，首先必定要得人。前幾天黃報上有蔡元培先生當總統的消息，以我的意思批評起來，蔡先生實在可以當總統；因爲他的學識德行資格都是很够的；很可以作總統的材料的。

好政府當然政府要好，而人民也要好。一國之中必要有些爲 Business man 的人（卽好商人）。商人要好，也非有專門的學識是不行的。所以好政府與好商人都是要有專門學識的人才可以。

政府發達的時候，萬事都要順從民意，（但以人民程度到若何境地爲限）因爲政府的原動力（Dynamic）在人民。所以政府對於人民的一切事情都應該發展他，而對於商人尤其要緊，因商人不啻爲社會進步之原動力的緣故。改造中國非好政府所能勝任的，必須有好商人（商人包含實業家。）好政府同好商人，兩個互相爲用，則各種事情才有成功。如這次華盛頓會議，各商人因爲關稅的問題，派請蔣夢麟余日章兩位代表去作政府的後援；果然從前種種的失敗，這次都收回了。假使沒有這種舉動，能成功嗎？於此可見商人對於政府的力量了。

商人對於幫助政府的地方很多，現在把他分著六項來說：

（一）幣制　中國的幣制，向來極不統一的。自從墨西哥的英洋流入後，佔了中國極大的勢力。上海的商人看見事情不對，於是就想出法子來，去掉英洋的勢力，自己在上海設了一個造幣廠，爲將來統一幣制的第一步。

（二）先施永安　這兩個公司，差不多諸位都知道的。上海在從前各樣東西，都是到外國的洋行商店去買，外人得的利實在不少。自從有了先施永安兩公司以後，不特中國人買一切東西都不上外人的洋行商店，就是外人買東西也到這兩個公司來了。因爲先施永安這兩個公司什麼東西都有，實在是一個百貨商店，所以不論什麼生意都被包辦了，況且物美價廉，童叟無欺，自然佔優勝的地位。

（三）紗廠麵粉廠　從前由外國進來的紗同麵粉很多，自從上海天津的紗廠麵粉廠設立以來，這兩件東西都受了很大的影響。現在中國所出麵粉，不特能自己供給，並且還輸出去很多。

（四）英美烟公司與南洋兄弟烟草公司　英美烟公司在中國獲的利益實在不少，南洋兄弟烟草公司能出來同他競爭。兩個的勢力，英美烟公司佔十之七八，南洋兄弟烟草公司佔十之二三。現在雖如此，將來南洋兄弟烟草公司一定能駕出英美烟公司之上的。因爲烟草的材料，我們都不缺乏，原料很賤，只要能够努力做去，一項大漏卮不難收回的。

（五）輪船　中國的輪船到外國的很少，所以一切權利不能同人家競爭。現在上海廣東亦有航行外國的輪船了。商人能够努力，將來海上的航權一定能够佔點。諸位！知道航行外國的輪船一定不可少的。譬如中國的貨要想裝到外國去，外人一定高其價的。南滿鐵路中國運東西，必待日本人自己先運去，然後才運別人的貨；運貨價目只有一元的，他要兩元。所以中國對於航行外國的輪船，要好商人努力的做去才好。

（六）糖　中國吃的糖，外人賣的很多，如英商太古怡和與日本人所賣之糖每年不知凡幾，且多雇中國商人運銷，每包略給佣金若干。這個漏卮實在大得很。從來中國人並不十分注意，後來馬玉山才組織一個公司，或可以抵制一下。

由上面六項事業看起來，差不多都是商人的力量。政府有許多做不到的，商人公然能够做到。政府如能够成一個頂好的來幫助商人，那麼中國的前途未可限量了。

有好政府才能够幫助好商人。商人亦必要好，才能發達其事業。說到這裏，我們把中國商人的道德要注重一下，中國的商人喜歡做假，這是最有妨害的一件事情。要有好商人出來，必定首先注重他的道德。要注重商人的道德，在對於一般平民的教育要提高。貴校是平民大學，將來商科的學生出來，知識程度一定很高的，能够以很高的程度來作商人，不消說是頂好的商人。

吾國關稅與幣制的關係

在北京稅務專門學校演講

石松盛　戚報元　汪仁則　筆記

今天講關稅與幣制的關係。關稅的問題，這次太平洋會議已經有所議定。關於值百抽五，值百抽七·二五，以及調查物價種種問題，現在上海修改稅則委員會就要開會擬定具體的辦法，不久可以發表。今天姑且不論。不過我們要知道，關稅與別種問題的關係很多；譬如關稅與公債的問題，亦是一個。近來公債票的低落，固然由於流動資本的少與非正式發行公債票的多；但是亦因為準備基金恐無處着落的原故。公債基金一共是二千四百萬，照章程要由鹽稅餘款（卽鹽餘）拿出一千四百萬，烟酒稅拿出一千萬來作抵。現在鹽餘同烟酒稅都拿不出來，烟酒稅所拿出來的一千萬本要由交通部墊出，現在亦墊不出來。所以基金的全部，恐怕要關餘來擔保；但是關餘亦不是靠得住的，因為關餘卽磅餘，有磅餘亦必有磅虧，假使是磅虧，則此項基金便要低落。今年的關餘受兩層影響：（一）近來金價漲，銀價小，假使銀價縮一辨士，關餘便要短一百萬兩，若縮的多，關餘便沒有了；（二）因為內地不安靖，影響到商業上國際貿易小，進口貨不多，關稅也就徵收得少了。倘整理內國公債基金，不能從交通部與鹽餘項下拿出來，單靠關餘來彌補，恐怕不敷。所以到期公債的本息就靠不住。從此看來，關稅很有重要的關係，不但對於公債，便是對於銀行財政種種問題的關係亦很大。我們要把種種關係都加說明，便整天也講不完。所以今天僅講最要緊的關係，就是『關稅與幣制』。

這個問題，我們研究經濟學及商學的人視為很重要的。我對於中國幣制的意見，可以分四層講：（一）中國的貨幣何以紊亂；（二）洋商（Foreign merchants）何以用規元為本位；（三）統一中國幣制須廢規元，欲廢規元必先行自由鑄造（Free coinage）；（四）幣制與關稅有何關係。今分次說明。

（一）中國幣制何以紊亂。我國向無銀元（Dollar），自從滿清時代與外人通商後，墨西哥銀元漸漸從廣東進口，流傳到內地。這種銀元，因上面鑄著一隻鷹，所以都稱他爲『鷹洋』。當時國人貪便利起見，又稱他爲『英洋』至今沿用不改。當時中國政府以爲外國貨幣流入，有喧賓奪主的樣子，想自己鑄造銀元來抵制墨幣。於是叫兩廣總督在廣東立廠造銀元，這就是現在通行的龍洋。當時意不過在倣造，並沒有一定的法價。後來江南，安徽，湖北接着開廠鑄幣，所鑄的銀元成色和重量各廠不同，於是就生出銀元的價值問題來了。譬如江南造的銀元成色，比較廣東造的低，如此，一塊江南銀元值不到一塊廣東銀元。要把廣東銀元合江南銀元，他的比例，或者是廣東一元合江南一元多。不但江南造的與廣東造的有比價，便是別個廠造的銀元也各有比價，而且比價是不定的。因爲造幣權在政府，銀元的數目，不能合商業的需要而有相當的增減，所以銀元的價值，就因需要的增縮而有高下。又加上了成色與分量的不同，幾個造幣廠各造各的幣，銀元的價值，又沒有可以定一種做標準，所以愈弄愈糟了。這就是現在中國幣制紊亂的原因。

（二）洋商何以用規元爲本位。洋商看見銀元的價值變化到這個樣子，記賬的時候，就感覺起困難來了。譬如今天銀元是這麼一個價值，明天又變了，天天要折合，這就麻煩極了，所以纔用規元作商業上記賬的標準。物價的本位，實在出於勢所必然的，因爲規元是死的，不變動的。何以呢？譬如有五十二兩漕平元寶一只，漕平元寶是以紋銀做標準；他的成色有一定的，是等於百分之九四·三四，凡有銀子都由公估局（按此局專事鑑別稱量，不論何種寶銀，須由局估定成色重量，決定他的申水，寫在上面，方能流通市面）驗過，假若他的成色高過標準，加上所差便是申水。現在這只元寶，要加申水二兩七錢五分，就等於五十四兩七錢五，就是商家所說的二七元寶。這個數目(五四·七五兩)用九八去除，得五十五兩八錢五強，這就是上海商家所通用的九八規元。規元是不變的，因爲五十二兩漕平及標準成色百分之九四·三四是一定不動的，九八數字亦固定不變的。所以用規元來記賬，就不怕變動了；但是規元是虛的，並沒有實在這一樣銀子，他不過用來記賬的虛本位 (Money of account)罷了。實際上付賬，仍舊要用銀子，要付銀子，就要折算；譬如付一百兩規元的物價，假定一銀元合規元○·七三三兩，便要付銀元一百三十六元四角零。所以記賬用規元，付賬仍用銀元，按行市計算。至於關於上海幣制的狀況，余在交通大學講過，不久可以發表，今姑不講。不過規元與銀元的比價(就是生銀與貨幣的比價)時有高低；譬如今日規元一兩合洋一元三角三，明日或合一元三角四，後日或者是一元三角五，價值起落不定，商人買進貨物的時候，與付賬的時候，便有差異。假使買的時候，規元一兩合一元三角三，等到付賬的時候，規元一兩漲到一元三角五，每一兩規元便要多付二分了；而且規元與銀元的比價高低不定，現在買貨的時候是一個比價，說不定將來變到什麼樣子。在我們零星購買，用不到一二兩規銀，折耗不過幾分，是很有限的；可是做大生意的人，幾千百萬的進出，一兩差二分，十兩就差二角，一百兩就差二元，一千兩就差二十元，這數目可就大了。所以貨幣比價不一定，商業上影響很大。我們不把幣制改良，使他價值穩固，商業的前途很不穩定。所以幣制的問題，比較交易所信託公司種種問題，尤爲重要，我以爲是一個頂重要的問題。

(三)統一中國幣制須廢規元，欲廢規元，必先實行自由鑄造。規元與銀元的比價，既然高低不定，商業又感困苦，所以現在一般人多主張廢規元。他們以爲規元一廢，便沒有高低可說了。現在銀行界中人多說先把規元廢去然後再講自由鑄造，在他們祇以爲變化的原因是規元——因爲現在商業上習慣都是一元合規銀幾錢，這個數目是變化的——所以規元一去，銀元的比價，可以沒有了。我意以爲他們忘了規元的本身是不變動的（上面已經說過。）他們去了不變動的規元，而沒有法子固定銀元的價值，實在是一個謬誤。近來銀行界會議，仍舊主張其先廢規元而後實行自由鑄造的意見。余代表商學界爲反對的主張，雖四周的空氣都主張實際派（馬博士以爲現行銀行界意只在廢規元，故稱之爲實際派。）的論調，我仍舊保持我的原議。我以爲彼等的主見，是不合於學理的。現在我要從關稅方面來推論到這個問題。

中國現在所有的銀元，他的種類不一，成色高低，比價無定，狀態是很紊亂的。從前就有某外人主張改用半元制，這個論調並未實行；不過現在袁世凱銀元頗有統一幣制的希望，何以呢？因爲現在銀行中雖有用規元做本位的，亦有用袁洋做本位的，財政部，鹽務署徵收稅款，亦用袁洋；而且袁洋在上海市面上勢力很大，所以袁洋的用途，一天大一天，可以操縱全國的市場。假是海關不徵收海關銀兩，亦用袁洋，如此一來，袁洋的勢力愈大，愈有統一的希望；但是海關未必肯捨棄關平，來採袁洋，因爲袁洋的用途雖大，勢力雖增，仍舊不能免了比價的高低，仍舊有行市。這是什麼原故呢？因爲現在商業往來，仍舊以規元爲記賬本位，既然以規元爲記賬本位，所以袁洋與規元的比價仍舊存在，所以有時候一元等於七錢二的規銀，有時候等於七錢三。現在實際派（就是現在銀行界主張先廢規元的，上面已經說過，）主張把規元先廢掉，就沒有七二七三的變化了。

我說他們主張錯了。他們沒有想一想銀元比價的有高低，究竟爲什麼原故？又沒有想一想銀元比價漲縮的時候，爲什麼沒有法子阻止他使他的價值可以不用人工能够自然而然的保持他的法價他們只看見行市今天掛牌七三三明天七三四後天七三五的鬧；他們只看見規元的數字一天加一天減他們就以爲毛病都在幾個數字身上想把他廢了，就可以免了麻煩與危險了。其實他們忘記了一個很重大的事實在裏面呢！所以我說就是把規元廢掉不用，銀元的價值，仍舊要變的。何以呢？譬如現在市場上忽然有幾宗貨物上市，都是幾百萬大批的交易商業就要擴張到幾倍。這個時候，買物的要銀元，賣物的也要銀元，銀元的需要也增加到幾倍。這個時候市面上銀元的數目，如果也能够同樣的增加幾倍，那末每一個買的和賣的都能够有銀元，大家都不必恐慌，不必爭先恐後的奪銀元了；但是沒有自由鑄造，在這個時候，銀元的數目——商人正待急用——能够聽便自然而然的增加幾倍麼？這是不可能的事。要曉得銀元的鑄造專權，只有政府有的，政府他一把抓住了這一個好利息的專權，他肯放手饒人的麼？那個時候，生意正在要緊的時候，四處八方的貨物，陸續不絕運到市上來，都要載著銀元回去。商人正要做生意，賺蠅頭微利的時候，正想著有銀元可以買貨，正在喉乾口急，政府把住了鑄幣的專權，他那管你們商人的喉乾口急，身家性命？他把住了不動，一個銀元也不鼓鑄，直等到比價從七一到七二，到七三，還不够，到七四，到七五，他纔慢慢的說：『你們困苦的了不得，我來救你們罷！』這纔開起工來鑄起銀元來，這個時候商家已經等急了，便是出七五也甘心買一塊銀元；况且造幣權在他手裏，祇有他可以操縱，祇有他可以龔斷，祇有他可以剝削，所以在『五四』風潮的時候，竟高到七八，商人也沒有法子。商人的吃虧，就是政府利息，政府有利可圖他那管商人的吃虧。從此看來，就是規元廢除，而政府專利鑄造權的阻礙仍在。現在把規元廢掉，銀元與規元比價自然沒有了；但是銀元與別種東西的比價可以發生；例如浙省的現水——即銀元與過賬銀的比價，雙方交易多用轉賬方法，不用現洋，所以甲付乙的款，可以從某某錢莊劃撥。倘要現洋必定要貼水，這就是現水，現洋愈少，現水愈高，有時每百元須貼十餘元。現水乃是銀元與轉賬的比價，洋釐乃是銀元與規元的比價，這二樣名目雖不同，性質是一樣的，假使說把規元廢去以後，洋價便能穩定，這種論調，有那一個相信他呢。所以我說自由鑄造必定在先，譬如北京人吃米，假使米不加多，但是人口忽然加五十萬加一百萬，米糧的價格，當然要漲起來的。政府在這個當兒，他就沒有壟斷的心思，也沒有能力可以周轉靈速，何況高利在手，如何肯放棄呢。

我的意思要先自由鑄造，要自由鑄造，又要先定銀元的法價，這是當然的事。照國幣條例，銀元的定義，是每元等於庫平六錢四分八的銀子與七分二的銅——就是銀九銅一的比例——加上六釐鑄費，故一元銀幣實等於庫平六錢五分四，合天津行化六錢九，合上海規元七錢一。譬如以規元七錢一做標準，令上海造幣廠（尚未成立）造銀元他的重量和成色必合此數。如此七錢一規銀的面價(Face value)實等於七錢一規銀的實價(Real value)。但是如一元錢的鈔票在面價等於一元，他的實價不過一張紙加印工，值不到一個銅子。現在的標準，要使實面二價相等，並且又可以自由鑄造。如此，銀元的價值就可以不變；既然不變，他的效用就同規元相等。到了這時候，規元便可以廢去，關平亦可以廢去，什麼銀兩都可廢去，中國纔有固定不動的銀元為本位；但是爲什麼自由鑄造，可以使得銀元的比價不變呢？第二層我要說明這個問題。

假定現在可以自由鑄造，又假定現在正是絲茶上市的時候，銀元的需要自然增加。這個時候，銀元的比價，自然從七一升到七二，就可以拿七一的生銀，到造幣廠鑄一個銀元；但是銀元的市價是七二，這樣可以得到一分的剩餘，現在因爲可以自由鑄造，所以人人看見有利，他有生銀，就要送到造幣廠鑄銀元了。這樣市面上銀元的數目，自然要增加，因爲銀元數目增加，他的比價自然可以壓平，回復到七一的法價。假若商業愈多，銀元的需要愈大，銀元的比價劇增，但是生銀送入造幣廠的也愈多，造幣廠也愈忙，銀元也出的愈多，銀元多，比價沒有不低落的。因爲在這一點，銀元視同貨物一樣，適用供求的公例，他的數目愈多，他的比價愈落，所以能够不使比價高到七八的樣子；但是銀元所以能够隨需要而加多的原故，多是因爲有自由鑄造，假使沒有自由鑄造——現在就是這個情形——貨幣鑄造權在政府手裏，政府要抑定不鑄，抬高比價，然後再鑄，——這就是前面所說過的——這樣情形可就糟了。因爲政府只要有利可圖，未必關心商人的困苦，所以必定先有眞正自由鑄造，纔可以除去政府的專利，纔可以廢止規元的本位，纔可以固定銀元的比價。但是有人要疑心銀元的比價，既然不能過於增高，能不能够過於低落，這層可以不必過慮。譬如銀元比價跌落的時候，跌到七錢，就有人拿七錢的生銀，收買七一的銀元(實價)鎔出來，可以多得一分。人人買銀元來鎔化取利，銀元供給少，供給少，比價又高起來了，所以銀元的比價，不會漲亦不會縮，因爲一漲，就有人來鑄幣，一跌就有人來鎔幣。從此看來，自由鑄幣可以固定銀元的比價，使他不變，他既不變，就可以用來記賬。我們就可以同外人商議除去規元與海關銀兩，採用銀元爲本位。我們可以廢除規元，使商業上可以免了折算盈虧不定的困苦，所以我說自由鑄造，必先於廢止規元。況且規元所以被採用為記賬虛本位的原故，多因為是死的，不變動的，現在銀行界人說先廢了規元，這樣銀元沒有標準的比價，竟不曉得要變化到什麼樣子。他們的主張，好比一個人死了一個妻子，沒有再娶，他朝裏看是空了的。他們又說先廢規元，後講自由鑄造，這好比一個人沒有娶妻，先要商議怎麼樣生兒子——這次序是顛倒的——豈不是一個笑話麼？我與銀行界的人討論本問題的論文，從民國十年上海銀行年報可以看見。

(四)幣制與關稅有何種關係？以前所說的，都是申明我欲廢規元，必先實行自由鑄造的理由。現在我要說明這一點與關稅的關係。我以為先實行自由鑄造，從上邊所說的結果看來，銀元的比價可以不變。我們就可以同海關稅務司商議廢去海關銀兩，他們必定樂意，因為現在商人付關銀，必先按市價折算銀元多少，實在很麻煩，假使改用固定的銀元，就可以免了這一層麻煩，洋商未有不樂從的。我現在把幣制與關稅關係，可以分別三層說。

(子)海關關稅收數甚大，九年度海關實收五千餘萬兩，八年預算常關收入二千餘萬兩。這個數目很大，假使不用海關關銀，直接的改用銀元，這樣付稅的時候，可以省了許多折算的麻煩。

(丑)我國對外貿易的數目到十萬五千二百萬兩，從這個數目徵收的稅收數目亦很大；但是都依照海關銀兩計算。海關銀兩同內地銀兩有一定的比值；譬如江漢關關平一百兩就等於一〇二·二〇五三的庫平，一一一·四〇的上海規元，一〇八·七五的漢口洋例，一〇五·〇〇的天津行平化寶銀。商人運貨至內地或各埠，都將物價折合內地銀兩。這樣的轉折，因爲海關銀兩與內地銀兩有一定的比例；但是關銀同內地銀元却沒有一定比例。商人要不照銀兩合算，就無法折合了。所以商人對於舶來品都用銀兩計算，不用銀元。假使海關廢了銀兩不用，但用銀元，商人可以不必折算，內地銀兩可以不廢自廢的了。

（寅）海關對華商洋商徵收稅課，對銀行團支付賠款，往來出入爲數甚大。假使改用銀元，對內對外，就都用銀元，銀元效用自然格外增加，勢力格外擴張，自然可以統一幣制了。

但是我的結論，要達到海關能够廢除海關銀兩來用銀元，要內地種種銀兩都可以廢除不用，要銀元可以統一節制；若要達這樣目的，非使銀元的比價先固定不可；要想銀元比價固定，非有一種自然可以使比價固定的力不可，這就是自由鑄造。

還有一句話我要說的：就是從前財政部已經有過關稅改徵國幣的議論，想用一元新幣做標準（現在通行的新幣的成色是銀八九，銅十一，與國幣條例所定的銀九十，銅一十的成色不同，所以每枚袁世凱像新幣所含的純銀只有庫平六錢四分零八毫）折合關平銀若干。徵收稅課概用新幣，但是總稅務司不肯贊同，他的理由是：

關稅假使要用新幣計算，必要同各國商妥，各國又要同銀行團商妥。銀行團既然代各國經手關稅抵押的借款，自然有發言之權。假使銀行團不願意照辦，各國亦無可奈何；但是銀行團的願不願意照辦，要看銀行簿記所用的計賬本位，可不可以改用銀元，纔可以斷定。在中國沒有一定不變，全國通用的新幣以前，銀行團決不肯立卽就答應。

所以總稅務司的意思，以爲關稅改徵銀元，未嘗不可以的；不過必定要在幣制統一以後。從上所說綜合看來，可以曉得要廢銀兩，必定在銀元實價同名價（卽面價）相等，始終沒有漲落的危險，方纔可以廢。但是欲使他實價同名價相等，不是先實行自由鑄造是不能够的。假使在改革的時候，驟然之間先廢去銀兩，不但銀元不能保他沒有漲落的危險，就是洋商同海關也未必肯樂從的呀！

讀晏君才傑著公債論抒所見 十一年一月在北京大學演講

趙迺傳筆記

新化晏才傑先生疇著田賦芻議，嘉惠同人，茲復編公債論，貢獻社會，對於外債，內債，債款，賠款，以及長期與短期借款，政治與實業借款各問題，靡不綱舉目張，有條不紊。此書之特色，在不畸於理論，不偏於實際，不第使研究學理者有事實之參考，且可使富有經驗者得學理上之根據。誠可謂吾國空前之公債史也。晏先生於詳敍國債歷史之後，復抒己見，備論整理淸償之法，都二十萬言，讀之敬佩無已。惟鄙人對於晏先生關於市場高利之意見，不敢贊同。晏先生以爲吾國普通利率之升漲，由於銀行購買公債所致，吾則以爲利率之高，其原因極爲複雜，資本家之盤剝，政府特其中之一耳。夫利率問題在純粹經濟學中佔一重要位置，因此問題係勞動問題之變相，爲研究經濟學者所不可不研究者也。爰在大學開特別演講會，詳敍吾國利率之眞相，由趙迺傳君記述，非敢表異以鳴高，略具鄙見，以與國人一商榷焉。

寅初自識

晏君此著材料豐富，內容完備，臚列內外國債，以極有系統之紀載，作理學上之研究。當此著作界寂寞之秋，此書誠鳳毛麟角之不可多得，其裨益於吾人者，良非淺鮮。惟是晏君之意，以爲我國普通利息之提高，乃銀行購買政府公債之咎。蓋富人存款於銀行，銀行運用存款，以購買公債，其結果必資金爲公債所吸收。市場上之流動資本缺乏，生產事業因之不能發展。利息提高之原因，皆銀行購買公債階之厲也。故晏君公債論第四七八頁云：『溯在辛壬之際，市場通常利率恆在三四釐之間，當時以發展新國需款甚殷，發行公債，每給六釐乃至八釐之利息。自是以後三四年，公債再接再厲，而市場利率亦隨之驟增，事業家無所取資，勞動者半多輟業……影響所及，資本家因不當利得投機勃興；小企業家苦利率騰高，營業停止。』晏君之言，善則善矣；顧事實上有未必然者。因不揣譾陋，略抒愚見，以明我國利息騰高之眞相焉；非曰好辯，藉資研究而已。

（一）歐美票據制度與我國記賬法之優劣

（1）我國商人買賣之習慣，雖日常零星之交易，概用記賬方法，而不以現金授受；既無期票滙票爲之擔保，則遇有爭辯，雙方皆無憑證可稽。交易不安全，物價自然騰貴，利息又安得不提高者耶？及觀歐美之票據制度，在美盛行期票，由購貨人發出交付售貨人，以爲交易之契據。在歐則盛行滙票，由售貨人發出，向購貨人要求承諾；俟購貨人承受後，卽以之爲交易之證券。交易安全，利息自低。此我國記賬法之不安全足以影響於利率者一也。

（2）我國商人交易旣用記賬法，則償還之期漫無限制。夫償還旣無確定之日期，則資金固定之損失，自不得不取償於債務人，利息之高，意中事耳。若夫歐美之票據制度，期票滙票均有一定之日期，屆期則債務人必負償還之義務，清償有期。利息自低。此又我國記賬法之漫無歸期，足以影響於利率者二也。

（3）我國商人之交易，其不安全也既如彼，而清償之漫無歸期又如此，流弊所及，自不可不有大資本，以爲運用之具。蓋商人經營之資本以川流不息爲貴；今以記賬法賒欠之故，周轉不靈，呼應爲難，故非向銀行借款不可。然而可爲銀行放款之抵押品者，房屋土地。商業銀行既不允以抵押，而貨物又有貶價之虞，所差強人意者，亦僅有幾種較爲穩固之公債而已。利率之高，殊不必深怪。至於歐美之票據制度，滙票之由商人承受者，貼現率固不甚高，其由銀行代爲承受者，尤爲低廉。此又我國記賬法上需巨額之資本足以提高利率者三也。

（4）我國商人之交易，既以記賬法爲之，則債務人之責任心甚爲淡薄，最易啓購買過剩之弊。例如甲明知一年之生意祇能出售一萬元之貨物；但以記賬法無償還確期之故，遂不妨向乙購入二萬元之貨物，囤積堆棧，不易變賣，其結果必暴露生意蕭條之景象。銀行覩此情形，因心理上之作用，放款上自不得不提高利率，加以制限；更有進者，因購買過剩之故，斯生濫賣之弊，寖至消費人不能償還販賣人，販賣人不能償還批發人，層層相因，爲害甚烈。利率之高，何待言哉。反之，歐美之票據制度，償還有定期，則購貨人必負屆期償清之義務，斷不敢購買過剩，以自墮信用。此又我國記賬法上易生購買過剩之弊，足以影響於利率者四也。

（5）夫現款交易與賒賬交易二者之物價不同，前者低廉，而後者高貴，此美國情形與我國相似者也。按美國物價有兩種，於一定期限內償還者，予以折扣，逾限則須十足償清（2% 10 days, net 30 days 即此意耳）。在此情形之下，美國商人大都以本票（即自己發出之票據）要求銀行貼現，即以貼現所得之款償清債務，冀圖折扣之利益；但此亦惟大商人能之，小商人信用較差，銀行概不予以融通也。雖然，以大商人與小商人而論，固大商人佔便宜；若以大商人與大商人而論，亦殊無利益之可言。蓋售貨人以九十八元之物價，故意增高二元至百元，而曰二成之回扣，此非欺詐而何？故此種行爲，對於大商人爲欺騙，對於小商人爲壓迫。我國之記賬法，概爲賒賬交易，與美國情形頗相類似，利息之高，理所當然。蓋十日之內，有二釐之回扣，則週年計算之，當有七分二厘之利息，其提高之程度，可以想見矣。此又我國記賬法之足以影響於利率者五也。

（6）我國商人交易用記賬法，故遇有數目重量及性質不符時，常發生退回之繁瑣，且錯誤上反證之責任在售貨人；但售貨人因乏確實之證據，勢必忍受退回時一切之損失。售貨人爲自衞計，亦不得不提高物價，以爲補償之資；反之，歐美之票據制度，一經承受，當無退回之事。此我國記賬法上手續之繁瑣，足以影響於利率者六也。

我國記賬法之弊害，不勝枚舉，而其最顯著者，則交易之不安全，償還之無確期，鉅額之資本購買之過剩，與夫利息之回扣，及手續之麻煩：凡此種種，均足以影響市場上之利率。故愚以爲市息之騰高，與其謂公債之咎，毋寧謂記賬法之弊，此愚不敢贊同晏君之理由一也。

（二）我國信用制度尚在幼稚時代資本有匱乏之虞

（1）竊考經濟學之原理，在信用制度發達之國，其利息必低減；反之，在信用幼稚之邦，其利息必騰高。夫信用進化之程序，自貨幣而鈔票而支票而貼現，以至承受票據，必經一定之階級。今歐洲各國已在信用第五期全盛時代，美國尙在第五期萌芽時代，若夫我國則初步之貨幣迄無統一之制，銀元之外，又有銀兩，而銀兩之中，復有規元，行化，公砝等種種之區別。至於銀元則省自爲制，名目繁多，成色不一，千頭萬緒，無一可爲價格之標準者轉相核算，虧損彌多，利息之高，何待言耶？此我國信用制度上幣制之紛亂，足以影響於利率者一也。

（2）按歐美銀行之放款，顯有兩種不同之點。蓋歐洲銀行，以承受匯票爲主，而美國銀行，則以貼現商業期票爲主。茲分述如次。

A．歐洲銀行之放款　例如甲以貨物售於乙，甲卽出一滙票，要求乙簽字；俟乙承諾後，再持向銀行貼現。此種滙票謂之商人承受滙票。其不由乙簽字，而由乙向銀行請求代爲簽字者，則謂之銀行承受票據。後者穩健可靠之程度，更愈於前者，故貼現率較廉，蓋銀行之信用大於個人故也。銀行承受此種票據，可不加以限制，因票據雖由甲一人持來貼現，而票背上已經二人以上之簽字，固有連帶負責爲之擔保故耳。

B．美國銀行之放款　例如甲以貨物售於乙，由乙出一票據，向銀行貼現者，謂之期票。美國銀行卽專營此種業務者也。對於此種票據之貼現，須加以限制，蓋票據負責者僅有一人，危險較大。銀行放款須以分配於全社會爲原則，切不可專集於一人，而遭意外之損失也。是故美國銀行，對於貼現票據，必要求出票之商人，呈繳資產負債表，由會計師檢定，由票據經紀人介紹，其資產與負債必須有二與一之比例；此外猶須向從前往來之銀行或商家，詢明其信用之良否，不足則更向徵信所調査之，此美國銀行放款之大凡也。

顧在我國，信用幼稚，取法乎歐，固不敢作此奢望，卽欲求美國銀行之貼現期票，而資產負債表也，票據經紀人也，會計師也，徵信所也，票據法也，或付缺如，或設備不全，故銀行放款，自不能不愼重將事。利率之提高，不得已也。此我國信用制度上組織之不完備，足以影響於利率者二也。

（3）我國銀行放款業務之困難，已如上述矣。放款之中，旣限於抵押放款，而抵押放款之擔保品，又僅限於較爲穩實之公債。夫公債票大多爲大商人所購得，小商人無力購置，因此受銀行通融資金之惠者，又僅僅限於大商人。小商人無法可施，不得不仰賴錢莊之調劑，於是錢莊一方面自銀行低利借入，而他方面以高利貸與小商人。同時銀行亦以小商人之放款危險太大，不得不以閒金拆與錢莊或存入錢莊以謀利殖焉。此我國錢莊之利息，大於銀行者也。但此不僅在京，津，滬，漢各大埠爲然，卽在內地亦何獨不然。蓋內地之小商人，皆惟錢莊是賴，而內地錢莊資金之接濟，尤賴都會銀行爲之後盾。故都會銀行之利息增高一度，則內地錢莊之利息亦必增高一度。此又我國內地之利息高於都會者也。雖然，難者之言曰：內地之利息，旣高於都會矣；然則都會之資金，又何以不流入於內地耶？曰：是又不然。內地盜賊滋蔓，刼掠之事，時有所聞，投資於危險之地，非計之得也。要之我國銀行，皆集中於大都會，各省內地，寥若晨星，旣不能吸收內地之遊金，則全國市息，自必騰高。若以歷年所發之公債，爲騰高全國市息之主因，殊不得謂爲大量之觀察也。此我國信用制度上銀行之不能分佈內地，以吸收遊金，足以影響於利率者三也。

（4）今日在歐美各國，盛倡資本萬惡之說，但以我國現狀觀察之，資本不惟無萬惡之可言，直有神聖之可貴。夫歐美之資本萬惡說，乃根據於分配之不能平衡而立論。是則愚之資本神聖說，又豈能外乎此。蓋世人僅知資本過剩。爲分配不均之原因，孰不知資本不足，尤爲分配不均之導源也。竊按歐美之經濟狀況，均已超過生產階級而達於分配階級，若夫我國，尚在生產之階級。二者經濟上之地位既迴不相同，緣斯而發生之勞動問題，亦必互異其趣。在歐美因生產要素俱已完備，所有工人不平之鳴，皆資本家及企業家掠奪生產之剩餘而發。但在我國工人貧困之狀況，乃因人口增加，而同時資本不能增加，坐是事業無發展之望，人民有饑寒之苦，故我國分配之不均，乃生產不足之表現，決非資本過剩之結果。與其謂資本萬惡，毋寧謂資本神聖。夫我國信用制度之不健全既如彼，而資本之匱乏又如此，籌碼既不敷用，利率當然提高，故愚以爲此後我國銀行之設立，倘仍不能散佈內地，以吸收遊金者，我國幣制之紛亂，仍依然如故者，縱數年內政府不發一紙債票，利率之騰高，愚敢決定其有增無減。蓋供給少而需要多則價格大，乃經濟學上不易之原則也。此我國信用制度上資本之缺乏，足以影響於利率者四也。

言我國之貨幣，則紛如亂絲，無統一之制；言我國銀行之設立，則集中於大都會，不能吸收內地之遊金；言我國銀行之放款，則信用調查之機關缺如，困難特甚；言我國之資金，則求過於供，不足於運用；以如此幼稚之信用程度，而望其國利率之低，是緣木而求魚也，安可得哉？故愚以爲我國市息之騰貴，乃信用組織不良之弊，決非公債唯一之咎。此愚不敢贊同晏君之理由二也。

(三)我國利息中含有保險費之性質

(1)若夫就危險性言之，則商人之習慣，既用記賬之方法，則交易無證據，償還無確期；手續之麻煩，與夫購買之過剩，在在足以引起極大之危險，而蒙不測之損失。提高利率以自衞，亦在人情之中。此我國商業交易上之危險，利息含有保險費之實在情形，足以影響於利率者一也。

(2)我國貨幣銀元與銀兩之比價，漲落無定，故常使借貸之關係，日處於不穩固之狀態中。設不於利息中另課保險之費，殊無以防意外之損失；且信用調查之機關不備，銀行之效用，未能發揮；加以法律無有力之保障，而國人商業道德又如是其薄弱。凡斯種種危險，皆爲利息騰高之惡因。此又我國信用制度之不良，利息中含有保險費之實在情形，足以影響於利率者二也。

(3)慨我國自改造以來，變亂相繼，迄無寧歲。二次革命之役，金陵繁華之區，毁爲瓦礫之場。五年帝制之役，川滇兵燹之餘，百物蕩盡。六年復辟之變，京師巷戰之結果，商業頓呈蕭瑟之氣象。九年皖直之爭，漁陽鼙鼓之聲方熄，而嶺南之烽煙又起。客秋關中之捷表甫至，而鄂南之戰禍重開。國事蜩螗，一至於斯，欲求經濟地位之穩固，豈可得耶？故每經一次之變亂，利率必增高一度。此我國政治上之不寧，利息中含有保險費之實在情形，足以影響於利率者三也。

夫以危險性而論，商業交易上之危險，與信用制度不良上之危險，二者皆直接影響於利率之提高。至於政治上不寧之危險，僅有間接影響於利率之潛勢力而已。顧此潛勢力之大，至爲可怖，吾人不可漠然視之。愚以爲欲求市息之減輕，當作正本清源之計，首應祛去以上各種之危險乃可。若以之歸咎於公債之發行，是猶夏鯀治水，不藉引導之功，而惟壅塞是務，有不決堤者耶？我國利息之高，乃利息中含有保險費之故，而非公債之罪，此愚不敢贊同晏君之理由三也。

綜上所述，可知我國利率之高，乃由於記賬法之陋習，信用制度之不良，及利息中含有保險費之故。詳言之，我國法律之不完備，政治之不修明，貨幣制度之不統一，信用組織之不健全，與夫人民道德之墮落，商業交易之積弊，皆為市息提高之主因。晏君謂銀行購買公債，盤剝政府，以至利率提高者，此特不過原因中之一而已。夫政府果能裁減軍隊，則公債自可不發，銀行果能散佈內地，吸收遊金，則利息自可低廉，探本尋源，在此而不在彼耳。質諸高明，以為如何？

經濟界之危險預防法 九年五月在北京大學演講

李澤彰筆記

我昨天已經講過『危險』的意義（專指經濟的方面）。現在假設諸君已經了解這兩個字，今天專講經濟界之危險『預防法』。

關於『危險』這個問題，從來有兩種學說：

（甲）主觀說　主張這種學說的人說：『造化沒有危險，危險都是由我們腦筋裏想出來的。』譬如一座空山，造化知道沒有礦在裏面，不去開採，自然沒有危險的話說。我們因為拿不定有礦沒有礦，所以冒險掘採；結果下來，犧牲許多金錢，開了一座空山。這種危險不是本來沒有危險的一樁事情嗎？又如猜拳，你不知道我拳頭裏到底有沒有東西，所以猜出來總帶幾分危險；但是在我自己早就知道是一個空拳，會有什麼危險呢？故這一派的學說，又可以叫做『無危險說。』

(乙)客觀說　客觀說說『危險總是有的。』例如我們擲骰子，骰子共有六方，我們擲下去，每一方來的機會都有六分之一，決不會有七分之一。所以危險總是有的。這種學說也可以稱爲『有危險說。』

總括起來，『主觀說』說危險本來沒有的；『客觀說』說危險總是有的。我們現在撇開學說上的爭論，專講預防危險的方法。預防法共有五種：

(一)擔保預防法；

(二)設備預防法；

(三)技術上的預防法(智識的作用)；

(四)投機預防法；

(五)保險預防法。

我先講技術上的預防法。上文已經說過，本來是一座空山，因爲我們不知道究竟有礦沒有礦，所以存萬一有望的心思，冒險去幹，結果下來，犧牲了幾百萬，開一座空山，受了極大的損失。這種危險便是『不知』這二個字醞釀出來的。從前科學未發明的時候，這樣不知道，那樣不知道，所以常有如上文所說『犧牲了許多金錢開一座空山』的事情。如今科學昌明了，從前不知道的事情，現在都漸漸知道了。因爲知道的事情漸漸多了，那冒險的事情自然漸漸就減少了。我們現今所以有技術上的預防法，就是科學昌明的結果。故科學日益昌明，技術上

的預防法就日益精密。我且舉三個例

(1)採掘礦產　前清的時候，有一員大吏名叫——，聽說外國之所以富強，都是由於採掘礦產而來，於是派人四處開礦。當時所派的人那會懂得開礦，他們全憑運氣，所以失敗的多，成功的少。這就是不懂科學的緣故。在科學昌明的國家，他們可以用科學上的種種方法去試驗有礦沒有礦。故從前把開礦當做冒險的事業；如今科學昌明，這種的危險是可以免掉的。

(2)耕種　從前尼羅河(Nile)兩岸一片荒野，因爲這條河自三月到九月水勢浩大，兩岸的田地多被水淹沒了；自九月到三月，水勢下落，一直乾到河底。所以兩岸的居民，一年到頭，不是鬧水荒，就是鬧旱荒。從前埃及人的大患便是這條河，後來到了英國人的手裏，這條河不光是無害，並且有益。我且把英人治河的方法略說一下。河水退清之後，他們把沿河兩岸低下之地當做很深的池，這些池直通於河；在河池的中間樹立了一根很堅固的橫閘。漲水的天氣，他們開閘，放水進池；因爲水有出路，自然就不會汎濫出來，兩岸的田地就保住了。還有什麼水災呢？未退水之先，他們早就把閘關住，有了滿池的水，即使河水乾到河底，人民也不怕沒有水用，還有什麼乾旱的問題呢？這種治河的方法便是技術上的預防法。

(3)航海　譬如說一條船由美國到中國，中間經過太平洋。正月一日開船的時候，風平浪靜，到了第二天，颶風大作，船就打沉了。這樁事情從前是沒有方法可以脫險的。如今天文學、無線電報都發明了，天文臺能夠算定那天起風，於是未開的船可以風過再開；已經走到中間的船可以拍無線電報，叫他灣住。所以從前颶風的危險，如今有了天文學無線電報，就可以免掉的。

依這樣看來，從前開礦耕種，航海種種主觀上的危險，如今科學昌明，都可免掉的。

以上講技術的預防法。

這個還不算緊要；最緊要的預防法乃是今天我所提出的一，二，四，五，四項，我現在順次分說如下：

（一）擔保預防法　怎麼叫做擔保預防法呢？譬如說京漢鐵路的黃河鐵橋是最容易毀壞的。這座鐵橋大約每十年要改造一次，否則中斷；所以交通部每年從該路營業盈餘項下提出若干萬元以備十年後建築新橋之用。這一筆費若到了危險的時候，方才打主意，固然是來不及；卻是這種危險還能猜得出來而先事籌備的。我們再看買五釐公債的人，今年今日的五釐公債券到了明年今日每百元就值一百零五元（這個道理我昨天已經講過的）

故公債價格天天向上，因爲到了明年今日除一百元本錢之外，還有五元利子。所以今年今日的公債券，到了明年今日就值一百零五元了。但是五元利子領到之後，公債券之價就回到一百元，過此又漲，漲到一百零五元，又跌回頭。所以公債的價格是一起一伏，有如下圖：

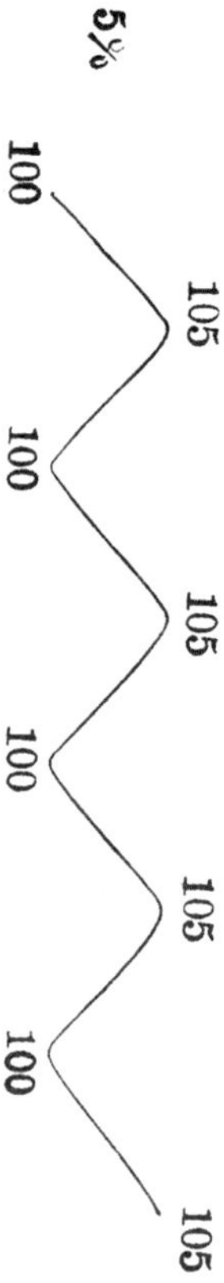

這是只就五釐公債而言。如買公司債券或每年拿不到五元，只有三元的利息；這時候，債券的價格大跌特跌，如下圖：

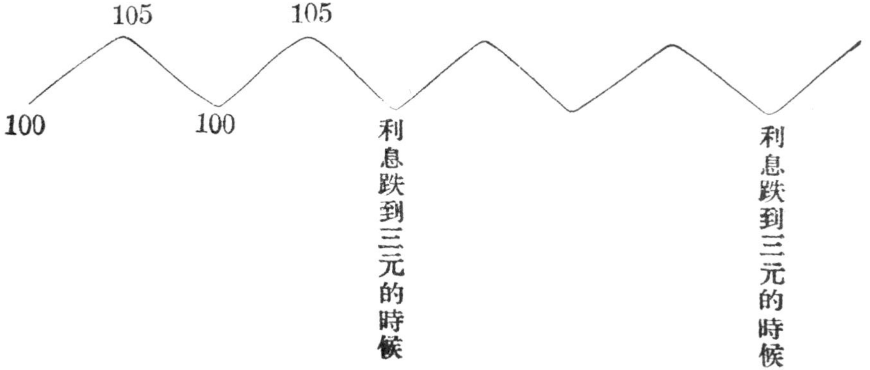

譬如說買債券的人是一個靠息吃飯的寡婦，她原來買了一萬塊錢的債券，每年應得五百塊錢的利息；如今只有三百塊錢的利息，豈不是很危險嗎？黃河鐵橋每十年要改造一次，我們還可以猜得出來；至於債券的漲跌就猜不出來了。預防這種危險只有『擔保』之一法。怎麼講呢？譬如我們現在的『八釐公債，』政府『擔保』付出八釐利息。這八釐利息有了政府擔保，就不會有跌到三元的事。關於擔保預防法我已經說了一個大概；現在更就有價證券分說如下：

A．股票與債券的區別(Stocks and bonds)　例如鐵路公司發行股票與債券兩種。執股票的人叫做股東，執債劵的人叫做債主。股東對於公司負責，所以股票有沒有利息，全仗營業發達不發達。債劵不是這樣，不問公司賺錢賠本，額定的利息一定要付的。這種債劵，公司以資本作擔保。如此說來，債劵比股票穩當。那麼，上文所說的靠息喫飯的寡婦應該買債劵，不應該買股票。在公司一方面說來，創辦的時候很難賺錢，最好不要發行這種債劵。因爲公司萬一賠本，付不出利息，那不就很危險嗎？

B.優先股與普通股的區別(Preferred stock and common stock)　譬如說優先股應得四萬元的利息。如果公司只賺四萬元，那就完全是優先股的，普通股無分，如果公司賺了五萬元，那優先股分完剩下的一萬元就得給普通股。這就是說如果公司賺了錢要先儘優先股領，有剩的才分到普通股。這就是優先股與普通股的區別。

C.優先股與累積優先股的區別 (Preferred stock and cumulative preferred stock)　這兩種股票領息的次序，先儘積累優先股而後才及於優先股。如果公司沒有盈餘，這兩種股票同是不發利息。但是優先股的利息，一年管一年，概不補發從前的利息；累積優先股不是如此，今年沒有利息可領，明年仍然補發。譬如說優先股與累積優先股每年各應領五十萬，今年公司沒有賺錢，這兩種股票都不發息。到了明年公司賺了一百萬，累積優先股不光是應領本年的五十萬，公司還要補發去年欠下的利息五十萬。優先股沒有這種權利，所以公司明年就賺一百萬，仍舊無分。

D.營業狀況與普通股票價格的關係　照上文所說，最難領息的就算普通股票；爲什麼還有人買他呢？因爲優先股累積優先股，無論公司怎樣賺錢，只有五釐利息（大概如此）。普通股固然領息落各股之後，却是在營業十分發達的時候，普通股最佔勝利。怎麽講呢？因爲普通股的利息以營業狀况爲轉移，沒有限定的。如上文所說：公司賺了十萬，優先股與累積優先股各得五萬；進一步說，公司賺了二十萬也只各得五萬，剩下的十萬完全是普通股的。照五釐算，普通股只應得五萬，如今公司賺了二十萬，普通股名下加倍領息。換句話說，五釐的普通股，現在變成一分的普通股了。這不是普通佔勝利的地方嗎？可是營業不發達的時候，普通股票的價格一落千丈，危險得很。

E. 我國官息之害　我國公司擔保股息的方法有一種叫做官息制度。無論賺錢賠本，公司一定發官息。這種制度最壞而且最危險。公司創辦的時代賺錢很難，只得從資本付出官息。於是資本減少，營業縮小範圍，至於倒閉。近來公司營業不能發達或至於破產，官息制度實爲主要的原因。這種擔保還算是擔保嗎？照這樣看來，我們要想擔保，只能照上述A，B，C，D四個方法去做。上文所說的債券，累積優先股，普通股，四種，就公司一方面着想，先應只發股票，營業發達後，再發行債券。因爲股票可以不發利息。爲什麽營業發達後，又要發行債券呢？因爲債券利息很低，而且是限定的，用債券擴充資本，股票可以多派利息。在投資的人一方面說，最穩當的是債券，其次累積優先股，其次優先股，其次普通股；但就利息最大的希望來說，首推普通股，再累積優先股，再優先股，再債券。有錢的人不在乎目前利息，故帶幾分危險性質的，所以希望最大的普通股票，就讓他們去買。上文所說的專靠息錢生活的寡婦，就只應該買最穩當的債券。故擔保預防法又可叫做『替代法』，因爲有錢的人代寡婦冒極大的危險。

（二）設備預防法　我已經說過擔保預防法乃是替代法；現在所講的是準備法。這兩種預防法是不同的，我且舉幾個例：

（甲）救火機——警鐘——火車上的緩衝機與軟靠枕——保管公司的地坑——軍營中的伙食房——工廠中的存貨——投機者在倉庫中或堆棧中所存的物品。

（乙）銀行的準備金——個人袋中的零用錢。

在這些例中我提出『軍營中的伙食房』和『銀行的準備金』二個例分說如下：

（1）軍營中的伙食房　行軍最緊要的東西便是糧食。打仗的時候，能在戰地籌糧固然很好；但是走到一片荒野或是一座空城什麼也沒有的地方，豈不就會餓死嗎？因為預防這種危險所以有軍營中的伙食房之設備。

（2）銀行的準備金　銀行發行兌換券必定要有準備金。在兌換券流通市面的時候，準備金好像是一件沒有用的東西。但是如果沒有準備金銀行信用就會墜落，大家都向銀行兌現；銀行的地位豈不很危險嗎？免掉這種危險，只有準備之一法。英蘭銀行尚有二百年來未用之大條金存於庫中，以防萬一之危險；即此，可見準備金的重要了。

（四）投機預防法　這個方法與擔保預防法相同，就是把危險事業由無智識無經驗者，轉移於有智識有經驗者。我前面已經說過『科學昌明之後，主觀上的危險，可以免掉的』至於客觀上的危險，例如股票的漲跌，我已經提出擔保預防法，現在我更提出投機預防法。股票的漲跌與物價的升降，都非常危險，代我們負這種的危險事業的責任的人便是『經紀』故經紀的投機是有益的舉動，我且提出幾條理由如下：

（1）反對投機事業的人說：投機與賭博相近，這句話初聽也很可信，其實經紀的投機，與賭博是兩件事。怎麼講呢？因爲我們儘可不賭，並無賭博的必要，『生意』就不同了，無論主觀上客觀上都免不掉危險；這種危險如果沒有『經紀』代負，就要我們擔負的。並且賭博愈弄愈窮，經紀的投機愈弄愈富。（歐美投機事業很盛，故國家很富。）如此說來，賭博是有害於社會的事情；經紀的投機是有益於社會的事情。況且現今歐美各國銀行信賴『經紀』，常用大宗款項，收買有價證券。如果沒有『經紀』，銀行因爲不懂證券的內容，就不敢收買了。又如德國收買美國的有價證券，美國收買德國的有價證券，如果沒有熟悉其中內容的經紀，這種生意豈能做嗎？那麼，經紀不但是有益於社會的分子，並且在金融界上，在國際貿易上佔重要的地位。所以現今文明各國對於『經紀』都有保護的明文。德美從前曾禁止經紀的投機，不久自知立法乖謬，就取消了。

（2）賭博卽是你的錢輸給我，或我的錢輸給你的意思。贏的錢同輸的錢數目雖說相等，却是前後的限界大不相同。賭博之爲害就在限界價值前後不相同這一點。何以故呢？譬如說：甲乙二人各有一萬元，未賭之前，二人財產相同，故限界價值亦相同。交賭之後，甲贏五千元，乙輸五千元，於是甲有一萬五千元，乙只剩五千元。這時候，同是五千元，甲以爲贏得來的，用掉了也不算什麼，故甲對這五千元的限界價值非常的低；乙原來有一萬元，因爲輸了五千元，只剩五千元，所以對於這五千元的限界價值非常的高。結果下來，甲流於浪費，乙感受痛苦，兩敗俱傷，遲早都陷於不堪設想的狀態。故賭博應該禁止的。

（3）有了經紀的投機，可以使物價趨於平準，免掉物價暴漲暴落的危險。怎麼講呢？譬如說今年出米太多，每石只值一元；明年歲歉，出米太少，每石漲到十元。照這樣看來，今年一塊錢有飯喫的人，到明年豈不都要餓死嗎？這是何等危險！如果有了『經紀』，就可以免掉這種危險。因爲當豐年的時候，米價大跌，『經紀』拚命收買；他以爲明年定會漲價，所以收藏起來，等到第二年出賣。但是有了經紀收買，米價就漲起來了。從前每石一元，現在每石要四元了。到了明年，果然歲歉，米價本來要漲到每石十元；因爲經紀把去年收藏的米供給市面，所以米就多起來了，米價就由十元跌到五元；所以沒有經紀，米價必定從一元漲到十元，有了經紀，只從四元漲到五元，物價變動不很劇烈。這個道理就是經濟學上的供求原則。在豐年荒年接連的時候，經紀投機的結果，還可使米價相差不遠，在平常的日子，他那種平價的力量不消說了。我現在就上面所舉的例，把在沒有經紀的時候，米額供給的情形，米價漲跌的情形；和有了經紀，米額供給的情形，米價漲跌的情形，用圖表示如下：

沒有經紀的時候今明兩年米額供給的情形

今年	明年
六萬石	二萬石

有了經紀米額供給的情形

今年	明年
四萬二千石	三萬八千石

沒有經紀今明兩年米價的情形

今年	明年
每石一元	每石十元

有了經紀今明兩年米價的情形

今年	明年
每石四元	每石五元

又如北大伙食每月四元五，法專伙食每月五元四，如果沒有經紀的投機明年米價暴漲十元，北大的廚房就不包每月四元五的伙食，法專的廚房就不包五元四的伙食了。那學生豈不大受影響嗎？即此可見經紀是社會上不可少的人物了。

（4）賭博應該禁止；投機就是禁止，也不發生效力。前清端方任兩江總督時，曾下令禁止上海金業的投機，卒至沒有效果；這便是一個極好的證據。

（5）無智識無經驗的人，自己沒有主張，往往跟着素所崇拜的領袖以爲進退。本來投機是一樁有益的事情，因爲這種盲從的結果反受大害。例如去年梁士詒進京時，京鈔飛漲。這就是因爲大家迷信梁財神，你也買，他也買，一時京鈔暴漲起來。到後來京鈔大跌特跌，不知多少人傾家破產。又如往年橡皮業的恐慌，大家以爲某某做橡皮生意陡發大財；於是大家都趨向橡皮這一途，弄得生產過剩，供過於求。橡皮價值，大跌特跌，一時豪商富賈接連倒閉。又如去年某銀行兌現的擁擠，那時候風傳某銀行天津鈔票停止兌現；這種謠言散佈之後，大家也不問個清楚明白，都向某銀行兌現，一時擠得不得開交。卽此三個例，可見投機之害，不在投機的事業而在投機人的盲從。

（6）今日大量生產的時代，沒有一樁事，不靠投機來免掉意外的損失。例如建築公司包了六所房子，每所包銀一萬元。但是訂合同的時候同需用材料的時候，至少距離六個月；如果六個月後材料漲了一倍，建築公司豈不是要賠本嗎？建築公司不肯冒這種危險，所以把一切材料預先包給經紀；以後就是漲到多高，建築公司仍是安然無恙。卽此可見今日大量生產沒有一樁不靠投機來免掉意外的損失。

（7）什麼叫做 Hedging？譬如由甲地到乙地中間距離六千里，甲地米商打算運米賣給乙地，又怕萬一賠本。原來甲地米價成本每石六元，運到乙地每石運費一元。米商爲穩妥起見，豈不每石賣價必定在七元以上，則賠本；若乙地米價跌至六元五角，是很危險嗎？於是包該運輸公司每石只要七元五角，運到之後，無論米價漲跌，都由運輸公司負責；如果漲到八元，運輸公司每石賺錢五角，如果跌至七元，便每石虧本五角；這叫做 Hedging。

以上講投機預防法。

（五）保險預防法　有幾種事情經紀可以擔任，有些事情非經紀的力量所能辦得的。故投機預防法之外，更有保險預防法。我且舉火險爲例，略說如下：

（1）火險之目的　譬如說火險公司保了一萬家房子的火險。每家每年租了五百元，假定市面利息是五釐，每家就應值一萬元（500%.05=10000）。因爲每年五百元的收入，要有一萬元的財產才能夠的。這叫做資本化（Capitalization）。如果每年水災，每二百家有一家火燒；一萬家裏就有五十家火燒；那麽，每年共有五十萬元的損失。這損失攤派一萬家，每家應負五十元。這五十元就是每家應該拿給火險公司的。原來每家可得五百元的收入，現在拿出五十元的保險費，只剩四百五十元，於是每家就只值九千元（450%.05=9000）。如果沒有火險公司，那被燒的五十家，每家就要損失一萬元，豈不很危險嗎？如今有了火險公司，每家每年只要拿五十元，就能免掉一萬元的危險。故火險公司的目的，就這個例而言，乃是把五十家的損失分攤一萬裏面。以五十家來分攤，五十萬覺得太多；在一萬家來分攤，就不算什麽。以上所說指保了火險的房子而言，沒有保險的房子，就值不到九千元，因爲人家恐怕萬一火燒，所以出不到九千元。

（2）近是說與不定說的區別（Probability and uncertainty）　這兩說是大不相同的。例如上文所舉一萬所房子都會燒的，近是說全無，不定說也是全無，因爲全不會燒，就沒有是的話說，就沒有不定的話說。如果都會燒的；這時候，近是說頂高不定說仍舊全無因爲都會燒的，用不着疑惑，用不着不定。如果說一半燒的，一半不燒的，我們不知那些會燒，那些不會燒，這時候，不定說最大，近是說只到一半高度罷了。過此，不定說下降，近是說漸高，因爲超過一半，就少些不定的程度，多些近是的程度。我再舉一個例。如果我們都會死，我知道一定會死，還有什麼不定；如果我們都不會死，我知道一定不死，也沒有什麼不定。如果一半死，一半不死，我不知道到底死呢，不死呢，故此時不定說最高。

我們從近是說呢，還是從不定說呢？大概火險公司從近是說；生意從不定說。因爲房子燒得越多，損失越大，所以保險公司從近是說。爲什麼生意從不定說呢？譬如東家要請某甲做經理，如果生意沒有希望，某甲一定不做；如果有希望，某甲一定去做。在有無希望之間，他不容易決定做還是不做；這時候，他要求的條件最大。故生意從不定說。這兩說只要用得恰當，都是對的。

(3)平均數之不可靠　平均數本來（In nature）是沒有的。譬如說有四座山：第一第二座都是十三萬尺高，第三座十四萬尺高，第四座十萬尺高。這四座山高度的總和是五十萬尺高；再用四除，得十二萬五千尺；這就叫做平均數。我們試問這座十二萬五千尺高的山在什麼地方？可見平均數在實際上是沒有的東西，是靠不住的。又如火險公司保了四千所房子的火險。第一千裏，燒了十所；第二千裏，燒了八十所；第三千裏，燒了六十所；第四千裏，燒了五十所；共計燒了二百所，再用四除得五十所的平均數。如果火險公司採用平均數，遇到一千裏只燒十家的火險，固然賺錢，却是一千裏燒了八十家，也是常有的事，這時候，保險公司就要破產了。這樣的平均數還能靠得住嗎？若是火險公司不只保一千家，有一萬六千火險。比方說第一個四千，每千燒了五十家，第二個四千，每千燒了五十五家，第三個四千，每千燒了四十六家，第四個四千，每千燒了四十九家；共燒了二百家，再用四除得五十家的每千平均數。這個平均數比較靠得住。故火險公司的平均數可靠的程度，以保險的家數為標準。因為保險的家數越多每千家燒了的家數與平均數相差越近。

(4)不定的範圍(Area of uncertainty)　照以上所舉的例，第一次保險公司只保四千家的火險，第一千裏只燒了十家，至第二千裏燒了八十家，兩數相比相差七十家；這七十一個數目就是不定的範圍；因為保險公司不知道究竟應燒了多少家數。還是只燒十家呢？或要燒八十家呢？公司毫無把握，但其不定之數，必在七十之內。第二次保險公司多保四倍(一萬六千家)第二個四千，每千燒了五十五家。第三個四千，每千燒了四十六家，兩數相差，不過九家。其不定的範圍，就從七十減至九。他所冒的危險，也減少不少。所以不定的範圍越小，公司的危險也越小。故不定說，在保險公司也有用處。

中國公債問題 十年七月在上海中國銀行學社演講

蔡正筆記

公債之有基金，始於民國十年四月一日，規定每年提出基金二千四百萬元。此項基金，由常關，海關，烟酒稅，鹽餘項下籌撥。常關收入以及海關關餘，除以一部份擔保三四年公債及七年短期公債外，其餘悉數撥充此項基金；倘再不足數，則由鹽餘內撥充一千四百萬元，煙酒稅內撥充一千萬元。又規定在煙酒稅未經整頓以前，不能按期撥付基金時，由交通部鹽餘項下每月撥五十萬元，即每年六百萬元。此項基金，統由總稅務司安格聯保管，每期由各機關解到交總稅務司提出存入中國人自辦之銀行中。自基金成立以來，截至本年三月三十一日共行一年。此第一年中，到期欠債三千四百萬，其中內債應付本息約二千五百萬，內國銀團又中交兩行爲公債墊出之款約八百餘萬，實收鹽餘撥付基金九百數十萬，交通部撥三百五十萬，西南關餘劃歸中央撥付基金一百六十五萬，全國（除西南外）關餘一千四百餘萬，共收到基金二千八百餘萬。以此基金應付一年內到期欠款，尚短六百萬元。但實際上一年內還本付息共付出二千二百數十萬元。因到期之欠款中，有多數皆內地之債權人尚未領取；此外又還銀行墊款三百餘萬，故去年一年中實際收付相抵尚餘二百數十萬元。但此款不能作用，當以之應付前一年內到期應取而尚未領取之公債也。故報紙中謂去年公債基金尚有盈餘，實不明眞相之談！不寧惟是，在從前基金未成立之前，尚有中國之銀行團墊付撥還公債基金八百萬元，有五百餘萬尚未歸墊，此第一年公債基金之大概情形也。從今年四月一日到明年三月三十一日爲第二年，計有到期債二千四百萬元，其中有一千七百萬元在前九個月內到期。不幸奉直戰起，鹽餘中已撥數百萬充軍餉，故望鹽餘項下撥充基金，微乎其微矣。

自軍興以來，交通部各路收入，多被軍人截留充軍餉之用，京漢鐵路尤甚。本部薪水尚無力籌發，已經國務會議議定之八校教育經費，尚圖翻案不付，何有能力籌撥公債基金，故望交通部亦屬徒然空想所可有幾成希望者惟在關稅但目下關餘雖有四百萬兩僅以三先令三四辨士計算也。據稅務司言到今年十二月如匯價縮小一辨士時，盈餘數目要少一百萬兩，故關餘有無款撥充公債基金，此時不能斷定，須至今年十二月三十一日，方見分曉。近來中國進出口生意不旺，銀行因而無生意，故關稅亦聯帶減少。因有此匯兌市價變遷，及進出口生意清淡兩層原因，關餘之充撥公債基金殊無可望，交通部，鹽餘，關餘三處無望。故今年公債基金空虛，還本付息，均無望矣，目下除三四年公債以德奧賠款作抵，市價不甚變動外，其他公債票市價大跌。惟有希望關餘上漲兌看漲，如漲至三先令十辨士，則於中國有莫大之益。但此爲不能預測之事，卽目下未定有無之關餘四百萬中，政府已指挪若干萬爲魯案善後督辦處經費，一百五十萬爲駐外公使領事經費，五十萬爲舊國會經費。現在各銀行阻止政府挪用關餘，其已挪之數，已不少矣。故今年公債基金屬望於關餘者，其數甚少。爲今之計，唯一辦法，只有一面停止挪用；一面將各項新稅一律撥充公債基金，不准政府挪用，而議加之煙酒稅，尤應作基金之用，因交通部所以每月撥付公債基金者，爲代煙酒稅先付也。今既有煙酒稅，當然應撥之爲公債基金。但恐此數不免挪充總統府經費，恐將來挪用後，公債基金一空，則公債大跌。各發行銀行紙幣之準備金有一部份係保證準備（卽以公債票爲準備也）；公債一跌，各發行銀行紙幣之準備空虛，於兌換劵信用上不無影響；且公債一跌，出賣者更多，而價益落。又有許多學校及慈善機關以公債票爲基本金，價票落同受損失。此外公債投資人亦同時虧累，故目下九六公債爲唯一救濟。政府欠銀行債不能不還，如還現金，不免多動用鹽餘，而公債基金益不固。如不討債，銀行不能週轉。故以債還債，以長期債還短期債，乃唯一辦法。九六公債八四實收，七年還清，前半年付息，以後半年一次，十三次還淸，限於從前以鹽餘保證之公債，則可用九六公債抵還。九六公債實在並不增加人民擔負；蓋前債零數，短期利高；九六公債則整數，長期利低。從前利息多在三分以上，九六公債利息八釐，即八四到手，十四年後計算，利息仍不過一分二三釐。至於九六公債之基金，早已確定。即以此一千二百萬鹽餘為九六公債之基金。明年關稅增加，關餘數目亦多，即可將九六公債完全以關餘為基金，騰出鹽餘，充政府行政費用，九六公債變為關餘公債。照此行之，公債基金可保穩固不動，各銀行得九六公債以資週轉。討債之法，惟此最佳。故九六公債照學理上說完全合宜，應予發行。外間不明眞相，未加科學的研究，率爾反對，故不得不將眞相一一披露之。